映画で学ぶ
ジャーナリズム

社会を支える報道のしくみ

飯田裕美子

河原理子

佐幸信介

澤康臣

大門小百合

津田正太郎

土屋礼子

西栄一

畑仲哲雄

ファン・ギュンミン

別府三奈子

松下峻也

松原妙華

水野剛也

綿井健陽

勁草書房

はじめに――現場で働く記者たちの姿にふれる

　本書は、皆さんとともに、ジャーナリズムのあり方について考えるために作った一冊です。専門知識を暗記するような入門書ではありません。報道の仕事は一つとして同じ現場がないので、暗記した知識だけでは対応できないからです。どうしたら良いのか。どうしたら良かったのか。私たちは常に考え続ける必要があります。意見交換を重ねながら深く考えることが、より良いジャーナリズムを生み出す原動力となります。そこで、報道記者たちの仕事ぶりを知ることができ、対話の糸口ともなるような12本の著名な映画を取り上げてみました。

　本書には、一緒に検討したい三つの問いがあります。

- 報道記者は、どのような仕事をしているのだろうか。
- ジャーナリズムは、何のために、誰のために、あるのだろうか。
- 民主社会にとって、ジャーナリズムはどのような役割を果たしているのだろうか。

　これらは、ジャーナリズムの原則（エレメンツ）と言われる、この専門職の核にある問いです。

　プラットフォームのIT化で、ニュースはスマホで簡単に読めるようになりました。生成AIが過去のデータから記事をつくる社会も、そこまで来ています。しかし、読まれるニュースを売るだけでは、ジャーナリズムはその役割を果たすことができません。検索しても出てこないことこそ、ニュースなのです。暮らしやすい社会を作っていくために、記者は何をし、私たちはその情報を得てどうするのか。一人ひとりが好き嫌いだけではなく、理由も含めて熟考するために、原点を見つめ直す。その手がかりを、本書で提供したいと思います。

観て、考えて、みんなで話そう！

　では。さっそく、映画作品を楽しむところから始めてみましょう。

　多くの作品は、皆さんにも身近な配信サービスで、手軽に観られます。テーマごとに独立しているので、どのテーマの映画から見始めてもかまいません。本書

は、ジャーナリズムを大切に思う映画監督の力を借りて、ジャーナリストたちの仕事を「見える化」しようとする試みでもあります。説明より作品。ぜひ、映画をご覧ください。

その後で。映画から得たイメージを鵜呑みにせず、じっくりと考えてみましょう。映像はイメージを作る力が強く、わかったような気持ちになりやすいものです。しかし、現実とのギャップがあります。映画ごとの検討なら、テーマの1ページ目にある「考えてみよう」がヒントになります。それらの問いを深める解説が本文にあります。もし、さらに疑問が生じたら、調べてみましょう。調べるための信頼性の高い情報源などについては、本書の付録にまとめました。活用してください。

人によって、映画で注目したところには違いがあるものです。その違いを知ることは、視野を広げる大切なきっかけになります。映画を観た人どうしの対話を楽しみながら、ジャーナリズムの役割について考えてみてもらえれば幸いです。

2023年5月

編著者一同

本書のねらいと使い方

　本書では映画を介して皆さんを、古今東西の報道の舞台裏にお連れします。刻々と変化する現場。次々と生じる難題。果敢に試行を重ねる記者たち。ニュースになる前の報道の内側に焦点をあてます。

記者にフォーカスした映画のラインナップ

　本書で取り上げる映画作品の選定は難しい作業でした。まず、記者が登場する作品を、世界と日本で製作された映画から幅広く探しました。候補にあがった作品は 130 本近くにもなりました。

　それらはおよそ三つに分類できました。①事実に基づきその再現を重視した社会派映画、②登場人物に記者を配した娯楽映画、③事実の記録であるドキュメンタリー映画、です。内容面では、ジャーナリズムの良き社会的役割を描くもの、ジャーナリズムの問題に焦点をあてるものといった実話ベースやフィクションの作品群と、記者が登場するロマンスやミステリー、さらには犯罪ものや戦争ものなどでした。娯楽に力点がある作品は候補から外しました。映像論からいえば、劇映画とドキュメンタリー映画は異なるジャンルです。しかし、本書の目的を最優先にし、映画論の分類にとらわれることなく作品を選びました。また、DVDとして市販されており、入手が容易であることを必須条件としました。

　日本のテレビ・ドキュメンタリー番組や記録映画には、大変すぐれた力作がたくさんあります。たとえば、「標的の村」（琉球朝日放送）、「はりぼて」（チューリップテレビ）、「さよならテレビ」（東海テレビ）などは、報道記者やディレクターの社会的に重要な役割がよく見えてくることでしょう。昨今では、「エルピス」（関西テレビ放送）のような深みのある力作が、テレビドラマにもあります。しかし、本書制作時点ではいずれも DVD が市販されていませんでした。そこで、日本の記者職の皆さんが共感するものを、邦画以外からも積極的にピックアップしました。

　候補に残った映画は 24 本になりました。それらの作品を、ジャーナリズムの

機能別に、五つに分類しました。本書のⅠ〜Ⅴ部がこれにあたります。類似する機能の作品は良作や力作でも厳選し、12本に絞りました。

執筆者と構成

執筆者については、ジャーナリズムのありようを多角的な立ち位置から観ることを重視し、作品に登場する記者の実務に精通した報道人や、作品のモチーフに詳しい研究者を探しました。執筆者は男性と女性がほぼ半数ずつ。保守的な報道業界や研究職としては、めずらしいかもしれません。

執筆者どうしは、編集方針や互いの内容の骨子を共有しています。しかし、本文やコラムの記述内容については、互いの経験や専門を最大限尊重して活かす方針をとりました。執筆者については執筆者紹介欄をみてください。

本書の全体構成は、前述のようにジャーナリズムの機能を五つに分け、それぞれの機能が観察しやすい作品ごとにテーマをたてました。さらにゲストスピーカーによる「現場からのメッセージ」を加え、巻末に付録をつけました。

本文の各テーマは、同じフォーマットの構成です。最初の見開き2頁が映画作品の基本情報です。1頁目のテーマタイトルとリード文、「キーワード」「考えてみよう」が、その映画で検討したいジャーナリズム論のポイントです。2頁目は作品紹介、3頁目以降は以下の5項目で解説されています。

「1 何が起こっていたのか」は、作品のモチーフや当時の様子などの背景説明です。本文のメインは、「2 ジャーナリズム論からの作品解説」です。次の「3 今の社会における「……」」は各テーマを現代社会に引きつけて考えるヒント、「4 広げ、深めて考える」はモチーフやテーマをちょっと別の角度から考える視点を提供します。最後に、関連する映画や書籍などを「もっと知りたい人へ」で紹介しました。

各章の章末に、13本のコラムがあります。これらは、各章の重要ポイントについて専門的に概説した読みもので、各領域の第一人者による寄稿です。実務の諸相、理論、歴史、倫理や法律といった制度論、機能論、効果論など。ジャーナリズム研究のさまざまなアプローチに触れられるように、構成してあります。コラムごとに独立しているので、どこから読んでもわかるようになっています。

本書の使い方

　高校や大学では、生徒や学生による発表や報告の後、クラス内でグループ・ディスカッションがよく行われます。本書は、こういった場面でも使いやすいように、編集しました。編著者の水野剛也は、長年、少人数で映像を介した対話型の授業開発を試みており、その成功のコツは、対話の前の準備にあると言います。

　　「活発な意見の応酬は、裏付けをともなう熟考があってこそです。まず、論点をしぼることです。「広く、浅く」ではなく、「狭く、深く」。そのために、守備範囲を限定するわけです。各章の冒頭にある「考えてみよう」がそれです。次に、全員が共通して読む基本文献・資料を提示することです。映像はたしかに情報量が多いけれど、建設的な議論をするためには、それだけでは不十分です。新聞・雑誌記事、学術論文、書籍、DVD 付属の冊子、BPO（放送倫理・番組向上機構）の決定など、論点に関連する資料をあらかじめ用意します。加えて、それぞれ、追加的に独自の調査をします」。

　見て話すだけではなく、「考えてみよう」の問いなどについて、自分でもさらに調べてみる。その材料も対話する相手と事前に共有し、発表と討議を深めて楽しむ、という流れです。ここまでくると、大学のゼミ合宿のレベルになります。

　本書の「付録」（198-205 頁）では、言論の自由と公共の利益についての概説と、独学のサブツールとなる情報源を紹介しました。博物館、ホームページや書籍、専門雑誌、教育パッケージ、ジャーナリズムの賞などです。

　社会と技術の変化の中で、ジャーナリズムの姿も変化します。その機能が弱まってきたら、具体的に検証して改善を重ねる必要があります。機能が弱まっているかどうか、改善はどの方向でするといいのか。こういったことを考えるためには、原則の理解がとても重要になります。デジタル・シティズンシップの時代を担う皆さんが、自由闊達に新たなジャーナリズムのありようをめぐり対話する。そのための土壌を耕すには、どのような本が必要だろうか。編著者も著者もともに試行し、さまざまな資料にあたり、関係者と対話を重ねました。多くの人たちからのアイデアと協力によって生まれた、ジャーナリズムを元気にするための試みの一冊です。

（別府三奈子）

目　次

Ⅰ　小さな声を拾い上げる

Ⅱ　隠された事を伝える

Ⅲ　災害と事件事故

Ⅳ　見方を変える

Ⅴ　歪まない社会のために

VI　現場からのメッセージ

編著者・執筆者紹介

編著者

別府三奈子（べっぷ・みなこ）　テーマ 1、3、10、コラム 2、付録 1
法政大学社会学部教授。専門は米国ジャーナリズム思想史・写真ジャーナリズム論。著書『ジャーナリズムの起源』（単著、世界思想社、2006）、『アジアでどんな戦争があったのか　戦跡をたどる旅』（単著、めこん、2006）、『調査報道ジャーナリズムの挑戦　市民社会と国際支援戦略』（共著、旬報社、2016）ほか。

飯田裕美子（いいだ・ゆみこ）　テーマ 2、7、コラム 1、7
共同通信社常務監事。社会部記者・デスク、編集委員・論説委員などを経て現職。2018 年より法政大学社会学部兼任講師。著書『ジェンダーからみた新聞のうら・おもて　新聞女性学入門』（共著、現代書館、1996）ほか。

水野剛也（みずの・たけや）　テーマ 8、12、コラム 8
明治大学政治経済学部教授。専門はアメリカ・ジャーナリズム史、日系アメリカ人史。著書『有刺鉄線内の市民的自由　日系人戦時集合所と言論・報道統制』（単著、法政大学出版局、2019）、『「自由の国」の報道統制　大戦下の日系ジャーナリズム』（単著、吉川弘文館、2014）、『「敵国語」ジャーナリズム　日米開戦とアメリカの日本語新聞』（単著、春風社、2011）ほか。

執筆者 （50 音順）

河原理子（かわはら・みちこ）　コラム 9
ジャーナリスト、東京大学大学院情報学環特任教授、武蔵野大学客員教授、元朝日新聞記者。著書『フランクル『夜と霧』への旅』（単著、朝日文庫、2017）、『戦争と検閲　石川達三を読み直す』（単著、岩波新書、2015）、『〈犯罪被害者〉が報道を変える』（共著、岩波書店、2005）、『犯罪被害者　いま人権を考える』（単著、平凡社新書、1999）ほか。

佐幸信介（さこう・しんすけ）　テーマ 5、コラム 6
日本大学法学部教授。専門は社会学、メディア論。著書『空間と統治の社会学』（単著、青弓社、2021）、『プラットフォーム資本主義を解読する』（共著、ナカニシヤ出版、2023）、『コミュニケーション資本主義と〈コモン〉の探求』（共著、東京大学出版会、2019）、『国道 16 号線スタディーズ』（共著、青弓社、2018）ほか。

澤康臣（さわ・やすおみ）　コラム 3
専修大学文学部教授、元共同通信記者。専門はジャーナリズム論。著書『事実はどこにあるのか　民主主義を運営するためのニュースの見方』（単著、幻冬舎新書、2023）、『グローバル・ジャーナリズム　国際スクープの舞台裏』（単著、岩波新書、2017）、『英国式事件報道　なぜ実名にこだわるのか』（単著、文藝春秋、2010）ほか。

大門小百合（だいもん・さゆり）　現場からのメッセージ
ジャーナリスト、東京女子大学非常勤講師、元ジャパンタイムズ執行役員、編集局長。著書
『The Japan Times 報道デスク発　グローバル社会を生きる女性のための情報力』（単著、ジ
ャパンタイムズ、2013）、『ハーバードで語られる世界戦略』（共著、光文社新書、2001）ほか。

津田正太郎（つだ・しょうたろう）　コラム 11
慶應義塾大学メディア・コミュニケーション研究所教授。専門はナショナリズム研究、プロパ
ガンダ研究。著書『ナショナリズムとマスメディア　連帯と排除の相克』（単著、勁草書房、
2016）、『メディアは社会を変えるのか　メディア社会論入門』（単著、世界思想社、2016）ほか。

土屋礼子（つちや・れいこ）　コラム 12
早稲田大学政治経済学術院教授。専門はメディア史・歴史社会学。著書『大衆紙の源流』（単
著、世界思想社、2002）、『近代日本メディア人物誌　創始者・経営者編』（編著、ミネルヴァ
書房、2009）、『対日宣伝ビラが語る太平洋戦争』（単著、吉川弘文館、2011）、『日本メディア
史年表』（編、吉川弘文館、2018）ほか。

西 栄一（にし・えいいち）　テーマ 6
神戸新聞社地域総研顧問。社会部、整理部、デジタル事業局デジタル情報部長などを経て現職。
2019 ～ 2022 年、関西圏のさまざまな大学との地域連携講座を兼任。阪神・淡路大震災時は、
京都新聞社内での紙面づくりなども担当。

畑仲哲雄（はたなか・てつお）　コラム 10
龍谷大学社会学部教授。専門はジャーナリズム研究。著書『沖縄で新聞記者になる　本土出身
記者たちが語る沖縄とジャーナリズム』（単著、ボーダー新書、2020）、『ジャーナリズムの道
徳的ジレンマ』（単著、勁草書房、2018）、『地域ジャーナリズム　コミュニティとメディアを
結びなおす』（単著、勁草書房、2014）ほか。

ファン・ギュンミン（HWANG Kyun Min）　テーマ 11
明治学院大学言語文化研究所特別研究員、韓国野花映画祭プログラマー。著書 *ReFocus: The
Films of Yim Soon-rye*（共著、Edinburgh University Press、2023）、『『ドライブ・マイ・カ
ー』論』（共著、慶應義塾大学出版会、2023）、『韓国女性映画　わたしたちの物語』（共著、河
出書房新社、2022）ほか。

松下峻也（まつした・しゅんや）　テーマ 4、コラム 4、付録 2
法政大学兼任講師。専門は社会学、メディア研究。著作『原発震災のテレビアーカイブ』（共
著、法政大学出版局、2018）、「アーカイヴ化されたテレビ番組が描くビキニ事件」（『マス・コ
ミュニケーション研究』92 号、2018）ほか。

松原妙華（まつばら・たえか）　テーマ9、コラム5
東京大学大学院情報学環特任助教。専門は情報法、メディア法。著作「公的空間における匿名の可能性　アーレントの『現われ』の議論から検討する報道における氏名・肖像」（『日本アーレント研究会誌 Arendt Platz』7号51-66頁、2022）ほか。

綿井健陽（わたい・たけはる）　コラム13
ジャーナリスト、映画監督。1971年大阪府生まれ。1998年からアジアプレスに参加。イラク戦争報道で「ボーン・上田国際記者賞」特別賞、「ギャラクシー賞」報道活動部門・優秀賞など受賞。ドキュメンタリー映画『Little Birds イラク 戦火の家族たち』（2005年）、『イラク チグリスに浮かぶ平和』（2014年）を撮影・監督。

凡例

1　本文中は、原則として敬称を省略しています。
2　本文中で映画のセリフを引用しています。日本語以外で製作された作品の場合、原則として字幕テロップを引用しています。しかし、早口のところなどは、テロップではかなり省略されています。その場合は場面の意味を補うために、原語を適時翻訳し、あるいは、日本語吹き替え版を聞くなどして、意訳している場合もあります。
3　媒体名は、原則として各テーマの初出時に正式名称で表記し、その後は必要に応じて略称で表記しています。例：ニューヨーク・タイムズ→NYタイムズ
4　映画の作品から画像やセリフを引用する場合、位置を示すカウンター数字は、原則として秒の表記を省略しています。画面には秒まで表記されているのでご注意ください。例：作品中20分25秒は0:20と表記、1時間20分25秒は1:20と表記。

写真資料提供　神戸新聞社／日本新聞博物館／イスラエル国立公文書館／韓国光州市5・18記念財団
本文イラスト提供　あらいしづか（イラストレーター）
カバー作品提供　佐々木駿（和紙造形／絵描き）

小さな声を拾い上げる

問題を掘り起こす。当事者に寄り添い、一緒に立ち上がる。
問題を知らせ、人びとの対話を促す。
社会問題を、私たちの手で、なるべく早く、
なるべく良い方法で、解決するために。

 **Theme 1**

社会問題の可視化

私たちの暮らす社会は、さまざまな課題や問題を抱えながら、変化しつづけている。ウクライナ戦地のような国家的惨事、近所の信号機のない十字路での交通事故、電気料金の値上がり、面識のない他者からの暴行、職場・学校・家庭内などの人間関係による生きづらさ。その社会に属しているがゆえに被る苦しさの原因を、個人が一人で特定し、解決することは難しい。社会的な問題は、その発生や存在を知らなければ、解決の動きは始まらない。問題解決のための最初の扉をあける鍵を、ジャーナリズムを担う人びとだけがもっていることもある。

（別府三奈子）

キーワード　*keywords*
独立性、責任、公共の利益、告発、語らせない空気

考えてみよう　*discussion*

1 **記者たちは、なぜ、この取材を始めたのか？**
　神父による児童性虐待は、警察や弁護士、当事者やその家族など、知っている人が多かった。新聞でも数回は記事にしていた。しかし、今回のような報道はしてこなかったのは、なぜだろうか。

2 **記者たちは、どのようにして、事実を確認していったのか？**
　取材対象者へ、記者たちは直接取材を次々と進めていく。そのやり方を、あなたはどう思っただろうか。

3 **記者たちは、どのような基準で記事にする・しないを判断したのだろうか？**
　「記事にしたとき」「記事にしなかったとき」、いずれもメリット・デメリットがある。今回の事例で、あなたなら、どうするだろうか。その理由は何だろうか。

4 **なぜ、被害者たちはこれまで、語れなかったのだろうか？**
　被害者本人に原因のない性被害について、本人たちが語れず、語った人たちの声も届きにくかったのはなぜだろか。

5 **なぜ、今回は読者からの反応が違ったのだろうか？**
　以前、神父の不祥事を記事にしたときは、読者からの抗議が殺到した。今回は、同じような性被害にあった人びとからの電話が次々とかかってきた。この違いが生まれた理由はなんだろうか。

 movie

スポットライト　世紀のスクープ

原題：SPOTLIGHT（米国映画、2015 年製作、128 分）
監督・脚本：トム・マッカーシー（移民問題を扱った「扉をたたく人」の監督。
　　　　　　脚本家、俳優としても活躍）
共同脚本：ジョシュ・シンガー（ハーバード大学の法学博士号、経営修士号などを
　　　　　もつ脚本家）

●**作品の特徴**　アカデミー賞（2016 年）作品賞、脚本賞を受賞。映画は、実際の出来事にできる限り忠実に制作する手法がとられており、アカデミー賞の授賞式に記者たちも参加している。モチーフとなったボストン・グローブ社の調査報道は、ピュリツァー賞公益部門を受賞。

●**あらすじ**　米国北東部マサチューセッツ州、2002 年 1 月 6 日。地元の大手新聞ボストン・グローブ紙の 1 面トップに、調査報道チーム〈スポットライト〉の特集記事が掲載された。タイトルは、「教会は何年も神父による虐待を容認」。この調査報道は、カトリック教会の神父たちによる児童性虐待が、過去数十年間にわたって繰り返されており、それを教会が組織的に隠蔽してきたこと、さらに、教会の示談交渉は被害者側に守秘義務を課しており、司法制度が結果として、被害を受けた側に沈黙を強いてきたことも明らかにしていった。映画は、最初の特集記事が紙面に掲載されるまでの半年間にわたる、スポットライトチームの記者たちの取材過程を、実話に基づき描いた作品である。

●**主な登場人物**（カッコ内は俳優名）
マーティン・バロン（リーヴ・シュレイバー）　ボストン・グローブ編集局長
ベン・ブラッドリー・Jr.（ジョン・スラッテリー）　ボストン・グローブ編集部長
ウォルター“ロビー”ロビンソン（マイケル・キートン）　スポットライト編集長
マイク・レゼンデス（マーク・ラファロ）　スポットライト担当記者
サーシャ・ファイファー（レイチェル・マクアダムス）　スポットライト担当記者
マット・キャロル（ブライアン・ダーシー・ジェームズ）　スポットライト担当記者
ミッチェル・ガラベディアン（スタンリー・トゥッチ）　被害者側の訴訟を支える弁護士
フィル・サヴィアノ（ニール・ハフ）　被害者の会の推進役
バーナード・ロウ（レン・キャリオー）　ボストン大司教区で最高位の枢機卿
ジム・サリヴァン（ジェイミー・シェリダン）　教会側の弁護士、記事の公表を可能にした内部
　協力者

[ミニ用語解説] **聖職者の位階**　カトリック教会の聖職者は、位が高い順に、ローマ教皇、枢機卿、大司教、司教、司祭（神父）、助任司祭、などがある。現在の教皇フランシスコは第 266 代。教皇を補佐する枢機卿は世界に 200 人以上おり、日本にも一人いる。教区は一人の司教が管轄する地域のことで、大司教は複数の教区の集まりである大司教区を管轄する。

レクチャー　*analysis & research*

1　何が起こっていたのか

　2001 年夏、米国北東部マサチューセッツ州ボストンで、カトリック教会の聖職者による児童性虐待に対し、訴訟が起こされた。これについて、地元の大手新聞ボストン・グローブ紙スポットライトチームが下調べをひそかに始めた。スポットライトチームとは、編集局内で調査報道を専門に担当する取材班の呼称である。紙面上に〈スポットライト〉という独自ロゴの掲載欄があり、地元でよく知られた存在だった。

　半年にわたる極秘調査を経た 2002 年 1 月 6 日、同紙は連載の最初の記事を掲載する。写真は、訴訟を起こされているゲーガン元神父の近景。続報が別ページに掲載されている長文の特集だった。同紙はその後 1 年間にわたり、600 本近い記事を掲載。記事の掲載をきっかけに、被害者たちが次々と名乗り出て、新たな訴訟が各地で起こされていった。

　神父たちによる児童性虐待は、急に起こった問題ではなかった。心理療法士リチャード・サイプは、1965 年から 5 年間、性虐待行為をしたカトリック神父が入っていた精神療養所に勤務した。その後 30 年間にわたって神父と被害者を研究し、統計学的にいえば、カトリック教会神父の約 6% が性虐待しているとの研究結果を公表。その他、1985 年当時、教会が支払った被害者たちに対する賠償金は 10 億ドル、禁欲している神父は全体の 50%、神父による児童性虐待は精神医学的現象である、などと言及。教会から激しい攻撃を受けたということだった。

　米国の新聞は記事一本の文字量が多い。出来事の詳細が市民社会に共有されていくにつれて、地域社会の教会に対する不信の念が噴出し、教会の自浄能力に批判が集まった。教会への寄付も激減した。その後、249 人の神父や教会関係者による性的虐待が告発され、その被害者は 1000 人を超えた。事実に基づくスポットライトの調査報道は、この問題を個々の神父に矮小

映画 1:57 の場面。2002 年 1 月 6 日日曜版、一面トップ記事。「教会　虐待を黙認」の見出しの後の本文左側に、黒い四角に白い丸抜きのデザインで、「spotlight」のロゴが入っている。

神父による性虐待事件の略年表

1965 年〜	心理療法士リチャード・サイプが虐待した神父のための精神療養所に勤務
2001 年 6 月	ジョン・ゲーガン元神父の児童性虐待に関するボストン・グローブのコラム掲載
7 月	ボストン・グローブ社スポットライトチームが調査開始
2002 年 1 月 6 日・7 日	初の紙面化・連載記事開始
1 月 24 日	記録ファイルの抜粋と経緯を掲載
1 月 31 日	70 人の神父による性的虐待と和解交渉の記事を掲載 その後の 1 年間におよそ 600 本の関連記事と書籍を刊行
10 月	ロウ枢機卿はバチカンへ転属
2003 年	ゲーガン元神父は、獄中で暴行を受け死亡

化させることなく、教会のしくみの改善を促す一助となった。

　この問題の根深さは、その土地柄にも起因する。米国東北部は教会との縁が深い。話は米国建国時にさかのぼる。1620 年、英国からメイフラワー号で米国大陸に流れ着いた清教徒たちは、最初の植民地をプリマスに築いた。ボストンは、そこに隣接する植民地で、1630 年に建設されている。アメリカ独立戦争の発端となったボストン虐殺事件、ボストン茶会事件などの舞台でもある。米国の独立記念日は、7 月 4 日である。これは 1776 年 7 月 4 日の独立宣言に由来している。まさに米国発祥の伝統ある地域で、アイルランドからの移民が多く、敬虔なキリスト教信者の層が厚い。

　2001 年 9 月 11 日に同時多発テロを受けた米国で、人びとのために祈る枢機卿の姿がテレビで放映された。当時、ボストンの都市部住民はおよそ 3 万 8000 人。そのうちの 2 万人が、カトリック教会の信者だった。

　記者のサーシャが同居する祖母は敬虔な信徒で、週に 3 日間も教会活動をしている。地元の人びとから信頼の厚い教会について、その不正を暴く記者たちの複雑な想いも、記者たちの仕事ぶりとともに、映画でていねいに描かれている。

2　ジャーナリズム論からの作品解説

　米国でジャーナリストたちが担っている仕事は、大きく二つに分かれている。出来事の正確で素早い記録の共有（news ／ニュース）と、問題の解決のための意見交流の促進（views ／論評・意見）である。

　ニュースには、出来事の発生を伝える 5W1H 型のストレートニュース・レポーティング、特集記事や連載を扱うフィーチャー・レポーティングのほかに、インベスティゲイティブ・レポーティングや調査報道と呼称される手法がある。この映画の主役であるスポットライトチームは、ボストン・グローブの調査報道に専従する記者たちの呼称である。

　調査報道の手法は、事例ごと、記者ごとに異なる。しかし、深刻な問題がありそうだという記者の感覚を頼りに、関係する人びとへの聞き取り取材から証言を得、証言を裏付ける公文書などの証拠を入手し、問題の存在を立証し告発にいたる長いプロセスは同じだ。個々の事実（fact）を積み重ねて分析し、原因について仮説を立て証拠を集め、真実（truth）にもう一歩近づく、といった説明をよく見かける。

▶取材先の広がり

　スポットライトチームの記者たちが、1 年半のあいだにあたった取材先は、数百件におよぶという。そのおもだったところは、以下となっている。

> 「聖職者による性的虐待の被害者と加害者をはじめ、司教、司祭、修道女、神学生、一般信徒の指導者、一般信徒のスタッフら無数の教会関係者、検事、選挙議員ら政府当局員、社会学者、神学者らの学識者、カトリック信者らの利益団体、そして弁護士を含む。また、刑事および民事裁判事件に際して教会が提出した文書、教会や擁護団体が発行した証言やそのほかの文書、『グローブ』その他の報道媒体が発表した聖職者の性的虐待危機に関する過去および現在の記事、教育機関のリサーチやそのほかの著者による学術研究、『グローブ』その他の組織による世論調査、記者会見や説教壇における教会指導者の発言」（書籍『スポットライト』11 頁）

　映画では、全編を通して、記者たちが取材を行う場面が数多く登場する。チーム取材の良さを活かした取材方法や、実際の取材と映画の描写の相違について、本章の章末コラムで記者職歴が長い飯田裕美子がていねいに解説している。ぜひ参照してほしい。

　ここからは、おもにこの調査報道の司令塔を担ったマーティン・バロン編集局長に注目しながら、ジャーナリズム論の概説をする。

▶ジャーナリストとしての独立性：非公開はおかしい

　映画では、調査報道に取り組む新聞記者たちの仕事のプロセスが、ほぼ時系列で描かれていく。この調査報道の起点を作り、結果に向けて方向づけをしていった編集局長マーティン・バロンの言動から、不可視化されていた社会問題の解決という公共の利益に奉仕するジャーナリズムの役割を考える。

　映画の冒頭で、新任のマーティ・バロンの言動から、非公開となっている裁判資料の開示請求をするという話が出てくる。調査報道のきっかけである。バロンの考え方をたどってみよう。

　何年にもわたって、何人もの神父が多くの児童性虐待をしているのに、記事本数が少ない。もっと追うべきだ。神父という公的人物（public figure）の裁判であれば、その記録公文書は公開され、社会的に共有されて当然だ。しかし、担当する判事の自由裁量で非公開となっている。記事の材料が入手できないのであれば、人びとの知る権利が損なわれている。非公開の非合法性を、司法に問わねばならない。

　しかし、地元の記者たちは、「教会に喧嘩を売るんですか？」と仰天する。社長も、「うちの読者の多くはカトリック信者だ」といぶかる。ここで、バロンの「おかしい」という感覚を支えているのは、ジャーナリストとしての「独立性」である。

　バロンは、カトリック教徒ではなく、また、ボストンの地元育ちでもない。しかし、そのような属性もさることながら、専門職としての独立性を守るというジャーナリストとしての軸が、とても強い。バロンとロウ枢機卿との最初の対面の場面を見てみよう。重要なところなので、ここは英語版を私訳する。

　　ロウ　　「教会と新聞が手を携えて、この街を発展させましょう」
　　バロン「感謝します、でも、個人的な意見なのですが、新聞がその機能を最
　　　　　　大限に発揮するためには、独立している必要があると考えています」
　　　　　　（0:30 〜）

　ジャーナリズムの場合、記者個人としての独立性のほかに、組織としての独立性も重要である。裁判費用は、訴訟を起こす側が払う。権力をもつ組織の不正と対峙するには、ジャーナリズム側にもそれだけの体力が必要になる。この事例でも、訴訟による情報開示請求訴訟で勝訴するまでに、数か月かかった。その経費

を払うのは会社である。本作の監督たちは、ジャーナリズムの責任や役割を果たすためには、「権力を握った組織をねじ伏せるだけの強さを持つ、組織の支え」が必要だ、という言い方をしている（前掲書10頁）。

　非公開となっていた資料の中には、神父たちの性虐待について、枢機卿をはじめ、ボストン司教区の多くの関係者が知っており、内部で問題提起もされていたが、上層部の判断で隠蔽されつづけてきた経緯を裏付けるものがいくつも入っていた。教会にとって都合の悪い裁判資料を非公開にしたのは、教会という権力のなせるわざだった。権力のある側による、権力の私的利用、すなわち、乱用だった。

　異常な権力の乱用も、たび重なり、恒常化することで、「なんだか変だがよくあること」になってしまう。しかし、ジャーナリズムの原理原則から、独自に問いを立てることで、問題として捉え直すことができる。その「おかしさ」に気づくことができたときに、改善のためのスタートラインに立てるのである。

▶ジャーナリズムの責任：組織的隠蔽（べい）の証拠を示す

　被害者たちの多くは、教会側から謝罪のための金銭が支払われ、示談となっている。示談は、この出来事に以後は言及しないという秘密保持契約がセットになっていた。示談の手続きは裁判を通さず、被害者側弁護士と神父側弁護士が直接やりとりすることもあった。このしくみがわかってきたサーシャは、被害者の被ってきた不利益を理解し、憤る。

　　「記録はなにもなし。示談で秘密保持契約を結び、マクリーシュに弁護料の３分の１がはいる」

　　「法の精神に反するわ、被害を闇に葬ることになる」（0:53〜）

　記者たちは、この非公開の壁をさまざまな取材で崩していく。公文書は誰のもので、何のためにあるのか。公文書の保存方法や公開のルールを考えるヒントがこの場面にたくさんある。記者のマイクは、閲覧が可能なはずの訴訟中の資料について、裁判所資料室の窓口での閲覧許可を求め、ヴォルテラ判事を説得する。やりとりをみてみよう。

　　判事　「君が探している文書は、かなり機密性が高いね」

　　マイク「機密は問題ではありません。公になっています」

　判事　「確かにそうだが、この文書を記事にした場合、責任は誰がとる？」
　マイク「では、記事にしない場合の責任は？」（1:33 ～）

　このやりとりに、ジャーナリズムが担う責任、知った者の責任に対する自覚が、象徴的に表れている。記者のこの責任感に対し、人びとは信頼を寄せる。この職責は、個々の記者のみならず、公器としての報道機関が、組織としても負っている責任である。

　映画の中盤、スポットライトチームのゴールについて、チーム記者たちとバロン編集局長の意見が分かれる。マクリーシュ弁護士が、示談にした神父 47 名のリストを記者たちにメールで送ってきた。記者たちは、これだけの人数なら「幹部の関与は明らか」であるとして、記事の掲載を主張する。

　しかし、「予測できるだけだ」と編集局長は押し戻す。ここは、根本的な解決を迫るところまで掘り下げるというチームの方針が明確になった、とても重要な場面である。バロンの語りを英語の文脈にそって観察してみよう。映画製作の現場では、実際に取材した記者たち自身が立ち会って助言しあい、実際に編集局長が原稿に赤字を入れる様子やその内容まで、忠実に再現したという。

　「ポーター事件と同じで、大騒ぎにはなるが、何も変えることはできない」
　「組織に焦点を絞ろう。個々の神父じゃなく」「教会の隠蔽システムを暴け。
　教会が同じ神父を何度も転属させ、それが上の指示で行われていることを」
　「標的は教会組織だ」（1:11 ～ 1:12）

　バロンは、組織ぐるみの隠蔽が根本問題なので、個々の神父の話だけでは再発を防げない、それでは意味がないと考え、ハードルを上げた。時間もマンパワーも必要になる。問題の根源を暴くタイプの大型の調査報道は、個々の記者たちの能力と熱意は不可欠だが、調査の意義を認める組織としての姿勢や資金力、ジャーナリストの専門的な仕事の価値を認めて取材に協力する人びと、ジャーナリズムの良い仕事に対して購読料や視聴料を払う人びと、いずれもが必要なのである。

　バロンのストーリーからは外れるが、チーム編集長のロビーと幼馴染のジム・サリヴァン弁護士の対話も、調査報道の重要な筋である。ジムは、教会側から依頼されて神父たちを弁護したことがある。ジムの描かれ方は、当時の地元に根づいている長い慣習や空気を象徴している。ジムは再三ロビーに、教会の問題に深く関わると、地元で暮らすロビーが困ることになるから手を引くように、助言す

る。一方のロビーはジムに、「正しい側に立て」といい、「俺たちの町だ……。俺たちで終わりに」と訴える。最後にジムは、内部事情を知る者として、ロビーの仕事に協力する。弁護士とジャーナリスト。ともに公共の利益のために奉仕するベテラン専門職能のやりとりとしても、興味深い。

3　今の社会における「問題の可視化」
──ワシントン・ポスト、デジタル版の挑戦

映画で描かれたマーティン・バロン編集局長は、長年、米国ジャーナリズムを支えてきたことで著名な、剛腕ジャーナリストの一人だ。2013年にボストン・グローブからワシントン・ポストに移り、2021年2月に66歳で編集主幹を勇退した。ワシントン・ポストは、米国政治の中枢、ホワイトハウスのおひざ元の新聞社である。ここでは、その新聞社での8年間にわたるバロンの仕事を通して、「問題を可視化する」ということを考えてみよう。

DX化の荒波にもまれ経営の苦しかったワシントン・ポストは、2012年8月にアマゾン社のジェフ・ベゾスに買収された。バロンは編集主幹を続投。経営難に苦しむ既存新聞社の中で、いち早くデジタル版の拡充に成功し、有料デジタル版の契約者数300万人の快挙を達成した。在職中に受賞したピュリツァー賞は10回にのぼる。その調査報道のテーマは、国家安全保障局による監視活動の暴露（2014年）、シークレットサービスによるセキュリティ違反（2015年）、警察官による殺害の全記録のアーカイブ化（2016年）など、多岐にわたる。権力からの独立と、ジャーナリズムとしての責任を、常に実践した編集主幹としてのバロンの仕事は、成功モデルの一つとなっている。

2017年1月から4年間続いたトランプ政権下では、最高権力者から報道機関への、極端で執拗な「フェイクニュース」攻撃が続いた。これに対しバロンは、権力者の発言の事実性を、編集局の取材力を駆使して確認・評価する「ファクトチェッカー」という欄を新設した。いまも高い評価を得ている。URLをクリックすると、紙面が出てくる。そこで「about」をクリックすると、ファクトチェッカー担当の記者たちが、事実のチェックの仕方や、この欄の作られ方を、動画で読者に説明する画面などもある。

チェックされた記事は、判断の根拠が示され、ピノキオ人形の数で事実度が表

示される。ピノキオはうそをつくたびに鼻が高くなる童話のキャラクター。ピノキオ四つで大ウソという評価になる。若者向けにスマホですぐわかるグラフィック表現を採用し、最高権力者の放言を3万件以上チェックしつづけた。政権からは、ホワイトハウスへの出入りを禁じられたが、スポットライトの調査報道と同様で、個人が被害者となりうる権力の乱用について、情報開示請求訴訟と調査報道で対抗した。

　その顕著な一例に、「アフガニスタン・ペーパーズ」の調査報道がある。機密指定のない公開文書を手がかりとして、連邦政府に対し、関連するインタビュー調査や資料の情報公開請求を行った。その結果、3代にわたる大統領が、勝てないとわかっているアフガニスタンでの軍事政策を続けたことを明らかにした。

　バロンがさまざまなインタビューの中で、繰り返し述べていることがある。それは、プラットフォーム上のメディアは、トラックで配達する紙媒体とは異なるメディアなので、ニュースを伝える表現については抜本的な視覚化・音声化・デジタル化に取り組む必要がある。しかし、同じく重要なのは、ジャーナリズムの原理原則を変えてはいけない。これを厳守し、責任をもって仕事に取り組むことでのみ、読者との信頼関係が築ける。こういった考え方は、日本でも、今後の報道のあり方を考えるうえで、大きな示唆となる。

　バロンは、記者の仕事について、スポットライトを振り返り、次のように語っている。

　　「真実を書く勇気、辛い現実さえ明るみに出す勇気がいる。見ないわけにはいかない。見過ごすわけにはいかない。（中略）権力を持つ機関や人間にも、責任を課すべき、ということだ。それを追求するのが、報道機関の仕事だ」
　　「法機関も一般社会も教会も、行動を起こさなかった。誰かが行動を起こすべき時に動けるのが報道機関の長所だ」（特典映像DVD）

4　広げ、深めて考える——スポットライトの意味

　今日、調査報道と呼ばれている報道スタイルの歴史は長い。

　英国の調査報道でいえば、1883年に、当時のロンドンでタブーとなっていた白人女児の奴隷売買と売春に関するペンメル・ガゼット紙の告発記事が著名である。新聞記者が客として売春宿に潜入し実態を暴いたことで、読者から多くの署

名が集まり、非合法性交渉の年齢を引き上げる法律制定につながった。孤児や貧しい家庭から引き取られた女児たちが、だまされて眠らされているあいだに客に引き渡されて泣き叫ぶ様子や、女児が5ポンド以下でやりとりされている実態が告発された。客を装って暴露した記者も逮捕されたが、記者はそれを覚悟の潜入だった。

　米国では、調査報道の源流となるマックレーキング・ジャーナリズムが、19世紀初頭に一時代を築いた。当時、肥溜めをかき混ぜて空気を送り、汚物を発酵させて畑の肥料を作っていた。熊手のような道具を使って行う作業を「マックレークする（muckrake）」という。そこから転じて、社会の暗部にあえて身を潜めて取材をし、告発するタイプの記者たちをマックレーカーと呼んだ。

　この時期に雑誌などで、長文の告発記事を掲載する手法が定着している。米国でその草創期の著名な例としては、アイダ・ターベルの『ジャングル』（1906年）などがある。19世紀にはいり、大量生産・大量消費の波が押し寄せる米国で、当時大人気となった缶詰だが、実は製造工場が不衛生極まりないことを、記者が工場労働者として工場で働きながら内情を暴露した。

　マックレーキングの著名な担い手の一人にアプトン・シンクレアがいる。シンクレアは、当時の米国社会の問題として四つの主題、すなわち、教会と宗教、新聞・雑誌業界、大学と教育、芸術と文学をあげ、一つひとつ、巨大な権力をもつ側の腐敗の様を取り上げていった。

　こういった切り口は、今後も変わらず有効である。現在、宗教に関わるものであれば、統一教会問題が大きい。国権による問題の隠蔽は、続発する公文書偽造疑惑、入国管理局などでの死亡事故の記録の一時不開示、外交問題や基地問題の取り決め内容の非開示、公害や原発被害、組織的なセクハラの隠蔽など、さまざまなレベルと規模がある。

◆もっと知りたい人へ

映画：
『グレース・オブ・ゴッド　告発の時』（フランス、2018年）　フランスのカトリック教会神父による児童性虐待事件（プレナ神父事件）を題材とする社会派映画。『スポットライト』が、ジャーナリストたちの動きを主題としているのに対し、この映画は被害者側から描いている。信仰の師であり敬愛の対象だった神父に、子ども時代に性的虐待を

受けるという体験のトラウマの深さと、そこから立ち直ろうとする人びとの苦難が主題
となっている。2作品の両方を見ることで、複眼的に考えやすくなる。

『記者たち　衝撃と畏怖の真実』（アメリカ、2017 年）　イラク戦争開戦に向けたブッシ
ュ政権の世論誘導に対し、当時唯一、問題提起したナイトリッダーの記者たちの足跡に
フォーカスを当てた作品。

書籍・文献・サイト：

ボストン・グローブ紙《スポットライト》チーム編、有澤真庭訳『スポットライト 世
紀のスクープ　カトリック教会の大罪』（竹書房、2016 年、原著 2002 年）書籍の原題
“BETRAYAL The Crisis In The Catholic Church”（2002）を直訳すれば、「裏切り
カトリック教会における危機」となる。

東京新聞 2021 年 4 月 5 日「アマゾン創業者が買収　倒産危機から過去最大の読者獲得
の米新聞社　名物編集者は語る」https://www.tokyo-np.co.jp/article/95795

ボストン・グローブ社オンライン・アーカイブ　https://www.bostonglobe.com/news/
special-reports/2002/01/06/church-allowed-abuse-priest-for-years/cSHfGkTIrAT
25qKGvBuDNM/story.html

コロンビア大学ホームページ　マーティン・バロンのバイオグラフィのページに、短い
が本人の語りが録音されており、再生して聞ける。このページのリンクボタンに、スポ
ットライトチームのメンバー全員の個別の紹介と、この調査報道に関する短いメッセー
ジの音声がアップされている。https://ccnmtl.columbia.edu/projects/caseconsortium/
casestudies/14/casestudy/www/layout/case_id_14_i d_77_c_bio.html

第 88 回（2016 年）アカデミー賞授与式　10 分近い録画の 6:35 あたりから作品賞の受
賞発表があり、スポットライトの製作・俳優陣と記者たちが壇上にあがりスピーチする
様子が垣間見られる。https://www.youtube.com/watch?v=i7mPpi8yqvM

ニューズウィーク日本版 2016 年 4 月 1 日（配信）　［コラム］大場正明・映画の境界
線「1000 件以上黙殺されていた神父による児童への性的虐待」。映画が国際ニュースで、
当時どのように伝えられていたかが観察できる。

ワシントン・ポスト「ファクトチェッカー」　https://www.washingtonpost.com/news/
fact-checker/

1　取材のリアル

メディアで働く知人に「ジャーナリズムが題材の映画で、好きなものは何？」と聞くと、ほとんどの人から『スポットライト』と即答が返ってきます。なんでみんなそんなに好きなんでしょう？

一員である私が考えるに、それは「一地方紙の頑張りが、巨大組織の隠蔽を暴く」という胸のすくストーリーはもちろん、映画に出てくる取材のありよう、たとえば取材の端緒や深め方、チーム取材や組織内の役割分担などが、実際の記者から見ても違和感なく、とてもリアルに描かれているからではないでしょうか。

▼足で稼ぐ

最初にマイクが当たったのが、被害者側に立ち教会を訴えているガラベディアン弁護士。人権派にありがちな無愛想さですが、「被害者に会わせて」と食い下がるマイクに「スポットライト欄が取り上げるなら」と応じてくれます。メディアを信用してはいないけれど、メリットがあれば利用する、という取材先との緊張感ある駆け引きが続きます。

過去記事を調べていてサーシャが見つけた「被害者の会」の代表サヴィアノも重要な人物です。11歳のころの自分の写真を見せ、神父にどのように「餌食」にされたかを、取材チームに語りますが、初歩的な質問の繰り返しに耐えきれず「全部5年前に送ったけど？」といらつきます。過去の報道に不信感を募らせながらも、真実を伝えてほしいと訴えつづける様子に、彼を信頼できるニュースソースと確信していく過程は、見ていてとても納得感があります。

取材の基本はなんと言っても「地取り」。一軒一軒の家を回って、見ず知らずの人に会い、話を聞いて歩くことです。居留守や人違い、取材拒否にあうこともあり、実に心が折れる仕事です。サーシャやマットもそうでした。ドアをたたいて「グローブの記者ですが……」と名乗っても「その人は引っ越した」とバタンと閉められる。かと思うと、玄関先や室内に招き入れて話をしてくれる人もいる。「二度と来るな！」

と追い払われることもある。そしてある家では、まさかの神父本人が出てきました。あるある！ちゃんと回っていれば、そういうラッキーも実際あるのです。

パクィン神父はあっさりと、少年たちに「いたずら」したことを認め、サーシャに「いたずらとレイプは違う。なぜなら私は以前レイプされたから」と、自身の被害体験を話し始めます。と、そこへ突然制止に入る神父の姉！　あー、せっかくの特ダネが……と、こういうところが実にていねいに描かれています。

▼葛藤

記者が、一人の市民あるいは家庭人としての生活と、報道の仕事にどう折り合いをつけていくか悩むところも、共感するポイントです。マットは、問題のある神父を収容する「療養所」が自宅から徒歩圏内にあると気づきます。子どもたちのことが心配ですが、極秘に取材しているので、理由を話すわけにいかない。冷蔵庫に「あの家には近づくな」と精いっぱいの貼り紙をして、言いたい気持ちにフタをします。

サーシャが同居する祖母は、敬虔なカトリック信者です。新聞社が教会を相手に裁判を起こすなんて、とても話すことはできない。日曜には一緒に教会に行っていたサーシャですが、調査が進み内実を知るにつれて、ミサに行けなくなってしまう。報道の仕事と市民生活をうまくバランスをとって暮らしたいのに、つい報道の側に一歩踏み込んでしまう記者たちの姿に、気持ちが寄り添います。

とはいえ、2時間に納める映画ですから「そんなにサクサク行かないでしょ」と思うところもあります。ガラベディアン弁護士に紹介してもらった被害者は、初めてのインタビューでマイクにすべてを話し終え「自分の実名を出してもいいよ。礼はいいから、奴らを捕まえろ」というのですが、ここまでの関係を築くのには普通、相当面会を重ねるでしょう。マイクがガラベディアン弁護士に道ばたで会うシーンも、この「弁護士をつかまえる」というところまでの

待ち伏せが、実際は長いのです。

サーシャの被害者インタビューは、喫茶店で会うなり、いきなり本題に入ります。まなざしはやさしく相手をしっかりとらえていて、聞き上手な記者の表情だとは思いますが、こと性的な話を聞くのに単刀直入すぎないか。実際の取材ならもっと雑談して関係を構築し、人の心の一番柔らかい部分に手を突っ込むのはずっと先で、個室などで聞くのでは？と思ったりします。このあたりの取材のテンポ感は、倍速視聴のようです。「時間の関係で……」と差し替えが出される料理番組みたいなものでしょうか。

▼よそ者

繰り返しとてもていねいに描かれているのは、ボストンの外から来た人に対する地元の人間の距離感です。19世紀から続く伝統ある地方紙が、ニューヨーク・タイムズの子会社となり、新しい編集局長マーティン・バロンがマイアミから送り込まれてくる。独身でユダヤ人、ボストン・レッドソックスで活躍していたベーブ・ルースのこともよく知らず、夜中まで会社にいる。一方、地元で育ち地元で働く新聞社の面々は、野球観戦が好きで、家族や高校時代のつながりを大事にし、バーで飲むときも「ボストンに乾杯」と言ったりします。カトリック教会の組織的な隠蔽を暴こうとする取材チームを、地元の有力者は「バロン局長の策略だ。彼はわれわれのように町を大切にしていない。手柄を立てたいだけ。2年もしたら出て行く」と切り捨てます。

全国紙と地方紙の記者の姿勢の違いや、大きな事件事故のときだけ本社から大量に人が来て現場を荒すように取材していく例など、日本でも同じような構図はみられます。

変わり者のガラベディアン弁護士はアルメニア人、彼に食い込むマイクもボストン育ちだけれどルーツはポルトガル。このあたりは、地元民の中にも濃淡があることをよく表しています。

▼チーム取材

大量の資料を調べる「ブツ読み」の大変さや、ライバル紙ボストン・ヘラルドに抜かれないかという警戒心、9・11アメリカ同時多発テロ発生という突発事案で調査報道がストップすることなど、映画は「記者あるある」に満ちていま

すが、全編を通じて特にリアリティを感じるのは、「誰かが特別なヒーローでは決してない」ということです。探偵のように一人の記者が謎解きをしていくなんて、実際にはないからです。チームは、それぞれが得意不得意や持ち味を活かしつつ、多角的な取材を重ね、話し合い、それによって全体像を明らかにしていきます。

どんなに被害者側の証言を集めても、客観的な証拠を手に入れても、それだけでは報道機関の記事としては完成しません。そこがSNSや個人のブログとは違うところです。数か月をかけて書き上げた原稿に、最後のゴーサインを出すのは、これまでの取材内容が間違いないと確信できる「ウラ取り」、この場合は教会側への確認です。ずっと守秘義務を盾に認めなかったジム・サリヴァン弁護士が、差し出したリストに○をつけるとき、チーム長のロビーがなんと頼もしく見えたことか。ジグソーパズルの最後の1ピースがはまった、という達成感が見ている側にもしみじみ広がります。

取材を終えた皆の前で、過去に情報を得ながらきちんと報道してこなかった反省を口にするロビーに、バロン局長は「私たちは毎日、闇の中を手探りで歩いている。そこに光が射して初めて間違った道だとわかる。以前何があったかは知らないが、君たちは本当によくやってくれた」とねぎらいます。よそ者だった局長と地元チームが一体になった瞬間です。

枢機卿は直接バロン局長に電話をし「ノーコメントと直接伝えたかった。それがあなたに対する礼儀だ」と言ってきます。バロン局長が枢機卿と築いた関係もまた、チーム取材の一角なのでした。

取材のきっかけは、どこにあるかわかりません。過去の新聞記事や、ネットの情報、法廷内のやりとり、たれ込みの電話やメール。しかしそれが記事になるまでには、結局のところ、直接人に会い、話を聞いて確認していくしかないのです。その地道な一歩一歩のしんどさと、話を聞けたときの喜び、書いていく責任の重さがきちんと描かれているからこそ、この映画は同業者の共感を呼ぶのだと、何度見てもそう思います。

（飯田裕美子）

15

弱い声を束ねる

華やかなハリウッド映画界の裏側で、女性への性的暴行が繰り返されていた。口に出すことをためらう被害者に、記者たちは「起きたことを変えることはできない。でも私たちが力を合わせれば、あなたの体験を他の人を守るために使えるかもしれない」と語り続けた。一人ひとりの声がもみ消されそうになっても、大勢になれば対抗できる。報道はその束ね役になることができる。

（飯田裕美子）

キーワード　*keywords*

オンレコ／オフレコ、ウラ取り（確認）、匿名／実名、多様性

考えてみよう　*discussion*

① 「女優の卵が、役がほしくて大物プロデューサーのいいなりになった」とすれば、それでも彼女たちは「セクハラ被害者」なのだろうか？

　ミーガン記者も最初は疑問をもった。被害者でないとするなら、その根拠は何だろう。「成功のためなら何をされてもいい」と、彼女たちは思っていただろうか。

② 「オフレコ（報道しない約束）なら取材に応じる」という被害者の話を聞くことは、どのような意義があるのだろうか？

　性被害のようなセンシティブな問題を、いきなり「オンレコ（報道前提）」で話す人は多くない。オフレコで聞いた話を、記者はどう扱うのだろう。

③ 被害者の証言以外に、記者たちはどのような証拠を集めたか？

　密室での行為は、客観的な裏付けがないと「そんな話はでたらめだ」と反論されて終わってしまう。誰が見ても事実だと信じるに足る証拠とはどんなもので、どうやったら入手できるのだろう。

④ 有名女優のアシュレイ・ジャッドが、実名を出すと決心したのはなぜだろう？

　同じ告発内容でも、匿名と実名では記事の重みが大きく違う。本人にとって実名を出すことによるメリット、デメリットはどんなものだろう。ジャッド自身がこの映画に出て、自分の役を演じた意味も考えてみよう。

⑤ ジョディとミーガンは、「女性だから」この取材ができたのだろうか？

　記者もまた、力のある取材先からセクハラを受けやすい職業である。これは、女性だからこそできる取材だったのだろうか。性別、年齢など多様性のある組織と、ない組織では、取材力に違いがあるだろうか。

 movie

シー・セッド　その名を暴け

原題：SHE SAID（米国映画、2022 年製作、129 分）
監督：マリア・シュラーダー
製作総指揮：ブラッド・ピット、リラ・ヤコブ、ミーガン・エリソン、
　　　　　　スー・ネイグル
製作：デデ・ガードナー、ジェレミー・クライナー
脚本：レベッカ・レンキェヴィチ
原作：『その名を暴け　#Me Too に火をつけたジャーナリストたちの闘い』（新潮
　　　文庫、ジョディ・カンター、ミーガン・トゥーイー著　古屋美登里訳）と、
　　　ニューヨーク・タイムズ紙の調査報道（https://www.nytimes.com/
　　　2017/10/05/us/harvey-weinstein-harassment-allegations.html など）

●**作品の特徴**　2017 年、女性たちが自分の受けた性被害を告発する「#Me Too」運動が世界中
に広がった。そのきっかけとなったのが、大物映画プロデューサーのセクハラを暴いた、ニュ
ーヨーク・タイムズの記事だ（2018 年、優れた報道に贈られる「ピュリツァー賞・公益部門」
を受賞）。本作は、困難な取材に挑んだ二人の女性記者と、それに動かされ告発を決意していく
女性たちの勇気を描く。共働きで幼い子どもを育てながら急な外国出張にも行くという、働く
母親のリアルな苦労を盛り込む一方、レイプなど直接的な性描写を避けた演出も話題となった。

●**あらすじ**　ニューヨーク・タイムズの記者、ジョディとミーガンは、大統領選挙や移民問題
など調査報道に取り組むワーキング・マザー。ジョディは、ある有名女優がハリウッドの大物
映画プロデューサー、ハーヴェイ・ワインスタインからレイプされたことを本に書こうとして
いるという情報をつかみ、調査に乗り出す。ミーガンとともに取材を進める中で、ワインスタ
インが過去に多くの女優や自社の女性従業員にさまざまな性的要求をし、報道されそうになる
と記事をもみ消していたことが判明。被害にあった女性たちは、口外しないことを条件に示談
させられており、声を上げられずにいた。問題の本質は、業界の隠蔽構造だと考えた二人は、
妨害にあいながらも、証言を決意した女性たちとともに真実を明らかにしていく。

●**主な登場人物**（カッコ内は俳優名）
ミーガン・トゥーイー（キャリー・マリガン）　ニューヨーク・タイムズ調査報道担当記者
ジョディ・カンター（ゾーイ・カザン）　ニューヨーク・タイムズ調査報道担当記者
レベッカ・コーベット（パトリシア・クラークソン）　二人の指導・相談役。編集局次長
ディーン・バケット（アンドレ・ブラウアー）同紙記事の全責任を負う。編集局長
アシュレイ・ジャッド（本人）　被害を公表した最も有名な女優の一人
ローラ・マッデン（ジェニファー・イーリー）　元ミラマックス社ロンドン支社勤務
ゼルダ・パーキンス（サマンサ・モートン）　元ミラマックス社ロンドン支社勤務。ロウィーナ
　　　　　　　　　　　　　　　　　　　　の相談を受ける
ロウィーナ・チウ（アンジェラ・ヨー）　元ミラマックス社ロンドン支社勤務

（注）ジェンダー平等の観点から、近年は女性にも「俳優」という職名を使うことが多いが、ここでは映
　　　画字幕や著書日本語訳に合わせ「女優」と表記する。

レクチャー *analysis & research*

1 何が起こっていたのか

　本作の冒頭、1992 年のアイルランドでの映画撮影シーンが短く置かれている（のちに重要な証言をする元従業員ローラ・マッデンの体験の一部）のを別にして、ストーリーは 2016 年、米国大統領選挙の直前から始まる。

▶トランプ大統領候補（当時）に関する報道

　ドナルド・トランプ氏が共和党の候補として指名を受ける直前の 2016 年 5 月、ニューヨーク・タイムズ（以下 NY タイムズ）はトランプ氏の下で働いたり交流があったりした多くの女性たちに取材し、同氏の女性観を疑問視する特集記事を出した（『その名を暴け』（以下著書）56 頁）。ミーガンと、マイケル・バルバロ記者による報道だが、二人はトランプ氏や支持者らから SNS などで名指しの攻撃を受けた。10 月にはワシントン・ポスト紙が、2005 年に同氏がテレビ番組収録に参加した際「こっちがスターなら、女は何でもやらせてくれる。思いのままだ」などと発言した録音があることを公表。

　この時期、NY タイムズにトランプ氏を告発するメールを送ってきた女性たちがいた。本作で、メインタイトルの直後（0:03）、ミーガンに「告発したいんです」と話しているのがその一人、レイチェル・クルークス。トランプ・タワーの中で秘書をしていた女性だ。ミーガンとマイケルは、レイチェルが相手陣営の選挙運動と関係ないことを厳格に確認し、トランプ氏の反論をとったうえで記事にした。それでも記者や証言者は、自宅や電話番号をネットでさらされたり、脅迫電話を受けたりした。

▶司会者オライリー氏のセクハラと失脚

　トランプ大統領就任後の 2017 年 4 月、NY タイムズは大統領選で同氏を強く支持してきた保守系 FOX ニュースの大物司会者ビル・オライリー氏に関し、同氏からセクハラを受けたと主張する女性 5 人に、同氏と FOX が口止め料 1300 万ドルを支払って示談してきたと報じた。企業が番組への広告を取りやめる事態となり、同氏は番組を降板させられた（0:10、著書 74 頁）。

　これをきっかけに、編集局次長のレベッカはジョディに、①女性に対し虐待に近い行為をする権力者は他にもいるのではないか、②「示談」はどれほど一般的で、それによりセクハラはどう隠蔽されているのか、の2点を調べるよう指示。これが、ワインスタインへの取材につながっていく。

▶「セクハラ」をめぐる状況

　「セクシュアル・ハラスメント（性的嫌がらせ）」は、アメリカでは1970年代から指摘されるようになったが（日本ではやや遅れて1989年の「新語・流行語大賞」金賞を受賞）、それから数十年を経ても状況は改善しなかったのだろうか。

　著書の「はじめに」で、二人は2017年の状況を以下ように書いている（著書5頁）。日本で1980年代から職場環境の変化を取材し実感してきた筆者も、思わず深くうなずいてしまう記述だ。

> 　「警官、兵士、パイロットといった、かつては男性で占められていた職業に女性が参入し、ドイツやイギリスの首相を務めたり、ゼネラルモーターズやペプシコといった大企業を率いたりする女性も現れるようになった。（中略）それなのに、女性たちは絶えず性的嫌がらせをうけ、その加害者はおとがめなしだった。「女性である」というだけで科学者やウェイトレス、チアリーダー、管理職、工場労働者は、体をまさぐられたり、嫌らしい目つきで見られたり、言い寄られたりしてきたが、チップや給料や出世のことを考えれば、笑みを浮かべてやり過ごすしかなかった。（中略）たとえ抗議の声を上げても、解雇されたり侮辱されたりすることがよくあった。（中略）その一方で、加害者である男性たちは、ますます出世し、称賛されることが多かった。嫌がらせをした当事者がいたずらっ子のごとく受け入れられ、喝采されることもよくあった」

▶二人のバックグラウンド

　劇場用映画パンフレット（東宝発行）には、以下の人物紹介がある。

　「[ミーガン・トゥーイー] NYタイムズ紙の調査報道記者。ジャーナリストの両親のもとに生まれ、キャリアにおいては、とくに女性と子どもを守りながら、権力者の責任を追及することに尽力してきた。ワインスタインの記事は、

娘を出産した後初めて取り組んだ調査であり、産後うつと闘いながら調査を進めた。

[ジョディ・カンター] NY タイムズ紙の調査報道記者。ホロコーストからの生還者である祖父母をもち、ニューヨーク州スタテン島とニュージャージー州で育つ。記者になると同時に母親になり、2 人の娘たちを育てている。ジャーナリズムが文化的議論の場を広げ、社会変革を促す手段となることを知り、不平等や不正に対し衝撃を与えることに自身の職業人生を捧げてきた」

　また、パンフレットの「プロダクションノート 1」では、ジョディの業績について、母乳育児に関する報道で空港の授乳室設置が広まったことや、スターバックス社の従業員の生活が自動スケジュールシステムによりめちゃくちゃにされている問題やアマゾン社の懲罰的な慣行を明らかにし、改善につながったことを紹介している。

ワインスタインをめぐる略年表

1979 年	ハーヴェイ・ワインスタイン、弟のボブとともにミラマックス設立
1992 年	ミラマックスのロンドン支社従業員だったローラ・マッデンが、ワインスタインの被害にあう。その後 1997 年にかけ、女優のグウィネス・パルトロー、アシュレイ・ジャッド、ローズ・マッゴーワンらが被害に
1998 年	ミラマックスのロンドン支社従業員ロウィーナ・チウが、ヴェネチア国際映画祭で被害にあい、同僚のゼルダ・パーキンスに相談
1999 年	ワインスタインがプロデュースし、パルトローが主演した『恋に落ちたシェイクスピア』がアカデミー賞 7 部門受賞
2015 年	イタリア人モデルのアンブラ・グティエレスが被害を警察に告訴するが、立件されず
2017 年 10 月	NY タイムズが報道。ワインスタインはワインスタイン・カンパニーから解雇される
2018 年 5 月	ワインスタイン、女性 2 人に対する強姦などの容疑で逮捕、起訴
2020 年 3 月	ニューヨーク最高裁で禁錮 23 年の判決を受け、服役中

2　ジャーナリズム論からの作品解説

▶誰のために書くか

　本作の序盤、育児休業から職場復帰してきたミーガンが、トランプ大統領の取材に戻るか、ワインスタインの取材に加わるか迷っている場面がある。オフィスの片隅の電子レンジ置き場でジョディと話し、加わることを決意する。

ミーガン「全員有名人なの？」

ジョディ「ほぼそうね」

ミーガン「時間をかける意味があるのか知りたい。声なき人々について書くべきじゃない？　女優たちには発言する場がある」

ジョディ「何か言えば干されると、恐れてる」

ミーガン「なるほど。でも私たちが暴こうとするものは何？」

ジョディ「仕事での激しいセクハラよ。（中略）ハリウッド女優がそうなら一般の女性たちは？」

ミーガン「従業員も標的だと思う？」

ジョディ「そう思う」（0:26）

このときの迷いについて、著書（114頁）では

「有名女優を被害者として考えるのは、ミーガンには納得しがたいことだった。報道する側の重要な使命は、声なき人々、光のあたらない人々に声を与えることだ。（中略）「キャスティング・カウチ」（役をもらう代わりにプロデューサーやディレクターに体を任せるという風習）は性的嫌がらせの法的定義に適うだろうか」

とある。しかし、ジョディから「彼女たちは打ち合わせと信じ、仕事や企画について真剣に話すため、希望にあふれ部屋へ行った。ところが脅され、暴行やレイプをされた」と説明を受け、権力者がその圧倒的優位な立場を利用して性的虐待をしているという問題の本質に気づく。

のちにミーガンの取材を受けたワインスタイン・カンパニーの重役は「確かかね？　成功をつかむために映画プロデューサーと寝る女どもでは？」と聞き返している（1:42）。ワインスタインの行動をうすうす知りつつ、女性たちが望んでやっているという都合の良いゆがんだ認知が、被害の訴えに向き合わず問題解決を遅らせたことをうかがわせる。

報道は、「声なき人々のために」というミーガンの考え方は正しい。どんなに光の当たるスターであっても、人に言えない深い闇の部分があり、それについては彼女たちもまた声なき人々なのだ。

▶オンレコ／オフレコ

　オンレコはそのまま報道するという前提、オフレコは書かない前提での取材である。どうして書かない前提であっても記者は取材するのだろうか。

　一つは、問題の本質や構造を理解するためである。本作でいえば、オフレコであっても数多くの女性たちの話を聞くことで、ワインスタインが「仕事」を装って女性をホテルの自室に呼び、要求をエスカレートさせていくというパターンがつかめた。口外しないという条件つきで被害者が示談させられ、明るみに出ないため悪事が繰り返されているという隠蔽構造も浮かび上がった。

　また、最初は「オフレコ」という前提で話を聞いていても、のちに状況が変わり「オンレコでよい」となる場合もある。本作で最初にジョディが告発を聞いた女優ローズ・マッゴーワンは、オフレコ前提で詳細を話していたが、記事が出る直前に、守秘義務のかかっていない「示談書」を見せてくれた（著書341頁）。このため、ローズのコメントは記事に入らないものの、金が支払われた客観的な証拠は得られた。

　誰の話かわからないようにぼやかした内容なら書いてもいい、というオフレコ取材もある。しかしそれでは具体性に乏しく、インパクトのある報道にするのは難しい。相手との信頼関係を崩さずに、どうやってオンレコに切り替えてもらい、より強い証言を引き出すか、記者たちは粘り強い交渉を続ける。

　記事を出す直前に、ジョディに電話をかけてきたミラマックス社ロンドン支社元従業員のローラ・マッデンは「私はどんな署名（示談）もしていないから、発言禁止令もない。声を上げられない女性のために発言する。私の発言を自由に使って。オンレコで」ときっぱり告げる（1:57）。乳がん手術を前に、娘たちのためにもこんなことはやめさせなければ、とローラが強く決意したのは、ジョディが説得を続けた成果でもある。

　ところで、日本の日常的な報道現場でも、オフレコを前提とした取材はしばしば行われる。政治家や官僚など情報をもつ側が、背景事情や持論を記者に理解してもらおうと「懇談」の形で話す場合があり、記者側からみれば真相を理解する助けになる反面、書けないという制限を受け入れることになる。

　ただ、話の中でどうしても報じなければいけない内容がある場合、相手にオフレコ解除を通告して書くこともある。2023年2月には、首相秘書官が性的少数

者を差別するオフレコ発言をし、メディアが報じて秘書官は更迭された。当然ながらその後の取材は厳しいものになるため、書く側もぎりぎりの判断を迫られる。

▶ウラ取り（確認）

　通常、芸能人への取材は広報担当を通すものだが、この件に関してジョディはそれをしなかった。事務所やマネージャーは、セクハラ被害の話をダメージと考えるだろうし、ワインスタインのような業界の大物に背くことは絶対しないはずだからだ。ジョディはツテを頼って本人たちのメールアドレスや電話番号を突き止め、多くの人に拒否されながらも、少しずつ直接取材を積み重ねた。

　必要なのはオンレコで話してくれる被害者と、その「ウラ取り」。つまり被害者の話が正しいと証明してくれる周囲の人や、録音・録画、公的な文書や法廷記録、金銭のやりとりの証拠などを探すことだ。密室での出来事について、被害者の記憶だけで書いては、相手側から「うそをついている」「合意だった」などと反論され、水かけ論になってしまうからだ。

　ミーガンは、警察への告訴や法廷記録を調べたが、受理後すぐに取り下げられたり、裁判記録がなかったりして、なかなかたどりつけない。やがて、大半が法廷外で決着していること、つまり被害者は「秘密保持契約」を含む示談で口を封じられ、加害者はそれをいいことに犯行を続けているという悪循環に気づく。被害者はメールや日記など全証拠を没収されてしまい、客観的証拠がない。みんなで集団告発するかたちなら女優たちもオンレコで話してくれるかもしれないのに、と二人は進まない取材に歯がゆい思いをする。

　　　レベッカ「女優たちはオンレコを承知する？」
　　　ジョディ「考えがあります」
　　　レベッカ「ホテルでの恐ろしい体験を裏付ける証拠がない」
　　　ミーガン「独りでなければ彼女たちは証言するはず。大勢なら安心」
　　　マット・バーティ（デスク）「示談（したとわかったの）は何人？」
　　　ミーガン「3 人、今のところ。ローズ、アンブラ、元アシスタント」
　　　マット　　「記録はない」
　　　レベッカ「記事にするには不十分よ」(0:43)
　仮に、こんな状態のまま報道したらどうなるか。著書では、十分な証拠を入手

しないまま記事にした結果、相手側から多くの訴訟を起こされ、媒体の評判を落とし、大学内のレイプ根絶運動の足を引っ張る結果になった例として、2014年のローリング・ストーン誌による「キャンパス内のレイプ事件」という記事を紹介している（著書50頁）。

　公平な報道であるためには、相手方の言い分も載せなければならない。これも大事な確認作業だ。取材途中で相手に手の内を明かしては妨害されるため、連絡するのは最後の最後。記事の内容を伝えたうえで、ワインスタインとは旧知の仲のバケット編集局長が、電話でコメントを求める。

　　バケット「公平を期すため、回答をくれ。記事を出すぞ」

　　ワインスタイン「回答したい」（中略）

　　バケット「言い分はそのまま記事にする。だから言え」（1:56）

　一つの記事が出稿されるまでに、どれほどの「ウラ取り」が行われているか。一方的な見解を書くことの多いネット投稿などとの違いを、理解していただけるだろうか。

▶「実名」の決意

　アシュレイ・ジャッドは、日本の軽自動車のCMにも出たことがある有名女優で、本作ではアシュレイ自身が本人の役を演じている。

　アシュレイの経歴は著書に詳しいが、両親が離婚して転校続きの少女時代を過ごし、何度か性被害にあい、大学卒業後はキリスト教の伝道師になるはずが女優の道に進んだ。エイズや女性への暴力などに関する活動をし、41歳でハーバード大学ケネディ・スクールの修士課程に進学。性的強要と闘うことを女性に呼びかける内容の修士論文を書いていたという（著書95～100頁）。

　本作の終盤、コメントを求められたワインスタインが、自分に関するNYタイムズの特ダネを嫌がらせのように他メディアにリークしはじめ、記事の公開を急がなくてはならなくなった場面で、アシュレイがジョディに電話をかけてくる。

　　アシュレイ「弁護士に相談し、何が正しいことか考えたの」

　　ジョディ　「もちろんです。……それで？」

　　アシュレイ「あなたの記事に情報源として私の名前を出して。私の義務よ。女として、キリスト教徒として」（1:48）

ワインスタインの性的嫌がらせを初めて報じる 2017 年 10 月 6 日付の NY タイムズ記事。女優のアシュレイ・ジャッドの具体的な証言から始まっている。

　オンレコを OK した女優はこの時点では他におらず、集団告発にはいたらなかったが、自分一人でも名前を出すとアシュレイは決意した。ジョディは涙ぐんで何度も礼をいい、バケット編集局長は原稿をアシュレイが 1996 年にビバリーヒルズのペニンシュラホテルで受けた被害の詳細から始め、彼女のコメントで終えるよう書き直しを命じた。誰かわからないようにぼやかしながら書くのと、具体的な名前や日時、場所、コメントが入っているのでは、重みや説得力がまるで違う。これに、ジョディが入手したワインスタイン社の社内報告文書や、ミーガンが確認した示談件数も加わって、記事は完璧な仕上がりとなった。

　アシュレイの決意の重さを、「もし自分だったら」と想像してみてほしい。「役がもらえなくなるのでは……」とびくびくする駆け出しではないものの、全米はもちろん世界中で読まれるに違いない、映画プロデューサーのスキャンダルの初報に、自分が受けた被害の詳細が載るのだ。相手側からどんな攻撃や訴訟がくるかわからない。結果的に、報道が出た後は社会活動家として称賛を受ける立場に

なったというが、本作の製作にあたっても、信念を貫き過去の忌まわしい出来事を自ら演じた精神力の強さには心から敬意を表したい。

▶多様性と当事者性

　取材が核心に近づいたころ、ジョディとミーガンはこんな会話をする。

　　　　ミーガン「彼の悪夢を見る」

　　　　ジョディ「私もそうよ。何も公表できずお墓に入ることになったら？」

　　　　ミーガン「私の心配は、記事が出ても人びとが無関心なまま、彼が平気で悪
　　　　　　　　　事を続けること」

　　　　ジョディ「悪事の大海原ね。世の中には"ハーヴェイ"が何人いるのかな」

　　　　ミーガン「時々考えるの。ミラを産んだ時も。もし、同じトラウマが私だけ
　　　　　　　　　ではなく会って話した女性たちにもあり、暗闇や絶え間ない暴力に
　　　　　　　　　耐えているなら、それが女性を覆う鬱の一部かもしれない」（1:29）

　生まれたばかりの赤ちゃんはかわいい。でも、母親はホルモンバランスを崩し、産後うつになることがしばしばある。本作の序盤、育児休業中のミーガンは「続ける自信がない。いつも不安な気持ちで……」と泣いている（0:16）。トランプ候補と堂々と渡りあい、「レイプして殺すぞ」という匿名の脅迫電話にも耐えていた仕事中の姿とは対照的だ。このシーンに釘づけになる女性は多いのではないか。出産した母親は、幸せと自信に満ち笑顔いっぱい、とはかならずしもいかないのだ。職場復帰して「仕事している方が楽」と話すミーガン（0:26）が"良き母親"像とは真逆の姿を見せてくれたあたりから、同じ経験をもつ筆者はぐいぐい映画に引き込まれてしまった。

　夜間や休日、子どもと過ごす時間にかかってくる大事な電話。ネットフリックスのパスワードを書いて渡すと、子どもが喜んで別室に行ってくれる場面（0:17）や、出張先の英国からオンライン通話で子どもと話す場面（1:06）などは、いまどきの子育てのリアリティがわかって面白い。いつもパートナーがうまく子どもをあやして、仕事の邪魔にならないよう配慮してくれるあたりは「こんな理想の夫はなかなかいないけど……」と少々ツッコミを入れたくなるけれど。

　ＮＹタイムズでは、記者が性別にかかわりなくセクハラ問題に取り組んでいるし、同時期にニューヨーカー誌でワインスタインを追いかけたローナン・ファロ

一記者は男性だ。決して「女性だからセクハラ問題の取材ができた」と言うべきではない。ただ、かつて女性が社会進出する以前に存在していたような「記者全員が男性」という組織だったら、ここまでこの問題を掘り下げられただろうかと考えると、メディアの中の多様性がいかに重要かということが見えてくる。

記者にはそれぞれ、異なる属性やバックグラウンド、関心、得意分野があり、それが取材上の強みとなる。ジョディやミーガンは子育て中だったからこそ、「こんな状況を娘たちのためにも放置できない」という気持ちを奮い立たせられた。被害者側にも、これまで話を聞きにきたどの男性記者より、女性であるジョディに心を開いたゼルダ・パーキンスのような人もいる（著書155頁）。

レベッカをふくめ3人が飲食店に入ったとき、「一緒に飲もう」と絡んできた男を、ミーガンが怒鳴りつけて追い払う場面がある（0:48）。この強さを身につけるまで、ミーガンはどれだけ嫌な目にあってきたのだろう。女性であるというだけで受けるストレスについて、二人が「はじめに」で書いている文章をもう一度読んでほしい。記者という職業もまた、権力のある側から情報をもらうという構図では相手と上下関係になりやすく、残念ながらハラスメントの被害を受けることもある。踏みつけられる側の痛みを知っている人は、知らない人よりずっと、共感力をもった良い聞き手になれるだろう。

3　今の社会における「弱い声を束ねる」——#MeToo の広がり

NYタイムズのこの報道をきっかけとして、女性たちが自分もセクハラ被害を受けたと訴える「#MeToo」運動は世界中で広まった。ミーガンとジョディは「記事を公表してから、わたしたちはダムが決壊する様子を、驚きをもって見つめてきた。世界中の何百万人もの女性が一斉に、ひどい目にあった体験を話し始めたのだ」（著書6頁）と記している。

日本でも2018年4月、財務事務次官（当時）がテレビ局の女性記者にセクハラ発言をしていたことが発覚し（週刊新潮2018年4月19日号）、次官は辞任に追い込まれた。告発した記者は、NYタイムズのワインスタイン報道に影響を受けたことを同僚に伝えている（『マスコミ・セクハラ白書』146頁）。

同年8月には、東京医科大学が医学部医学科の一般入試で女子受験者の得点を一律に減点していた、と読売新聞（2018年8月2日付朝刊）が報じ、他大学の医

学部にも同様の差別があることが次第に判明した。高校入試で男女別定員を設けることも、合格ラインに差が生じ不公平とみなされるようになった。おかしいと思いながら諦めていたことでも、声を上げる勇気と、それを取材し検証して報道する記者がいることで、社会は少しずつ変えられる例といえる。

　ただ、#MeToo の道のりは平坦ではない。たとえば、大学生の就職活動に目を転じると、2017 ～ 19 年度卒で就職活動をした男女 1000 人を対象とした厚生労働省の調査では、約 4 分の 1 が「セクハラを受けた」と回答している（2021 年 3 月「職場のハラスメントに関する実態調査」）。自分にそのようなことがあったとき、「我慢して早く忘れよう」「こんな企業は相手にしない」と思う気持ちと、「後輩のためにも問題を告発しよう」と思う気持ちの、どちらが大きくなりそうだろうか。メディアの側も、「そんなことはよくある」「よほどひどいケースでないと記事にならない」と考えてしまわないだろうか。

　日本映画界では 2022 年になって、映画監督らによる性加害の告発が相次ぎ、これに対し、是枝裕和さんら監督有志が同年 3 月 18 日「立場を利用したあらゆる暴力に反対します」との声明を発表した（「action4cinema/ 日本版 CNC 設立を求める会」ニュースレター）。業界団体でつくる「日本映画制作適正化機構（映適）」が 2023 年 4 月から、製作現場での契約関係や労働時間を審査する認定制度をスタートさせている。

4　広げ、深めて考える──声を上げ続けることの大切さ

　ミーガンとジョディの著書で、映画になった部分（2017 年 10 月 5 日にワインスタインに関する初報を出すところまで）は全体の 3 分の 2 で、著書の残り 3 分の 1 は映画で扱われていないそれ以後の出来事だ。#MeToo の広がりやバックラッシュ、特に高校時代の性的暴行を告発された保守派のブレット・カバノー判事が、公聴会での激論の末に連邦最高裁判事に就任した経緯が詳しく書かれている。#MeToo にはさまざまなバリエーションがあるが、遠い昔の出来事にいまも傷ついているというケースに、どう折り合いをつけるかはとても難しい。

　著書の最後には、カバノーを告発した科学者クリスティン・フォードのほか、ワインスタインの被害者だった女優や元従業員らが、二人の記者とともに泊まりがけで話し合った「集まり」の様子が詳述されている。「わたしたちは炎の中を

歩いたけど、みんなその向こう側にたどりついた」と話す元従業員ゼルダ・パーキンス、「大事なのは、声を上げ続けること」と話す同ローラ・マッデン（著書584-585 頁）。報道前後の心境の変化や周囲の反応、お互いへの思いやりなどが、当事者ならではの繊細な言葉で語られており、一読に値する。

　最後に視点を変えて、日本の女性記者二人が取り組んだ「アスリート盗撮」問題を紹介したい。新型コロナウイルス感染症の影響でスポーツの試合が軒並み中止になってしまった 2020 年夏、共同通信社運動部の鎌田理沙記者（当時入社 2 年目）、品川絵里記者（同 3 年目）は、かねてから疑問に思っていたテーマに取り組んだ。女性選手が試合中に不審者に撮影され、性的なサイトに写真が投稿されている問題だ。当初は選手に取材を申し込んでも断られることが多かったが、記事を出していくうちにトップアスリートの協力も得られるようになり、男性記者・デスクも加わった一連の調査報道は、日本オリンピック委員会や警察も動かした。

　鎌田記者は「一連の報道を通して『おかしいことはおかしいと言う。それが次世代への助けになる』ということを、取材に応じてくれた関係者から改めて学んだように思う」と、書籍『アスリート盗撮』（共同通信運動部編、ちくま新書、2022 年）の中で記している。

◆もっと知りたい人へ

書籍：
ローナン・ファロー著『キャッチ・アンド・キル』（関美和訳、文藝春秋、2022 年、原著は 2019 年）NY タイムズと同時期にワインスタイン問題を追い、2018 年のピュリツァー賞公益部門を同時受賞したファロー記者の報道の集大成。
WiMN（メディアで働く女性ネットワーク）編著『マスコミ・セクハラ白書』（文藝春秋、2020 年）2018 年、財務事務次官のセクハラ問題をきっかけに、メディアで働く女性の職能集団として発足した WiMN のメンバーが、自身が当事者として体験したハラスメントやメディアの中のジェンダー問題をピア・インタビューでまとめている。

2　基本的人権とジャーナリズム

困難に直面する人びとを支えるNPOや弁護士と、出来事を正しく記録し広く世に伝えるジャーナリズムが、車軸の両輪のように連動することで、個人では解決できそうにない問題を少しずつ解決に向かわせていくことがあります。ジャーナリズムの重要な社会的な役割の一つで、本書のテーマ1や2でよく観察できます。取材・報道する側に繊細で鋭敏な人権感覚があるほど、記録は幅広くなり、社会的共有も早くなります。

国連は、特に人権侵害が発生しやすい領域として、いくつかの条約を提示しています。人種差別撤廃条約、拷問等禁止条約、女性差別撤廃条約、子どもの権利条約、障害者の権利に関する条約（障害者権利条約）、強制失踪からのすべての者の保護に関する国際条約（強制失踪条約）など、世界各地での人類の経験知から、少しずつ条約化されてきたものです。比較的立場が弱く、自ら是正や救済の声を上げる力をもたない個人を守るための条約です。

他者になかなかわかってもらえない困難や、言葉にしづらい違和感などが、実は不可視化された社会問題を含んでいることもあります。育った国や環境における常識や慣習が、国際法の基準に照らしてみれば違法で是正が勧告されているようなこともあります。国際人権法や国際人道法などの考え方には、人権感覚を養うヒントがたくさん含まれています。

日本が、国際法の基準に照らして、再三勧告を受けているのが、ジャーナリズム活動に大きな影響のある言論の自由という基本的人権に関するものです。

2013年11月、国連の人権活動の中心となっている人権高等弁務官事務所は、「日本の特定秘密法案は透明性を脅かす」との報告書を公表しました。「この法案は、日本政府による情報機密のための基盤と手続きを確立するもの」で、「国際人権基準に照らし多くの懸念がある」と指摘しています。その理由として、「透明性は、民主主義による統治制度を維持する上で中核を

なす必要条件」であるとし、日本政府の作った法案が「情報の機密指定をきわめて広範囲、かつ、曖昧なまま可能とする基盤を作るのみならず、内部告発者や秘匿情報を報道するジャーナリストに対する深刻な脅威をはらんでいる」としています。

言論の自由状況の監視とジャーナリストの支援を行う世界規模の人権NPO「アーティクル19」も、「日本の議会も、特定秘密保護法案を否決すべきである」との声明を出しました。その理由は、「表現の自由と情報にアクセスする権利（人びとの知る権利）を保証する国際法の基準に反して」おり、「政府が環境災害、人権侵害、汚職、国際法によって公開することになっている他の分野の情報をも隠蔽することが可能になる」「ジャーナリストが機密情報を報道した場合、それが公益に質することを証明しても起訴され得る」「憲法21条（言論の自由に関する規定）は極めて弱い」と具体的で強い懸念が示されています。

個人での解決が困難な社会問題、たとえば、水俣公害では、政府が推進する国策を担う企業の排出する汚水に含まれる水銀が、魚を介して人体に入ることで起こりました。しかし、数年にわたり企業や専門家から事実が公表されず、汚水が垂れ流されて被害が大きくなりました。

1987年に設立された「アーティクル19」の公式ホームページには、「情報を自由かつ安全に検索、受信、共有できる国に住んでいるのは世界人口のわずか15％、つまり約7人に1人だけ」「表現の自由は民主主義の生命線」といったメッセージとともに、年次調査報告やさまざまな動向が記載されています。

国際法の基本的人権の基準に照らして、日本の報道をめぐる環境自体に大きな問題がある、との観察報告です。報道記者や私たちの知る権利を守るために、真剣に考えねばならない指摘です。　　　　　　　　　　（別府三奈子）

隠された事を伝える

権力者の不正や暴走、特権の乱用、自由の侵害などを、
事実や根拠に基づき、人びとに知らせる。
私たちの意志の総体として、
民主的な市民社会を実現するために。

 **Theme 3**

知る権利に奉仕する

ジャーナリズムは、人びとの知る権利を守る仕事をしている。この考え方の背景には、政治や経済活動などで決定権をもつ人たちの力が大きく、時としてその力は暴走するという歴史的な教訓がある。人びとがより良い判断をし、社会づくりに参加するためには、誰もが判断材料を適時入手する必要がある。人びとが行政府の保有する公的な情報を知る権利は、今日の民主主義の国に暮らす人びとにとって、とても重要な権利なのだ。ジャーナリストは、正確な記録とその公表によって、権力の乱用を食い止め、正しい判断材料をもとに私たちが意見する権利をも守っているのである。　　　　　（別府三奈子）

キーワード　*keywords*
知る権利、国防機密、行政特権、内部告発、合衆国憲法修正第 1 条

考えてみよう　*discussion*

1 **ランド研究所の調査員ダンは、なぜ機密文書を持ち出したのか？**
　戦時中に、政府の最高機密報告書を持ち出し、その存在を内部告発した彼は、何をしたかったのだろうか。

2 **ワシントン・ポストの編集局長ベンは、なぜ記事の掲載を主張したのか？**
　新聞社の経営陣は、記事の掲載に反対したのに、ベンが一貫して記事の掲載にむけて行動したのはなぜだろう。

3 **ニクソン政権は、なぜ新聞に掲載された記事の差し止め訴訟を起こしたのか？**
　米国で初めてとなる記事の差し止め訴訟を起こした理由を、政権側から考えてみよう。

4 **ワシントン・ポストの社主キャサリンは、なぜ記事の掲載を迷い、なぜ掲載に踏みきったか？**
　キャサリンが負った重圧の内容と、判断にいたった理由を考えてみよう。

5 **合衆国連邦最高裁判所は、なぜ記事の掲載差し止めを却下したのか？**
　判事たちが、記事の掲載は違法ではないと考えたのは、なぜだろうか。

> **［ミニ用語解説］米国憲法修正第 1 条**　1776 年に英国からの独立を宣言した米国は、1788 年に連邦法を制定。しかし、不十分だったことから、連邦議会で修正条項 10 項を発議し、1791 年に成立した。第 1 条は、「言論・報道の自由」「信教の自由」「結社の自由」「議会政治と信教の分離」などを定めている。

movie

ペンタゴン・ペーパーズ　最高機密文書

原題：The Post（米国映画、2017 年製作、116 分）
監督・製作：スティーヴン・スピルバーグ
脚本：リズ・ハンナ、ジョシュ・シンガー

●**作品の特徴**　アカデミー賞作品賞・主演女優賞 2018 年ノミネート作品。リズ・ハンナが脚本を書き、ジョシュ・シンガーが手を加えている。ジョシュ・シンガーは、本書テーマ１で取り上げた映画『スポットライト』で、アカデミー賞脚本賞を受賞している。本作はスティーヴン・スピルバーグ監督が「今、撮るべき作品」として、製作を決めてから完成までに９か月、撮影中の他の作品を待たせ、ニューヨーク州郊外に作られた編集局のセットで、短期集中で製作された。映画が企画・製作された 2017 年当時、米国で最も大きな政治権力をもつトランプ大統領は、自ら SNS を駆使し、報道機関を介さずに大量の発言を拡散した。大統領に不都合なことを伝える報道機関やジャーナリストたちを「お前らはフェイクニュース‼」と攻撃。事実に基づき大統領の責任を問う報道機関やジャーナリストたちは、取材妨害をたびたび受けていた。報道や表現の自由に圧力がかかり、公的な情報が錯綜し、混乱が生じていた。本作の上映開始当時の映画ニュースや映画解説には、スピルバーグが本作の製作を決めたのが、2017 年１月のトランプ大統領就任後 45 日目だったことや、「フェイクニュースに対する解毒剤」「報道機関がやらねばならないことを思い出させる作品」として、製作に取り組んだことなどが紹介されている。

●**あらすじ**　1971 年、ベトナム戦争に関する最高機密文書が流出した。国防総省が政策や戦略の立案を専門とするランド研究所に依頼した極秘調査の報告書で、通称「ペンタゴン・ペーパーズ」と呼ばれる。米軍がベトナムに攻め込んだ場合にどうなるかを検証するものだった。結果は「勝てない」となっていたが、米兵の出兵は拡大路線が続いていた。機密文書の一部をスクープしたニューヨーク・タイムズは、政府から、国家機密の漏洩を理由に記事の差し止め訴訟を起こされた。ホワイトハウスの地元ローカル紙ワシントン・ポストの編集主幹ベン・ブラッドリーは残りの文書を入手し、全貌を公表しようと奔走する。米国の主要新聞社史上初の女性発行人キャサリン・グラハムは、企業を守る責任と新聞社が守るべき責任のあいだで、刻々と決断を迫られていた。

●**主な登場人物**（カッコ内は俳優名）
キャサリン・グラハム（メリル・ストリープ）　ワシントン・ポスト社主・発行人
ベン・ブラッドリー（トム・ハンクス）　ワシントン・ポスト編集主幹
トニー・ブラッドリー（サラ・ポールソン）　ベン・ブラッドリーの妻
ベン・バグディキアン（ボブ・オデンカーク）　ワシントン・ポスト編集局次長・記者
フリッツ・ビーブ（トレイシー・レッツ）　ワシントン・ポスト取締役会長
メグ・グリーンフィールド（キャリー・クーン）　ワシントン・ポスト論説委員
エイブ・ローゼンタール（マイケル・スタールバーグ）　ニューヨーク・タイムズ編集主幹
ロバート・マクナマラ（ブルース・グリーン・ウッド）　国防長官
ダニエル・エルズバーグ（マシュー・リース）　ランド研究所研究員

レクチャー　*analysis & research*

1　何が起こっていたのか

　1970年代に入り、米国はベトナム戦争の長期化・泥沼化が深刻な問題になっていた。200万人ともいわれるベトナム側の犠牲者、5万7000人もの米兵の戦死者、5000人近い韓国兵戦死者を出し、さらに膨大な国家予算を投入し、戦争は拡大していた。米国内では、各地で若者が徴兵制に異を唱え、反戦デモが広がっていた。戦場でともに戦った黒人兵と白人兵の中には、国内に帰還後、人種隔離制度に反対する元兵士が増え、公民権運動も広がっていた。

　ジョンソンとニクソンという二人の大統領の下で国防長官を務めるロバート・マクナマラは、1967年にベトナム政策の決定過程に関する包括的な調査研究報告書の作成を指示。報告書名は「米国とベトナムの関係　1945-1967年（UNITED STATE - VIETNAM RELATIONS 1945-1967 VIETNAM TASK FORCE, OFFICE OF THE SECRETARY OF DEFENSE)」、7部構成の27巻7000頁を超える報告書だった。さまざまな専門家40人が、1年半をかけて行った研究だった。

　映画は、ベトナム戦争の最前線を、泥まみれになって現地査察する専門家の姿から始まる。ダンと呼ばれているこの調査官が、マクナマラの調査を担当した専門家の一人、ダニエル・エルズバーグ博士だ。当時、ランド研究所の研究員だった。エルズバーグは、米兵にも多数の犠牲が出つづけている前線基地で、報告書をタイプ打ちしている。彼は、1964年から元国防総省の軍事アナリストを務め、当時は政策立案のためにランド研究所に籍を置いていた。暗殺される前にケネディ大統領が行った最後の演説の草稿も、エルズバーグが書いている。

　勝てないことを知りながら、報道機関の取材に対し「戦況は好転している」とうそをつきつづけるマクナマラや政権の方針に、エルズバーグは疑問を膨らませ、内部告発を決心する。

　リチャード・ニクソン大統領政権下の1971年、ベトナム戦争の政策に関する最高機密文書ペンタゴン・ペーパーズの内容の一部を、ニューヨーク・タイムズがスクープした。ニクソン政権による記事差し止めの圧力は、米国史上まれにみる強いものだった。首都で発行されているワシントン・ポストは、編集主幹のベン・ブラッドリーらが文書の入手に奔走する。歴代大統領は、ベトナム戦争は拡

ペンタゴン・ペーパーズ略年表

1969 年	エルズバーグ、機密文書を数人の議員に見せ、公聴会の相談をするが立ち消える
1971 年 2 月	エルズバーグは、機密文書を NY タイムズに提供。NY タイムズは資料の分析と記事掲載準備に入る
6 月 13 日	NY タイムズ、機密文書に関する記事の連載開始
6 月 15 日	政府は、連邦地方裁判所に記事差し止め命令を申し立てた。裁判所は差し止めの判断を出す
6 月 18 日	ワシントン・ポストも記事を掲載。政府は同じく記事の差し止め命令を申し立てた。後追いの W ポストに対する記事差し止めは却下された
6 月 30 日	連邦最高裁判所が、NY タイムズと W ポストに対する差し止め命令を無効とする判決を出した

大しない方針を国民に示していた。しかし、入手した機密文書は、大統領が 4 代にわたって国民にうそをついてきたことを明らかにしていた。

　機密文書の公表をめぐる内部告発者、新聞社、政権、裁判所、それぞれの判断とその理由は、時に重なり、時に衝突しながら、やがて大統領の辞任と、ベトナム戦争の終結への転換点を形作ることになった。機密文書の暴露は、その一つの大きな起爆剤となった。

2　ジャーナリズム論からの作品解説

▶編集主幹は、政権とも社主とも距離を置く

　映画では、早くから政権による検閲の予兆が描かれる。

　政権側から社主キャサリン・グラハムへ、ジュディス記者には「長女の披露宴の取材はさせない」という意向が伝えられる。ニクソン家の次女の結婚式に関する辛辣な記事を書いたジュディスは、日ごろから、政権批判も行っていた。キャサリンは、別の記者を行かせてほしいと、朝食会で編集主幹ベン・ブラッドリーにもちかけるが、ベンはきっぱりと断る。

　　「キャサリン、あなたは社主で僕のボスだ。意見は尊重するが少々口を出し
　　過ぎる」「ほかの記者ではだめだ」「記事が気に喰わないからと、政権側から
　　の‘検閲’を許す筋合いはない」(0:13 ～ 0:20)

　ジャーナリストは、社主からも、政権からも、指図は受けない。ジャーナリズムの原理を指針に、自分自身で考え、判断する。ベンは動じない。ベンは 1921

年生まれで、ワシントン・ポストの編集主幹を 1965 年から 1991 年まで務めた。もともとベンはニューズウィーク誌にいたが、ワシントン・ポストによる同社の買収により、1965 年にワシントン・ポスト紙にきた。当時のワシントン・ポストは、地方の小さなローカル紙だった。ペンタゴン・ペーパーズとウォーターゲート事件という、言論の自由をめぐる政府との攻防を経て、同紙は権力の暴走を止める力のある新聞となった。

　話を映画に戻そう。1971 年 6 月 13 日、ニューヨーク・タイムズの一面に機密文書の一部に関する記事が掲載された。記事のタイトルは、「ベトナム調査文書米国関与拡大の 30 年（Vietnam Archive: Pentagon Study Traces 3 Decades of Growing U. S. Involvement）」だった。

　NY タイムズの記事掲載に、政権側はあらゆる機密保護法に触れているとして、「厳罰に処さねば」（0:33）、と憤る。ニクソン大統領は、これ以上記事を出させないためジョン・ミッチェル司法長官に、記事の掲載差し止めを行うように指示した。米国の歴史上、記事が事前に差し止められた判決が出たことは一度もなかった。しかし、当時の米国は戦時中である。地方裁判所は、差し止めの判断をニューヨーク・タイムズに伝えた。

　機密文書の内容を知った市民たちの反戦デモが、各地で活発になる。記者たちも、1965 年にマクナマラがすでに勝てないことを知りながら、拡大を続けていることに憤る。ベンは機密文書の入手のために、マクナマラの親友であるキャサリンの説得を試みる。

　「マクナマラが制作を命じた文書の暴露だ。彼自身もコピーを持っているかも」「情報源を見つけるのは〝藪の中の針だ〟。（中略）コピーを入手したい」「我々の情報源だ」「新聞と国民に対する義務があるんだぞ」（0:33 ～ 0:38）

　しかし、裁判所による記事の差し止め命令は、キャサリンや経営陣を大いに動揺させ、記事掲載をためらわせた。ベンは、記者たちとともに、ジャーナリズムの職責を掲げ、一歩も引かずに反論を続ける。

　「政府の顔色を見ろというなら、ポストはもう消滅したのも同じだ」「〝報道の自由〟の問題だ」「NY タイムズへの検閲だ」「歴史的な戦いだ、彼らが負ければうちも負ける」「掲載しなければ、皆、すべてを失う。新聞の評判はどうなる？　文書を入手した噂は広まってる。掲載をやめたらどう思われ

る？」「怯えたと思われる。我々も憲法も負け。ニクソンが勝つ。次の記事
も。その次も。我々が怯えたから。報道の自由を守るのは、報道しかない」
（1:17 ～ 1:18）

　キャサリンは、1971 年 6 月 18 日に記事の掲載を敢行した。記事の見出しは、
「米国　ベトナム選挙　延期を画策（Documents reveal U. S. Effort In '54 to Delay
Viet Election)」だった。映画の物語は、ウォーターゲートビルに夜間、泥棒が忍
び込んでいるような場面で終わる。これは、その後にワシントン・ポストとニク
ソン大統領が、言論の自由をかけて攻防を繰り広げることとなるウォーターゲー
ト事件の発端だ。

▶社主キャサリンが揺れた三つの理由：経営者、新聞人、一個人

　映画で描かれる経営の責任者である社主のキャサリンは、最初のころは政権に
対して気弱。中盤は迷いに迷い、終盤は一番揺るがない人物像となっている。

　最初、気弱になるのは経営者の顔のときだ。それまで、ポストの株は非公開で、
一族が守ってきた。しかし、経営が悪化。米国証券取引所で株式を公開し、その
資金で経営を支えるしかないほど、苦しくなっていた。株主の多くは、利益の分
配が目的だ。株価が下がるようなリスクは好まない。会社の存続すら危ぶまれた
ら、株主は逃げていく。そうなれば資金難に陥りかねなかった。経営者なら、企
業の存続に関わるようなリスクは通常踏まない。経営側からの助言は、いつの時
代のどの業界も同じである。経営アドバイザーのアーサーは、記事を掲載すると
いうキャサリンに訴える。「君のため、従業員すべてのために、考え直してくれ」
（1:21 あたり）。

　話は変わるが、戦後に日本の新聞社幹部もみな、戦前・戦中についてこういっ
た話をしていた（本書テーマ 12 参照）。ジャーナリストとして書くのか、一民間
企業として利益を優先させるのか。ペンかパンか、という話だ。

　映画の中盤でキャサリンが迷うのは、キャサリンが報道機関の職責を自分のも
のとして育ってきたからだ。父親のユージンは、ワシントン・ポストを買い取り、
世界銀行総裁にもなった人物。キャサリンは小さなときから、力ある人びとが背
負うべき公共の責任をめぐり、さまざまな対話をしていた。父親の背中を通して、
世のため人のための専門職の社会的な役割を長きにわたって学んでいた、という

キャサリン・グラハム略歴

1917 年	マイヤー家の三女として、ニューヨークに生まれる。父親のユージン・マイヤーは、連邦準備制度理事会議長などを歴任
1933 年	父親ユージン・マイヤーがワイントン・ポスト紙を買収
1938 年	シカゴ大学を卒業。同年、地方紙記者を経て、ワシントン・ポスト社に入社
1940 年	弁護士フィリップ・グラハムと結婚。三男一女の母となる
1948 年	父親の世界銀行総裁就任に伴い、夫フィリップが W ポストの社主になる
1963 年	夫の自殺後、W ポストの社主となる。69 年から 79 年まで発行人
1971 年	ペンタゴン・ペーパーズ事件
1972 年	ウォーターゲート事件
1973 年	同社会長兼 CEO に就任
1991 年	息子に CEO を譲る
1993 年	会長職を譲り、以後、自伝の執筆に専念
1998 年	自伝がピュリツァー賞を受賞
2001 年	没

ことだろうか。ジャーナリズム・スピリッツからいえば、人びとの知る権利に応え、言論の自由を守るべきだと、ワシントン・ポストが大好きなキャサリンは、肌感覚でわかっている。

　しかし、キャサリンの夫の大親友だったマクナマラとは、家族ぐるみの親交があった。夫の自殺に困惑するキャサリンに助力を惜しまず、支えてくれたと思っている。それでも、この大親友が、政治家としてうそをついたことは、別の話だと頭ではわかっている。

　三つの顔をもつキャサリンの迷いを整理させたのは、編集主幹ベンの、ジャーナリストとしての豊富ながらもつらい経験からくる確信だった。ベンは、ケネディ大統領夫妻と家族ぐるみの親交があった。しかし、自分自身の体験の教訓から、ベンはきっぱりとキャサリンにいう。

　　「両方はダメだ。友人か記者か選ばないと」「彼らはうそをついた」「権力を
　　見張らなくてはならない。我々がその責任を負わねば、誰がやる？」(1:01 〜
　　1:02)

　どちらかしかとれないなら、あなたは社主としてジャーナリズムの側に立つべき、との説得である。ベンは、この機密文書の内容を人びとに伝えることには迷

いがなかった。しかし、NY タイムズと同じ情報源から機密文書を入手しているなら、共謀罪や「法廷侮辱罪でみんな刑務所行き」の可能性が残る。ベンは、キャサリンが人生をかけて守ってきたワシントン・ポスト社を失い、監獄に行くかもしれないという事態の深刻さに慎重さをみせる。

▶社主はジャーナリストの側にいることを決意した

　編集局と経営陣や法務部の対立は、平行線が続いた。最後の決断は社主に委ねられた。

　決断する前に、キャサリンはベンにたしかめる。「うちの記事が兵士たちを危険さらすことはないと、あなたは保証できるのよね？」。「YES」の答えを受け、キャサリンは、銀行との契約書にあった一節を引用する。

　　「新聞の使命は、すなわち、"優れた取材と記事" につきる、と」「新聞は国民の繁栄と報道の自由のために尽くすべきである" と」「つまり、新聞の使命を銀行も承知だと主張できる」(1:33 ～ 1:34)

　ここには、良質の記者を雇い、良質の記事を書くことが、経営にとっても良い結果を生むというワシントン・ポスト社の社風もあったと思われる。この舞台裏の攻防を経て、ワシントン・ポストの記事が世にでた。それに続き、全米の大手19 の新聞社も、記事の掲載を断行。日ごろはスクープで互いにしのぎを削るが、ここでは、言論の自由を守る砦としてのジャーナリズムのために、社を超えて連携した。それが政治圧力を跳ね返す大きな力となった。

　連邦最高裁判所の判断は 6 対 3 で、記事の掲載が認められた。判決はこの報告書の公開が、差し止めを必要とするほどの国家の安全保障に関わる問題であると、政府側が立証できなかったと判断した。9 人の判事たちの意見は、憲法修正第 1条を不可侵の絶対的なものとする解釈から、大統領には記事の差し止めに関わる判断の権限を委ねるべきとの解釈まで幅があった。多数決での判決だった。

　映画では、これらの判事たちの意見の中で、言論の自由の絶対性を認めるブラック判事とダグラス判事の意見書の一節がメグによって伝えられる。米国社会で、何度も引用されている有名な一節だ。

　　「建国の父たちは、報道の自由に保護を与えた。民主主義における基本的役割を果たすためだ。報道が仕えるべきは国民だ、統治者ではない」(1:47)

3　今の社会における「知る権利への奉仕」──言論の自由の実態化

　「知る権利（right to know）」という考え方は、米国で第二次世界大戦の教訓から生まれた。戦時中に、敵国どうしがプロパガンダ戦を繰り広げ、国際間で流通するニュースが不正確になってしまった。戦争遂行のために、国民に対する情報操作も常態化した。言論の自由を補強する、新たな権利概念の必要性を訴える人びとがでてきた。AP通信のジェネラル・マネジャーだったケント・クーパーや、言論法学者のハロルド・クロス博士らが、書籍を通して広めていったのが、人びとの「知る権利」という概念だった。

　冷戦下で国防機密が急増した。ジャーナリストと弁護士の職能団体は協働し、知る権利の概念を実態化するために必要な行政手続法を立案していった。試行錯誤の10年を経て、1967年にようやく日の目をみたのが、情報自由法（FOIA）だ。公的情報は政府のものではなく、すべての人びとの財産であり、その公開は行政の義務という大原則を確立。情報を公開するための具体的な手続きが定められた。情報自由法は、今日の調査報道を可能にする法的根拠となっている。

　これらは、米国で1791年に制定された憲法修正第1条を、形骸化させないために生み出された法体系である。日本の情報公開法は、米国の情報自由法を参考につくられている。

　ペンタゴン・ペーパーズの事例で争われた事前検閲の是非は、憲法修正第1条が定める「議会は、言論または出版の自由を制限する法律（中略）を制定してはならない」を根拠として、非とする考え方が米国で根強い。ジャーナリズムの役割を考えるなら、1735年のゼンガー事件と憲法修正第1条の関係、戦時中にできた1917年の防諜法（スパイ防止法）の平時における運用方法なども視野に入れると、より理解が深まる。

　ゼンガー事件は、植民地時代に領主を批判する新聞記事が、今日でいうところの名誉毀損罪や文書扇動罪かどうかを争った裁判。担当したアンドリュー・ハミルトン弁護士は「精神の自由の喪失は、肉体の死より重い」という理由で、批判する自由を擁護した。この思想が、やがて英国から米国が独立する大きなきっかけとなり、憲法修正第1条となって明文化されている。

　防諜法は、戦時に言論の自由を制限する。これに対し、1919年に言論の自由

の制限を限定的に判断するために「明白かつ現存する危機」の原則が作られている。これは、言論の自由の制限は、次の三つの条件がすべて当てはまる場合に限るという原則だ。三条件とは、①ごく近い将来に実質的な害悪の発生が確実、②その実質的害悪が甚大、③言論の自由の制限以外にその危機を回避する方法がない、である。米国は、多様な言論法を組み合わせて、言論の自由をめぐる攻防を続けているのである。

4　広げ、深めて考える──エルズバーグの起点はヒロシマだった

　ここでは、政府側の中枢で対ベトナム政策の立案に深く関わり、内部告発にいたったエルズバーグ博士について、もう少し深く考えてみよう。

　エルズバーグ博士は元米国防総省勤務の戦略研究者で、のちに平和運動家となった人物である。1931 年生まれで、ハーバード大学卒業。1954 年に海兵隊に志願し、1957 年に中尉で退役後、ハーバード大学に戻り、ゲーム理論の研究で博士号取得した。ランド研究所、米国国務省などで、国防関係の政策立案に関わり、国防総省に移って国防次官補特別補佐などを歴任した。

　2023 年 6 月、92 歳で亡くなったが、同年春には、国際ジャーナリストのクリスチャン・アマンプアによる CNN のインタビュー番組「権力に対して真実を言い続ける。エルズバーグの勇気と良心の伝説」に登場。ウクライナ戦争が継続する中で、権力の監視の重要性を力説していた。

　1971 年のペンタゴン・ペーパーズの暴露は、徴兵制によって数十万の若者を戦地に送り込んでいる最中のことだった。エルズバーグは重罪を個人で背負うことを覚悟し、機密文書を持ち出した。フルブライト上院議員など、幾人かの平和に対する発信力のある議員たちに公聴会をもちかけたが頓挫したことから、ニューヨーク・タイムズに持ち込んだ。その後の経緯が、映画で描かれている。

　記事掲載後、エルズバーグは機密漏洩罪をはじめ連邦法への抵触が 12 項目にのぼり、累計 115 年の刑期に相当するということで起訴された。しかし、ニクソン政権による違法な情報収集活動が発覚し、連邦地方裁判所は控訴を棄却した。

　2016 年 3 月に、日本から来た取材者たちに対して、エルズバーグが語った 2 日間にわたるオリジナル・インタビューが、『国家機密と良心　私はなぜペンタゴン情報を暴露したか』（ダニエル・エルズバーグ著、梓澤登・若林希和訳、岩波ブ

ックレット No. 996、2019 年）に収録されている。用語解説なども充実し、読みやすいが中身の濃い 1 冊だ。

　この本によると、エルズバーグが核兵器について具体的に初めて考えたのは、13 歳のときだった。学校で、原爆のような強力な大量殺人兵器の使用の可否を考える授業があった。クラスの皆で真剣に議論し、使用不可の結論となった。その後、日本に原爆が投下されたときの恐怖が忘れられないという。

　エルズバーグは、米国の原子爆弾をめぐる政策立案にも関わっていた。日本に投下した焼夷弾や水爆のことにも詳しい。冷戦当時、対ソ連核攻撃が行われたと仮定したときの死者数は、日本を含めおよそ 6 億人と推定されていた。それは第二次世界大戦におけるユダヤ人虐殺の 100 倍以上の規模となる数字だった。

　ベトナムでの戦況の悪化がいずれ核戦争につながる脅威、ボタン一つで大量虐殺がいとも簡単に起こる現実があった。ベトナム戦争続行の政策を転換させる必要があると、エルズバーグは考えていた。内部告発への行動は、当時の徴兵制に対し拒否の声を上げる若者たちや、そういった人びとを支援する人びととの交流も支えになっていたという。

　情報漏洩者に対する訴追は、オバマ政権下で急増した。ウクライナでの戦争は 1 年を超えて長引き、大国を多数巻き込み、日本もまた他人事ではない。エルズバーグの体験は、多くの具体的な示唆を含んでいる。翻訳された近著『世界滅亡マシン　核戦争計画者の告白』（宮前ゆかりほか訳、岩波書店、2020 年）も、核兵器による先制攻撃の草案にかつて関わったエルズバーグならではの 1 冊である。

◆もっと知りたい人へ

ペンタゴン・ペーパーズの暴露は、戦時下の国家機密と報道機関のあり方、米国憲法修正第 1 条の解釈など、いまに直結する重要案件で関係者による記録も多い。世界へ伝播した兵役拒否運動、米国内で大きなうねりとなった公民権運動、泥沼化するベトナム戦争の諸相などを立体的に捉えると、ジャーナリズムにしか担えない役割がより鮮明に見えてくる。熟考に適した資料が豊富なので、代表的なものをいくつか紹介する。
映画：
『ハーツ・アンド・マインズ　ベトナム戦争の真実（Hearts and Minds）』（米国、1974 年）　米国内の反戦運動を拡大させ、ベトナム戦争の終結へと米国を動かしたと評される作品。1975 年に、アカデミー賞最優秀長編ドキュメンタリー映画賞を受賞。数多くの関係者の証言や当時のニュース映像、戦禍ベトナムの人びとの記録などで構成さ

れている。エルズバーグも登場する。NHK が日本語版を放映した。

『キリング・フィールド』（米国、1984 年）　内戦状態のカンボジアへ取材に入ったニューヨーク・タイムズの特派記者と現地人助手の物語。

『ニクソン　ウォーターゲート事件』（日本で編集されたフィルム・アーカイブ、コスミック出版、2009 年）　当時、米国でテレビ中継されたニクソン大統領の演説 3 本を収録。記者会見の質疑応答の様子が観察できる。

『大統領の陰謀』（米国、1976 年）　ペンタゴン・ペーパーズ事件に続き、ワシントン・ポストがニクソン政権の不正と対峙したウォーターゲート事件がモチーフ。米国ジャーナリズムに関する映画として著名な作品。

書籍：

ニューヨーク・タイムズ編『ベトナム機密報告　米国防総省の汚い戦争の告白録（上・下）』（杉辺利英訳、サイマル出版会、1972 年）

キャサリン・グラハム『キャサリン・グラハム　わが人生』（小野善邦訳、TBS ブリタニカ、1997 年）　全米で 40 万部を超えるベストセラーとなった大著。個人的な生活史も描かれ、長い変化の時代を捉えた 1 冊。

ロバート・S・マクナマラ『マクナマラ回顧録　ベトナムの悲劇と教訓』（仲晃訳、共同通信社、1997 年）　ケネディ、ジョンソン政権の国防長官として戦争を指揮した著者が、30 年近い沈黙を破って刊行。

ニール・シーハン『輝ける嘘』（菊谷匡祐訳、集英社、1992 年）　NY タイムズ側で機密文書の分析を牽引した著者が、元陸軍中佐の生涯を通じてベトナム戦争を描いた 1 冊。

デイヴィッド・ハルバースタム『ベスト＆ブライテスト　栄光と興奮に憑かれて』（浅野輔訳、二玄社、2009 年）　米国の現代史を描く、ニュー・ジャーナリズムの新しい形を作ったといわれる大作。

文献・サイト：

エルズバーグ博士ホームページ　https://www.ellsberg.net/

3　調査報道の実際
——「ペンタゴン文書」と「パナマ文書」を比べてみよう

映画に描かれた「ペンタゴン文書（ペーパーズ）」の報道から45年を経て、2016年に別の極秘文書「パナマ文書」が報道されます。こちらはタックスヘイブン（租税回避地）の秘密経済を暴いた報道で、米国拠点の調査報道NPO「国際調査報道ジャーナリスト連合（ICIJ）」を中心に、世界中のメディア約100社が合同で取り組みました。筆者も当時、共同通信記者としてこの報道に参加しています。ペンタゴン文書、パナマ文書のいずれも秘密資料で「〜文書」の名がつきますが、報道と政府・司法の関係、情報技術、メディアどうしの関係など性格は違います。それでも両方に共通するものは少なくなく、報道と情報と市民の関係を考える材料といえます。

▼「許可」なき報道

パナマ文書はパナマの法律事務所「モサック・フォンセカ」の内部資料でした。この事務所が取り扱っていたのは、タックスヘイブンに匿名性の高い法人を設立する業務です。タックスヘイブンのうまみは税の安さ以上に、情報公開度が極めて低いこと。特に通常の国なら公開される「会社の代表者（社長など）の氏名」が秘匿でき、いわば匿名会社が作れます。税逃れは各国の制度改正で手立てを打てますが、この匿名性は裏事情のある人にとり、なんとも有利です。匿名会社のものとして資産を貯めれば誰のものかわからない秘密資産に。匿名会社を隠れみのに、独裁国への武器輸出や人身売買、子ども買春などの汚れたビジネスも容易です。何を書いても責任を問われにくい匿名のSNS投稿がどんなことになっているかを見れば、匿名会社の匿名ビジネスがいかに危険か想像がつくでしょう。

タックスヘイブンの最大のうまみ、匿名会社——のはずが、ある日、匿名会社の責任者を記した書類が大量流出しました。それが「パナマ文書」です。文書を詳細に分析すると、各国の首脳とその周辺、ビジネスエリート、犯罪者、著名人が匿名会社を設立していたことがわかりました。アイスランドのグンロイグソン首相の隠し資産、ロシアのプーチン大統領の盟友による巨額ビジネス、中国共産党指導部の家族らの経済活動も出てきます。グンロイグソン首相は大規模抗議デモが起きて辞任しましたが、なかにはパナマ文書報道に不快感を示したり、情報統制をしたりした政府もありました。とはいえペンタゴン文書と異なり、政府自体の機密文書ではないため、政府対メディアの正面対決という事態にはなりませんでした。むしろ当時の米オバマ大統領はパナマ文書による暴露を、重要な問題が明らかにされたと評価するコメントをしています。

それでも、これは顧客の秘密厳守が鉄則である法律事務所の秘密書類です。見方によっては、プライバシー問題、業務妨害だという主張も起こりうるでしょう。

そこで両「文書」に共通するのが報道に「許可」は必要かという問題です。ペンタゴン文書は報道どころか見るのも見せるのも許されない国防機密文書です。パナマ文書も法律事務所の秘密資料であり、報道を許可するはずもないものです。しかしICIJはじめ各国メディアはその内容を個人の実名、法人名を含め詳しく報じ、さらには文書の概要を公開データベースにして全世界で人名検索できるようにまでしました。

報道の自由を旨とする民主社会において、報道するべきか、つまり多くの市民が知る状態にするべきかを決めるための大切な原則は「その情報は、市民が社会を知り、物事を検証するうえで役立つか」であって、「報道される側（特に力ある者）が許可するかどうか」は別問題だからです。「伝えられる側」が同意したり満足したりを前提とするのは、広告、広報の役割です。ただし、私的な秘密（プライバシー）など、報道した場合に関係者に与えるダメージとのバランス、またダメージをどう最小化するかの手立てを検討することは大切です。

テレビでは「許可を得て撮影しています」などの表示が増えましたが、これはおもに報道で

はなく、エンタメ系番組ではないでしょうか。

ペンタゴン文書を報道したワシントン・ポスト、ニューヨーク・タイムズの人びとも、パナマ文書を報道したICIJと多数のメディアも、自らの熟慮と苦悩のうえで情報を市民に届け、そこに「許可」は存在しません。「許可」のもと安心して発信できるかどうかではなく、市民がこの情報を知るべきか、知っておいた方がいいか。それに基づき、時には圧力や軋轢を覚悟すること、ファイターの任務を引き受けることが報道の責任といえます。記者たちは常にそういう気持ちで働くものです。

▼連帯のありか

さて、ペンタゴン文書を極秘提供したダニエル・エルズバーグは、当時の遅いコピー機で、何千ページもの文書を一枚一枚コピーしました。箱に詰め、荒縄で縛り、飛行機で運ぶ映画の場面はいかにもアナログです。

パナマ文書は、デジタル技術で管理されました。データ量は2.6テラバイト、文書数にして1150万通にのぼり、紙にプリントすればトラック数十台でようやく運べる量です。コピーなどとても無理、飛行機で運んだりすれば目立って仕方がありません。デジタルデータだからこそ、中にどんな名前があるか検索して見つけることもできます。なにより、デジタルデータだから、パナマ文書プロジェクトに参加する全世界80か国の400人近い記者がインターネット技術を通じ、内容を共有できました。もちろんパスワードなどによる厳重な多重認証管理を施し、部外者には絶対にのぞかれないようにセキュリティを万全にしたうえでのことです。それによって、世界合同取材、一斉報道という大プロジェクトが可能になったのです。

この合同取材と一斉報道のアイデアもまた、パナマ文書がペンタゴン文書と異なるところです。ペンタゴン文書は最初ニューヨーク・タイムズがスクープし、映画の中心人物でワシントン・ポスト編集主幹のベン・ブラッドリーは悔しがり、なんとしても後を追って報道せよと発破をかけます。ライバルとの闘いに必死です。

パナマ文書は対照的に、世界100のメディアが最初から「連合チーム」となりました。文書をシェアするだけでなく、取材計画、取材結果、報道予定の原稿もシェア、なんでもシェアし、抜け駆け厳禁がプロジェクトのおきてなのです。普段は手の内など明かすはずがないライバルどうしなのに、パナマ文書プロジェクトでは隠し事はありません。筆者もプロジェクトメンバーの一人として、同じ日本から参加した朝日新聞の奥山俊宏記者（現・上智大学教授）とチームの仲間になります。ライバルと緊密に取材結果や報道方針を話し合い、変な気持ちでした。ペンタゴン文書の時代に比べ、パナマ文書の時代にはネットの発達で新聞やテレビは経営も不透明です。ピンチのときは競争だけでなく、時に協力もしてこそよい情報を市民に届けられるということかもしれません。

実はペンタゴン文書の中でも、ピンチに際してはメディア間の協力が示されています。ブラッドリー率いるワシントン・ポストがニクソン大統領を厳しく批判し、その娘の結婚式取材から締め出されると、結婚式取材OKだった他社に「連帯」を訴え情報提供してもらう案が議論されます。なにより、ペンタゴン文書報道の結果、政府から訴えられると、ライバルのニューヨーク・タイムズとともに法廷で共通の戦いをします。政府が両紙を追いつめようとするなか、米国各地の他の新聞もあえてペンタゴン文書報道に参加し、ともに闘うという連帯の場面も出てきます。記者は激しく争いながらも同職どうしの絆もあるのです。報道の最前線、苦労して真実を探る「同志」の気持ちがあるからです。マンガでいえば「強敵」に「とも」とふりがなを振るようなものかもしれません。

記者たちのこの連帯感の基礎は、「市民のために尽くす」者どうしとしてのお互いへの敬意でもあります。市民が主権者として、民主主義の「運営側」となれるよう、市民に豊富な情報を責任をもって提供するという役割です。ベストな情報は政府以上に主権者である市民がもつべきで、手間がかかってもリスクがあっても市民に伝えるべきを伝える、そんな困難を一緒に担う仲間意識──すなわち、その「連帯」の気持ちの大元には、「市民との連帯」があるというべきでしょう。

（澤　康臣）

Theme 4

社会に警鐘を鳴らす

2011 年の福島原発事故は、私たちの生活を支えているはずの原子力発電がもたらした災害として日本社会で記憶されている。しかし、国内外の歴史を振り返れば、それ以前にも核エネルギーの利用がたび重なる被害を生んできたことがわかる。1979 年の『チャイナ・シンドローム』は、架空の物語でありながら世界各地での原発事故の発生にさきがけて、その危険を社会に問いかけたジャーナリズム映画であった。公開から 40 年以上が経ったいま、この作品をあらためて見返してみよう。　　　　　　　　（松下峻也）

キーワード　*keywords*

核エネルギー、自主規制、科学ジャーナリズム、原子力の安全神話、被曝労働

考えてみよう　*discussion*

1 テレビ局の上層部は、なぜ原発の危機のスクープを自主規制したのだろう？
　原子力発電をめぐっては、政治や経済の権力によって「人びとが見聞きすべき情報／人びとに知らせたくない情報」があらかじめ選別されることがある。事実を速報しようとするジャーナリストと、政府や電力会社の意向を推しはかってそれを自主規制するテレビ局との対比から、現代のマスメディアの姿を批判的にみていこう。

2 ジャーナリストと内部協力者は、なぜ原発の危険の告発を決意したのだろう？
　物語の転機は、テレビ局のキャスターと原発の制御室長が、事実を報じるために手を結ぶ場面である。両者が取材を行う／受ける立場として対話を重ねる中で、ジャーナリスト／技術者としての社会的な責任を自覚していく過程に注目してみよう。

3 告発に対する妨害に立ち向かう中で、ジャーナリストと内部協力者は、テレビの生中継で原発の危険をどのように語ったのだろう？
　テレビの生中継は、速報を利用して告発の妨害に抗う手段であったものの、物語の中では内部協力者が真相を語りきることができずに失敗に終わる。作中における速報の描写と『チャイナ・シンドローム』をめぐる「両論併記」の新聞記事を比較することで、「科学ジャーナリズム」が現代社会で果たすべき役割を考えてみよう。

4 科学ジャーナリズムは、核エネルギー利用が抱える問題の広がりと深さをどのように描いてきたのだろう？
　過酷事故という「有事」の危険は、原子力発電が抱える問題の一部にすぎない。同時期に日本国内で公開された記録映画『原発切抜帖』を手がかりにして、核エネルギー利用が「平時」から抱えている問題にも眼を向けてみよう。

 movie

チャイナ・シンドローム

原題：THE CHINA SYNDROME（米国映画、1979 年、122 分）
監督：ジェームズ・ブリッジス
脚本：マイク・グレイ、トム・S・クック、ジェームズ・ブリッジス
製作：マイケル・ダグラス

●**作品の特徴**　タイトルの『チャイナ・シンドローム』が意味するのは、溶けた核燃料が原子炉の底をつき抜ける事態、すなわち「メルトスルー」である。この映画は、米国や日本で原発への反対運動が高まりをみせた時期に制作され、その舞台には、1976 年に、核廃棄物の最終処分を政府が解決しないかぎり原発の新規建設を停止する宣言を発表していたカリフォルニア州が選ばれた。当時から反核の立場を表明していたマイケル・ダグラスが出演とともに製作を務め、その試みにベトナム反戦運動に携わっていたジェーン・フォンダらが賛同する。脚本を担当したのは、監督のジェームズ・ブリッジスに加えて、パデュー大学で工学を修めたマイク・グレイと、エレクトロニクス企業での実務経験をもつトム・S・クックであった。脚本は、アカデミー賞やゴールデングローブ賞などにノミネートされる。

●**あらすじ**　テレビキャスターのキンバリーとフリーカメラマンのリチャードは、取材のために訪れた原発の構内で偶然にも危機的な事故に遭遇し、騒然とする制御室を隠し撮りする。ところが、政府や電力会社の意向を推しはかったテレビ局の上層部は、そのフィルムを放送せずに倉庫送りにする。これを受け、キンバリーとリチャードは真相の解明を目指すようになり、その過程で、事故に対応していた制御室長のジャックから原子炉が致命的な欠陥を抱えている可能性を告げられる。その事実の告発を決意した 3 人は、そこから電力会社や原子炉の建設会社による妨害をはじめとする、さまざまな困難に立ち向かっていく。

●**主な登場人物**（カッコ内は俳優名）
キンバリー・ウェルズ（ジェーン・フォンダ）　地方テレビ局の女性キャスター。日々のささいなニュースを担当する「美人リポーター」として視聴者からの人気を得るが、本人は社会派の報道を志す。
リチャード・アダムス（マイケル・ダグラス）　フリーのカメラマン。原発の安全や電力会社の見解に対して疑いの眼を向けつづける。
ジャック・ゴデル（ジャック・レモン）　ベンタナ原発の制御室長。事故をきっかけにして原子炉の危険を察知し、その内部告発を決意する。
ドン・ジャコビッチ（ピーター・ドゥナット）　キンバリーが所属するテレビ局の幹部。原発をめぐる報道に対して慎重な姿勢をとる。
テッド・スピンドラー（ウィルフォード・ブリムリー）　ベンタナ原発の主任技師。ジャックとは古くからの同僚でもある。

『チャイナ・シンドローム』は劇映画であったものの、その公開直後にはスリーマイル島原発事故が実際に発生することとなった。「架空の物語」が「現実の社会」にいかなる問いを投げかけ、どのような警鐘を鳴らしていたのかを考えていこう。

レクチャー　*analysis & research*

1　何が起こっていたのか

▶核エネルギーの「軍事利用」

　現在ではインターネットでも配信される『チャイナ・シンドローム』は、1970年代の終わりに原子力発電所の危険を描いたジャーナリズム映画の古典といえる。この映画を見返すうえで、冒頭のシーンでリチャード（フリーカメラマン）が語る、「（核燃料は：筆者）ウランか……。原爆の原料だろ」（0:10）というセリフに注目したい。この言葉の含意を考えるためには、原子力発電の歴史の立ち上がりを「核エネルギー利用」という広い視点から振り返る必要がある。

　核エネルギー利用とは、「核分裂反応」を応用した科学技術を指す。それを世界で初めて実現したのは、兵器開発を目的として第二次世界大戦下の米国で行われたマンハッタン計画であった。この機密計画によって完成した2発の「原子爆弾」は、1945年8月に広島と長崎に投下され、大戦の終結を決定づける。

　冷戦下になると、米国とソ連は、核エネルギーの「軍事利用」を国際社会の安全保障という大義の下で継続していく。それは、原爆よりもさらに強力な「水素爆弾」の開発によって自国の軍事力を誇示し、他国からの侵攻と戦争の再発を抑止するという政治的な戦略であった。

　しかし、そうした「軍事利用」の過程で行われた核実験では、周辺地域を中心に大きな被害が生じてきた。米国が1954年にビキニ環礁で行った水爆実験では、放射能汚染によって現地の島民が移住を余儀なくされるとともに、放射性降下物を浴びた周辺海域の日本の遠洋漁船の乗組員が火傷や脱毛、白血病（死）などを引き起こした。

▶核エネルギーの「平和利用」

　「軍事利用」と並行して生まれたのが、核分裂反応を発電のための熱源に応用するという国際的な動きであった。それは、核エネルギーを「経済成長」や「豊かな生活」のために用いることを掲げた、その「平和利用」などと呼ばれる国家主導の政策である。

　歴史からみれば、核エネルギーの「平和利用」とは、兵器開発のために実用化

核エネルギー利用略年表

1953 年	アイゼンハワー米大統領が「Atoms for Peace」という国連演説によって「原子力の平和利用」の国際的な推進を宣言
1954 年	ビキニ環礁におけるアメリカの水爆実験で、周辺のマーシャル諸島や日本の遠洋漁船が被曝（「第五福竜丸事件」）
1957 年	米国で初の原子力発電所が完成し、日本で実験用原子炉が臨界に到達（「原子の火が灯る」）
1970 年	日本で敦賀原発と美浜原発が完成、「人類の進歩と調和」を謳った大阪万博への送電に成功
1979 年 3 月 16 日	『チャイナ・シンドローム』が公開
3 月 18 日	ニューヨーク・タイムズに「核の専門家たちがチャイナ・シンドロームを議論する」が掲載
3 月 28 日	スリーマイル島原発事故が発生
1986 年	ソ連でチェルノブイリ原発事故が発生
2011 年	日本で福島原発事故が発生

された科学技術の「転用」にほかならない（佐藤嘉幸・田口卓臣『脱原発の哲学』人文書院、2016 年）。そうした中で、原子力発電を主導する政府や電力会社は、多くの情報を秘匿したまま「原発は安全であり必要である」という点を強調してきた。

　この状況に対して、1970 年代初頭には、米国や日本で早くも原発への反対運動が巻き起こる。新規の原発建設・立地が滞りを見せはじめた時期に製作されたのが、1979 年の『チャイナ・シンドローム』であった。その公開からわずか 12 日後には、世界初の「過酷事故」であるスリーマイル島原発事故が発生する。

　さらにその後も、世界各地では原発の過酷事故が繰り返されていく。なかでも、1986 年のチェルノブイリ原発事故や 2011 年の福島原発事故では、広大な土地が避難の必要な放射能汚染地帯と化し、多くの人びとが眼に見えない放射線被曝の恐怖と不安にさらされることとなった。このような歴史は、どのようなかたちであれ、核エネルギー利用が強大であるがゆえに想定を超えた危険を常にあわせもつ、という事実を示してきたことになるだろう。

2　ジャーナリズム論からの作品解説

　『チャイナ・シンドローム』が批判的に描いたのは、原発内部の実態を秘匿したまま安全だけを強調する電力会社と、その見解を社会にそのまま広めるテレビ

局の姿であった。ここでは、そうした状況に立ち向かうジャーナリストと内部告発者の姿に注目しながら、現代社会でジャーナリズムが果たすべき／果たしうる役割を読み解いていこう。

▶「テレビ局の人間」による報道の自主規制

　映画の物語は、特集番組の取材のためにベンタナ原発を訪れたキンバリー（テレビキャスター）とリチャードが、危機に陥った制御室の様子を隠し撮りする場面から始まる。テレビ局に戻った二人は、事態の詳細をつかめないものの、ともあれその映像をスクープとして速報しようとする。しかし、キンバリーの上司のジャコビッチ（テレビ局幹部）は、「確認せずに放送はできん」（0:24）と述べ、それを制止する。

　翌日になるとジャコビッチは、制御室のフィルムを倉庫で保管することを二人に告げる。その判断に怒りをあらわにするリチャードに対して、彼は電力会社側が危険を認めていないことを強調し、原発の機密保持を定めた法律をもちだす。

> 「"原子力発電所は安全である。従って、刑法第18条の保護下に置く。許可なき撮影は……" よく聞けよ、"これを重罪とする"。法規を厳密に解釈するとフィルムの所有も有罪だ」（0:28）

　そのうえでジャコビッチは、「進んで訴えられるのは愚かだ」（0:29）と続ける。テレビ局が報道を自主規制する中で、電力会社は「一時的なトラブル」が生じたという見解を発表し、数日後には原子力規制委員会から運転再開の許可を得る。それを受け、キンバリーとリチャードが取材を担当した特集番組は、制御室の映像を除いた当初の予定どおりの内容で放送される。

　このシーンが描くのは、事実を可能な限り速く伝えようとするジャーナリストと、政府や電力会社の意向を推しはかってそれに自主規制をかける、いわば「テレビ局の人間」との対立である。いいかえれば、ジャーナリストによる独自の報道が制限される一方で、他方では政治や経済の権力の意向があらかじめ反映された情報が放送を通して広まっていく状況である。

　そうした描写からは、原子力発電のような国策をめぐって、マスメディアによる情報の自主規制と流通が表裏一体となっていく、現代社会の姿と問題を考えることができるだろう。

▶「電力会社の人間」が代弁する「原子力の安全神話」

ジャコビッチの判断を受けて、キンバリーとリチャードは対照的な行動をとる。自らも「テレビ局の人間」である以上、上層部の決定を受け入れるキンバリーに対して、企業組織に所属しないリチャードは、自ら真相をつきとめるために制御室のフィルムを倉庫から盗み出してしまう。

リチャードの行方を追うキンバリーは、その途中でベンタナ原発の職員が集う酒場を訪れ、偶然にも先日の「トラブル」に対応していたジャック（ベンタナ原発制御室長）と遭遇する。真相の解明を諦めきれないキンバリーは、一人の記者として、ジャックに「大衆はあの事故の際、危険にさらされていたの？」（0:47）という質問を向ける。

『チャイナ・シンドローム』（0:47）の場面。ベンタナ原発の「危険」を疑うキンバリーに対して、ジャックはその「安全」を強調する。

このときのジャックは、運転再開の許可が下りたことに安堵しながらも、内心ではベンタナ原発の安全を疑いはじめていた。その折に原発の危険を問われた彼は、あくまでも「電力会社の人間」としてそれに応答する。

> ジャック　　「大衆には理解しにくいことを説明させてほしい。原発は事故を想定して作られている。起こりうる事故はすべて考慮されている（中略）」
>
> キンバリー「質問と違うわ」
>
> ジャック　　「人間のすることに危険はつきものだ。そこで"深層防護"をしている。（中略）放射能漏れはまったくなかった。システムのお陰だ。リレーやバルブが故障してもシステムは動く。事故ではなかった」（0:48〜0:49）

このシーンでジャックは、核エネルギーの「平和利用」としての原子力発電を正当化する、いわゆる「安全神話」を代弁していたことになる。

このときのキンバリーは、一人の記者としてジャックに質問を向けながらも、専門家である彼の説明に対してそれ以上の追求をする知識と術をもちあわせていなかった。そのまま酒場をあとにする彼女の姿からは、原子力発電のような高度

化・専門化した科学技術をめぐって、ジャーナリストが独自に取材・報道することの困難を想像することができるだろう。

▶社会的責任としてのジャーナリズム

　ジャックとの対話の翌日、リチャードと再会したキンバリーは、制御室のフィルムを検証した専門家から当日の事態の詳細を解説される。そこで二人は初めて、それが「トラブル」などではなく、メルトダウンの一歩手前にいたる危機的な事故であった事実を知る。

　その一方で、キンバリーからの質問を受けたジャックは、ベンタナ原発に対する疑いをさらに強めていた。結果として、彼は原子炉の検査写真の偽造をつきとめ、その内部告発を決意する。記者からの取材をきっかけに、「電力会社の人間」であったジャックが一人の技術者としての社会的な責任を自問していく過程は、ジャーナリズムが担う「権力の監視機能」を描いていたことにもなるだろう。

　その後、あらためてジャックを訪ねたキンバリーは、彼の姿勢の変化を受け、内部告発を自身のテレビ局でスクープする計画を立てる。その計画に対して、上司のジャコビッチはやはり慎重な姿勢を示すものの、彼女は「これは私のスクープよ」（1:16）といいきる。ここでは、「テレビ局の人間」であったキンバリーが、一人のジャーナリストとしての社会的な責任を自覚していったことになる。

　このシーンでは、以前に「原子力の安全神話」を代弁していたジャックと、それを黙認せざるをえなかったキンバリーが、ともに事実（fact）の解明を通して原発の危険の告発を決意していく。当初は対立していた技術者とジャーナリストが、それぞれの立場の社会的な責任を負うことで、一つの事実の報道のために手を結んでいったともいえる。この過程からは、さまざまな分野・領域が専門化した現代社会における「科学ジャーナリズム」の必要性を考えることができるだろう。

▶速報の限界と科学ジャーナリズムの役割

　原発の危険の告発を決意したキンバリー、リチャード、ジャックは、そこから暴力的な妨害を含むいくつもの困難に向き合うこととなる。

　物語の山場となるのは、制御室を武装占拠したジャックが、キンバリーとリチ

ャードの協力の下でテレビの生中継による告発を試みる場面である。それは、テレビの速報を利用して妨害に対抗するという、最後の手段であった。結果からみれば、その試みは電力会社による原子炉の緊急停止と中継の遮断、そして警察の起動隊によるジャックの射殺によって失敗に終わる。

　その一方で、中継の過程そのものに注目してみると、そこには原子力発電をめぐる議論が専門領域に閉ざされてきた現代社会の問題が象徴されてもいる。

　　ジャック　　「（先日の事故の：筆者）原因は信じられない人為的ミスでした。
　　　　　　　　発電回路のリレーの故障でブレーカーが開いたのです」

　　リチャード「話が専門的すぎる」

　　ジャック　　「（事故の説明をつづけたうえで：筆者）しかし真の問題は別にあ
　　　　　　　　ります。うまく説明ができない……」

　　キンバリー「大丈夫よ」

　　ジャック　　「実に複雑なんです。問題は別にあります、つまり……。（中略）
　　　　　　　　つまり真の問題というのは……」（1:48～1:50）

　先にみた酒場におけるキンバリーとの対話で、ジャックは、原発の安全が「大衆には理解しにくい」と語っていた。その彼が、このシーンでは原発の危険を「うまく説明ができない」焦りからうろたえていく。これらのセリフはいずれも、原発の安全／危険が公共的な議論から遠ざけられてきたことの帰結といえる。

『チャイナ・シンドローム』（1:49）の場面。キンバリーとともに制御室からのテレビ中継を試みたジャックは、ベンタナ原発の「危険」をうまく説明することができない。

　「話が専門的すぎる」とつぶやくリチャードや「真の問題というのは……」と言葉につまるジャックの姿は、そうした状況で科学ジャーナリズムが果たすべき役割を逆説的に提示している。すなわちそれは、「いつ・どこで・何があったのか」（news）を速く報じるだけでなく、高度化・専門化された情報の中で「何について考えるのか」（agenda）、「どう考えるのか」（views）を提示するという、「報道の専門職」としてのジャーナリストの役割である。

　異常をきたしたベンタナ原発が危機を脱したのち、再開したテレビの中継では、

当事者たちの対立する語りが放送されていく。

　電力会社の広報担当者が「発電所内の問題は解決し、安全が確保されました」（1:56）と発表する中で、ジャックの決死の行動をみた同僚のスピンドラー（ベンタナ原発主任技師）は、意を決して「上の連中は彼を錯乱といったが、真実は逆だ」「（ジャックは原発の危険を：筆者）知っていた」（1:58）と発言する。それに対して、広報担当者は「スピンドラーの話は個人的見解です」「社の声明ではありません」（1:59）と否定するものの、リポーターのキンバリーは、スピンドラーの発言を支持する立場をカメラの前で明言する。

　そのまま無音・黒背景のエンドロールへと続くこのラストシーンは、今日からみれば、原発事故が繰り返されていくその後の社会への「警鐘」を鳴らしていたことになる。私たちは、原発の安全／危険をめぐってどこから・いかなる情報を見聞きし、その問題の何を・どのように考えてきたのだろうか。この問いは、専門化・高度化した科学技術と公共的な議論とをどう結びつけていくのかという、現代ジャーナリズムが向き合う課題でもある。

3　今の社会における「警鐘」──記録を検証する

　『チャイナ・シンドローム』は架空の物語であり、過去に起こった原発事故を忠実に再現したわけでも、未来に起こる過酷事故を正確に予見したわけでもない。それでもこの映画は、当時の社会に警鐘を鳴らすことで、原子力発電の安全／危険を専門的かつ公共的な問題として議論する機会を開くこととなった。その一例が、1979年3月18日のニューヨーク・タイムズに掲載された「核の専門家たちがチャイナ・シンドロームを議論する」である。

▶科学的な論争としての「安全」と「危険」

　この記事では、映画をめぐって対立する複数の専門家の意見が紹介される。議題として提示されたのは、「メルトダウンが現実に発生する可能性はあるのか」「電力会社による情報操作や原子炉の建設会社による安全管理記録の捏造という事実はあるのか」「映画は原子力発電をめぐる現実の議論にとって価値があるのか」といった論点であった。その議論の一部をみていこう。

　一方では、映画を批判的に評価し、わずかな危険は認めつつもあくまで原発の

安全を強調する意見がある。それを語る一人が、1970年代に過酷事故が発生する確率を「100万年に1回程度」と評価したことで知られる、マサチューセッツ工科大学のノーマン・ラスムッセンであった。彼はその根拠として、原子炉があらゆるトラブルを想定して設計されている点を強調し、すべての「システム」が同時に故障する状況はほとんど想定できないと述べる。

　ラスムッセンと同様に、エンジニアのデイビッド・ロッシンは「科学者としてゼロは信じない」ものの「深刻な事故が起こるとは思えない」として、映画が原発の危険を誇張していることを批判する。彼が指摘するのは、冒頭のシーンはたしかに（1970年にイリノイ州で）過去に起こった原発事故と類似しているが、それを劇映画にするうえで事実の改変を行っている、という点である。

　他方では反対に、映画を肯定的に評価し、原発の危険を明確に認める意見がある。ラスムッセンの確率評価を批判した経済学者のダニエル・フォードは、映画で描かれた計器の異常や安全管理記録の捏造が過去に発生していた事実を指摘する。彼が強調するのは、原子力発電の理想はあくまでも「神話」や「夢」であり、それを人為的なミスや不正が存在する現実と混同してはならない、という点である。

　同様に、原子力規制を扱う弁護士のアンソニー・ロイズマンもまた、原発の危険には「システム」が想定していない誤作動や人為的なミスが含まれているとみる。彼は、「深刻な事故が発生する可能性はある」と断言したうえで、「現実の問いは、もはや深刻な事故が起こりうるか否かではなく、その可能性がどれほどなのか、そしてそれがもたらしうる結果は何かである」と述べる。

▶議論の過程と記録としての両論併記

　以上のような専門家による議論の過程は、「過酷事故が絶対に（100パーセント）発生しない」という見方が、科学的な見解としては語られていなかったという事実を示している。現実に争われていた論点は、過酷事故が起こりうる「確率（が高いか低いか）」や、それを引き起こしうる「要因（に何を含めるか）」であった。

　この記事にみられる「両論併記」は、アンケート調査に基づく「世論調査」とは異なる意義をもつ。後者が、社会問題に対する「意見の分布」（賛成／反対の割合など）を示すのに対して、前者は、その問題について「何を・どう考えるのか」

を示すことで、広範な人びとを議論の過程に参加させようとする試みといえる。

　また、この記事が掲載されたのはスリーマイル島原発事故が発生する 10 日前であった。今日から振り返ったとき、両論併記の記事は、議論の過程に含まれていた誤り、それを語った者の責任、見落とされていた事実、検討を続けるべき論点などを、事後的に検証するための「記録」ともなりうる。

　『チャイナ・シンドローム』やそれをめぐる新聞記事を「ジャーナリズムの記録」としていま、あらためて検証する作業は、そこで鳴らされた警鐘を社会がどう受けとめてきたのか／なぜ受けとめてこなかったのかを、ほかならぬ私たち自身が批判的に問いなおすための手がかりであるといえるだろう。

4　広げ、深めて考える──被曝労働者

▶防護服の中の下請け労働者

　核エネルギー利用の問題をさらに広げ、深めて考えるために、ここでは、「被曝労働」の問題とそれを取り上げたジャーナリズム映画をみていこう。

　『チャイナ・シンドローム』では、ベンタナ原発の職員たちが、原子炉に近づく際に「防護服」に身を包む姿が描かれていた。原発の構内は、生身の人間が常に放射性物質と隣り合わせで作業を行う特異な環境にほかならない。

　しかし、現実の原発構内で働いているのは、ジャックたちのような「電力会社の人間」だけではない。以下でみていくように、この映画が公開された時期には、放射線に曝される現場をあずかる作業員のほとんどが、実は「下請け労働者」であるという事実が報じられるようになった。

　電力会社が多くの下請け（非正規）労働者を必要とする理由は、被曝労働の特殊な性質にある。医科学の知見に基づくと、一定量以上の放射線被曝はガンなどの病の発生を増加させる危険があるため、その年間の限度値が法律によって定められている。しかし、原発構内では被曝を避けられないため、限度値に達した作業員は新たに補充した人員と交代させざるをえないのである。

　さらにいえば、測定された被曝線量が限度値以下であったとしても、それが数十年という単位で身体におよぼす長期的な影響については、現在の医科学でも未解明な部分が残されている。そのため、原発作業員への継続的な健康調査は国内外でいまなお継続している（今中哲二『低線量放射線被曝　チェルノブイリから福島

へ』岩波書店、2012年）。この現状をふまえたとき、下請けの被曝労働とは、生涯にわたる健康へのリスクとそれを抱えつづける不安を、正規職員の「代わりとなって請け負う」人びととともいえる。

▶「身代わり」としての被曝労働者

被曝労働の実態に眼を向けたジャーナリズム映画の一つが、土本典昭監督による1982年の『原発切抜帖』である。それは、過去の新聞の切り抜きにナレーションの語りを重ねることで、この国の核エネルギー利用の歴史を振り返るという、風変わりな手法で製作された「記録映画」である。同時に注目すべきは、そうしたジャーナリストによる歴史の検証に、高木仁三郎をはじめとする科学者が監修として携わっている点であろう。

作中で被曝労働を報じた事例として紹介されるのが、1981年に発覚した福井県敦賀原発の「放射能漏れ事故」の記事である。この事故では、数十人もの「何の補償もない下請け作業員」が「手作業（雑巾やモップ）」によって汚染廃液の処理を行ったとされる。ナレーションでは、そうした人びとが「身体をおかされながら」電力をつくりだしている事実について、「消費者という立場に安穏とするには、あまりに心痛む現実です」（0:16）と語られる。

あわせて作中では、1982年にカナダで初めて原発作業員のガンが労災認定されたことを報じる記事が紹介される。下請け作業員への補償体制が、原子力産業にとって不可欠であることはいうまでもない。その一方でナレーションでは、「被曝を前提とした職業の存在が公認されてしまった恐ろしさがはっきりと伝わってくる」（0:15）とも語られる。

これらのシーンが語り描いているのは、原子力発電という科学技術が、社会的・経済的な不平等を前提に成立しているという事実であろう（高橋哲哉『犠牲のシステム　福島・沖縄』集英社新書、2012年）。すなわちそれは、「電力の消費者という立場に安穏とする（私たち）」の代わりに、「何の補

『原発切抜帖』（0:16）の場面。敦賀原発の放射能漏れ事故における下請け作業員の被曝を報じる『朝日新聞』（1981年4月21日付）の記事。この映画は、すべてのシーンが過去の新聞記事の映像によって構成される。

償もない下請け作業員」が被曝を請け負うことによって、戦後の「経済成長」と「豊かな生活」が支えられてきたという、いわば差別的な現実である。

▶核エネルギー利用の「平時」を見つめなおす

　『原発切抜帖』が被曝労働を通して指摘したのは、過酷事故の危険だけでは語ることのできない、原発の稼働そのものが抱える問題であった。監督の土本がそこに眼を向けた背景には、この国でもまた、原発内部をめぐる取材と報道が厳しく制限されてきたという歴史がある。

　映画の製作過程について、土本は「どの原発にも見学用のPR館があって、それをずっと見て回ったんだけど、そこでも撮影はできない」「なにしろ出稼ぎ労働者が口をきいてくれない」と回想している（土本典昭・石坂健治『ドキュメンタリーの海へ　記録映画作家・土本典昭との対話』現代書館、2008年）。原子力発電は、核エネルギーの「平和利用」と呼ばれる一方で、他方ではその維持に不可欠な被曝労働の実態を内部（構内）に閉ざしつづけてきたといえる。

　この見方からすれば、2011年の福島原発事故とは、それまでかならずしも公にされてこなかった被曝労働が、「除染・廃炉作業」というかたちで原発内部から外の世界へと広がるきっかけであったことになる。その作業の一部を、（電力の供給先である都市部の人びとではなく）放射能汚染によって以前の職を失った被災者本人たちが請け負わざるをえないという事実は、過疎地域への原発立地もまた差別的な現実にほかならないことを象徴している。さらに、そうした除染や廃炉作業と並行して原発の再稼働が進んでいけば、同様の被曝労働者がこれからも原発構内で生まれていくことになる。

　『原発切抜帖』は、新聞記事という「一日一日の記録」（journal）から、原子力発電が組み込まれた社会の現状を「当事者の一人」として見つめなおすジャーナリズムの実践であった。それは、再び起こりうる危機だけでなく、過去から未来へと続いていく核エネルギー利用の「平時」にこそ警鐘を鳴らしている。

◆もっと知りたい人へ

『生きものの記録』（監督黒澤明、1955年）　1954年のビキニ環礁水爆実験（第五福竜丸事件）の翌年に公開された劇映画。作中では、水爆の破壊力と放射能を恐れるあまり、

周囲から「狂人」として扱われる一人の老爺が描かれる。その姿を『チャイナ・シンドローム』のジャックの描写と重ねながら、核エネルギーの危険を直視すること／危険から眼を背けることのどちらが「正常／異常」なのか、という問いを考えてみよう。

文献・サイト：

スヴェトラーナ・アレクシエーヴィチ『完全版　チェルノブイリの祈り　未来の物語』（松本妙子訳、岩波書店、2021 年）　1986 年のチェルノブイリ原発事故の発生から 10 年の時間をかけて編纂された記録文学。原書の発行年は、1997 年。放射能汚染によって故郷と生業を奪われた者たちや、放射線被曝によって生涯にわたる不安を強いられた者たちへの聞き書きが収録されている。福島原発事故後から 10 年以上が経過した今日だからこそ、この文学作品を通して、核エネルギー利用の被害の「空間と時間の広がり」を考えてみよう。

「核の専門家たちがチャイナ・シンドロームを議論する」ニューヨーク・タイムズ 1979 年 3 月 18 日 付 Nuclear Experts Debate 'The China Syndrome' By David Burnham March 18, 1979, The New York Times　https://www.nytimes.com/1979/03/18/archives/nuclear-experts-debate-the-china-syndrome-but-does-it-satisfy-the.html（2023 年 4 月 7 日取得）

コラム column

4　ジャーナリズムの記録とアーカイブ

▼ジャーナリズムという営みの記録

　ジャーナリズムが現代社会で担う役割の一つは、日々の出来事を速く・広く報じることです。なかでも、新聞社や放送局といった報道機関は、「ニュースペーパー」や「ブロードキャスト」と呼ばれるように、速報や広報という側面を前景化させてきました。

　そうした報道は、同時代を生きる人びとに「共通の経験」を形作ることがあります。最もイメージしやすいのは、事件・事故・災害・一大イベントを生中継で見聞きする経験でしょう。そうした経験は、時が経てば社会で「共有された記憶」ともなっていきます。

　2000年以降には、情報環境のデジタル化の中で、多くの新聞記事や放送番組が保存され、その一部が一般公開されるようになりました。新聞のデータベースは、日本新聞博物館（横浜市）や国立国会図書館（東京都）で利用できます。放送番組については、放送ライブラリー（横浜市）やNHKアーカイブス（埼玉県川口市）が拡充を進めています。

　これらの公共施設は、新聞記事や放送番組を「記録として残す」ことによって、それらが何を・いつ・どのように語り描いてきたのかを、「あとから見返す」ための技術や制度といえます。そうしたしくみが、今日では広く「アーカイブ（archive）」と呼ばれています。

　「日記（journal）」という語源が示すように、日々の出来事を速く報じるだけでなく、記録として残すことは、ジャーナリズムが古くから有していた側面でもあります。現代のジャーナリストには、その役割を「報道の専門職」として担うことが期待されてきました。

　その一つが、社会の矛盾や歪みをつぶさに記録し、独自の論評とともに報じる、いわゆる「調査報道」です。アーカイブ化された新聞記事やテレビ番組は、記者や制作者による事実の調査、検証、解説という過程そのものを、記録として残していることにもなります。

▼アーカイブとしての多層的な記憶

　ジャーナリズムが担ってきた役割とその記録の意義を考える手がかりとして、インターネット上で公開されている「NHKアーカイブス」を、実際に利用してみましょう。公式ホームページ（https://www.nhk.or.jp/archives/）にアクセスすれば、以下で紹介する映像を視聴することができます。

　1959年の記録として残されている、当時の皇太子と美智子妃との「御成婚」は、テレビが高度経済成長期に形作った「共通の経験」を象徴する出来事といえます。なぜなら、その祝賀パレードの中継は、この国でテレビの全国放送網が整備され、家庭に受信機が普及する一つのきっかけとなったからです。

　「皇太子さま　ご結婚」と題されたニュース映像には、正装をまとう若き日の二人の姿とともに、デパートが立ち並ぶ都心の景観が収められています。この映像が「国民的なイベント」とともに記録したのは、敗戦からの復興を遂げ、さらなる経済成長への歩みを進める、当時の首都の風景でした。

　その一方で、1959年には、高度経済成長の矛盾や歪みを象徴する出来事もまた記録されています。それは、のちに「公害病の原点」と語られる、工場排水を原因として不知火海沿岸で発生した「水俣病事件」です。

　「NHKアーカイブス」には、「日本の素顔奇病のかげに」という番組からの抜粋映像が残されています。それは、1956年に公式確認された水俣病が「原因不明の奇病」とみなされていた時期に、患者の姿とそれを取り巻く地域社会の状況を初めて全国放送した、公害報道のさきがけといえます。

　その抜粋映像には、激しい痙攣発作に苦しむ女性患者の姿と、彼女が住まう粗末な「病棟」が映し出されます。この映像が衝撃的な病像とともに記録したのは、同時期の首都の風景からはあまりにもかけ離れた地方の現実でした。

　このように、アーカイブというしくみは、一

つの時代における異なる出来事の記録を、互いに関連づけながら見返すことを可能にします。それは、今日の社会で想起しうる記憶が「共有された記憶」だけではないことを、歴史の具体像から考えるための出発点でもあります。

▼アーカイブとしての忘却への抗い

「奇病のかげに」が歴史的な調査報道といわれる理由は、のちに明らかとなる水俣病の原因を、事件の初期段階ですでに描いていた点にあります。

抜粋映像の中で指摘されるように、その疑いが向けられていたのは、(「会社」と呼ばれている)チッソという企業の工場排水でした。当時のチッソは高度経済成長を支える基幹企業であり、自社の排水と病との因果関係を強く否定していました。

「NHKアーカイブス」を探っていくと、その因果関係が「いつ」公式に認められたのかを知ることができます。「水俣病　国が公害病と認定」と題されたニュース映像を見ると、驚くことに、それが公式確認から12年もの歳月を経た、1968年であったことがわかります。

さらに「NHKアーカイブス」を探っていくと、1973年には、「チッソの過失を認める判決が下る」と題されたニュース映像が見つかります。その記録が示すのは、「経済成長の犠牲者」である患者たちが「公害事件の被害者」として認められるまでに、公式確認から17年もの歳月を要したという事実です。

このように、「奇病のかげに」をひとつのはじまりとする水俣病事件の記録をアーカイブとして見返していくと、その「加害者」であるはずの巨大企業が12年にもわたって被害を拡大させ、さらに5年ものあいだ責任を逃れていた事実が浮き彫りになります。この事実からは、そうした状況をなぜ政治が許容し、なぜ社会が見過ごしてきたのかという、事件史への「問い」が立ち上がるはずです。

アーカイブというしくみが可能にしているのは、一つの出来事をめぐる異なる時代の記録を、互いに関連づけながら見返すことでもあります。それは、ともすれば社会が「忘却」している記憶を、歴史への問いとともに想起する試みといえるでしょう。

▼ジャーナリズムの遺産としてのアーカイブ

アーカイブを駆使して記憶の忘却に抗う試みは、ジャーナリスト自身が歴史の中で実践してきたことでもあります。その先駆的な事例が、土本典昭監督による1982年の映画『原発切抜帖』です(57頁参照)。

土本の手法の背景には、原発をめぐる取材が厳しく制限されてきた歴史がありました。この国では、ジャーナリストであっても、原子力開発の問題を自らカメラで記録することが困難であったともいえます。

映画の冒頭では、フィルムの代わりに新聞記事を記録として用いることの意味が、「日々の風速計」という表現によって説明されています。

「有象無象の記事の群れは、私たちの生きてきた時代時代、いえ日々の風速計のようなものに思えます。(中略)洪水のような情報の中から、一つひとつの出来事を切り抜いてきたことは、私には何者かへの証文をとることでした」

「洪水のような情報の中から」「何者かへの証文をとる」という語りは、膨大な記録の検証・選別を通して記憶の忘却に抗う試みを端的に示しています。土本が作中で実際に眼を向けたのは、たとえば原発構内で被曝する下請け労働者といった、社会の矛盾や歪みを象徴する「原子力開発の犠牲者」でした。

過去の記録を再利用することで「社会が想起すべき記憶」を現在に呼び起こす試みは、映画製作者にかぎらず、調査報道に取り組む新聞記者や番組製作者が多かれ少なかれ実践してきたことでもあります。この見方からすれば、先に紹介した公共施設が記事や番組というかたちで保存・公開しているのは、膨大な記録をいかに検証・選別し、それによってその時々の社会をどう問いなおしたのかという、「報道の専門職」の知識や経験といえるでしょう。

今日拡充が進むアーカイブを、そうした知識や経験を継承するためのしくみとして供用することは、社会的な記憶を再構築する「記録のジャーナリズム」の可能性を、私たち一人ひとりに開いていくことでもあります。　(松下峻也)

 **Theme 5**

権力の暴走を告発する

政府や企業など政治的権力や経済的権力を有しているものに対するチェック機能は、メディアの環境監視やウォッチドッグの役割といわれる。しかし、権力の作用は、人びとに見えないかたちをとる。監視システムや企業の不正は、内部の者にしかその実情がわからない。国家による見えない監視の暴走は、一人の若者の内部告発によって明らかになった。そしてその告発は、テレビや新聞、インターネット、書籍やこの映画も含むドキュメンタリーなど、重層的なメディアで世界に伝えられた。　　　　　（佐幸信介）

キーワード *keywords*
監視、内部告発、取材、ドキュメンタリー、自由

考えてみよう *discussion*

1 **スノーデンは、なぜ内部告発をしようとしたのだろうか？**
CIA（中央情報局）やNSA（国家安全保障局）の中枢で監視システムを開発していたスノーデンは、公共的な正義感だけで内部告発したのではない。彼は、情報機関の内部で何を見て、どう考えたのだろうか。

2 **スノーデンは、なぜローラ・ポイトラスやグレン・グリーンウォルドというフリーのジャーナリストに告発文書を託したのだろうか？**
ニューヨーク・タイムズなどの大手メディアに告発文書を最初に持ち込まなかった理由は何だろうか。

3 **監視に対して、プライバシーの侵害という論点はどこまで説得力があるのだろうか？**
スマホを手放せない生活を考えると、私たちは自ら進んで、プライベートな情報を提供している。その中でのプライバシーとは何だろうか。

4 **スノーデンは、なぜロシアに亡命したのだろうか？**
ロシアとアメリカはどのような国際的な関係にあるのだろうか。そして、ロシアでの生活は、完全に監視システムから逃れられているのだろうか。

5 **監視社会の中で自由な取材は可能なのだろうか？**
視聴者による映像の提供などが使われることが当たり前になっている状況で、ジャーナリストはどのような取材の仕方が重要なのだろうか。

 movie

シチズンフォー　スノーデンの暴露

原題：CITIZENFOUR（米国・ドイツ映画、2014 年製作、114 分）
監督・撮影・インタビュアー・プロデューサー：
　　　ローラ・ポイトラス（ドキュメンタリー映画作家、ジャーナリスト。他の
　　　作品にイラク戦争に焦点をあてた『My Country, My Country』、グアン
　　　タナモ収容所を取り上げた『The Oath』など）
製作総指揮：スティーブン・ソダバーグ（映画監督、脚本家、プロデューサー。
　　　　　　プロデュース作品に『オーシャンズ 11』『グッドナイト＆グッドラッ
　　　　　　ク』『ザ・レポート』など）

●**作品の特徴**　アカデミー賞（2015 年）長編ドキュメンタリー映画賞受賞。国家による監視シス
テムを内部告発する一人の若者へのインタビューに密着したドキュメンタリー。監視システ
ムの中で秘密裡に行われた取材は、自由とは何かを問題提起する。若者もジャーナリストも身
の危険を感じながら進行していく映像全体に緊張感が張り詰める。

●**あらすじ**　米国の NSA と CIA の中枢に所属する一人の若者（ハンドルネーム「シチズンフ
ォー」）が、国家による一般市民の通信やeメール、行動記録などの情報を収集する巨大な監視
システムの実態を、内部文書とともに告発する。内部文書を公表することを依頼されたドキュ
メンタリー映画監督であるローラ・ポイトラスは、ジャーナリストであるグレン・グリーンウ
ォルドらとともに8日間にわたるインタビューを香港のホテルの一室で行う。インタビューの
内容は記事にされ、英国のガーディアン紙、米国のワシントン・ポスト紙、CNN を通して数回
にわたって報道されていく。若者もジャーナリストも自らに迫る身の危険に対して細心の注意
をはらいながら行われたインタビューと報道の記録が、ドキュメンタリー映画として、再び人
びとの前に民主主義の根幹に関わる問題を提起する。

●**主な登場人物**
エドワード・スノーデン　ハンドルネーム「シチズンフォー」、NSA と CIA のシステム管理者
ローラ・ポイトラス　映画監督、インタビュアー
グレン・グリーンウォルド　ジャーナリスト、インタビュアー
ウィリアム・ビニ　NSA の技術責任者、暗号数学の専門家
ユーエン・マカスキル　ガーディアン紙国防情報担当特派員
ジェイコブ・アッペルバウム　ジャーナリスト
ジェレミー・スケイヒル　ジャーナリスト

レクチャー　*analysis & research*

1　何が起こっていたのか

　2013 年 1 月にシチズンフォーと名乗る差出人からの暗号メールが、ローラ・ポイトラスへ届く。米国の情報機関 NSA が、市民に知られることなく無数の通信（電話、e メール、グーグルやアマゾンをはじめとしたプラットフォームでのやりとりなど）を傍受し、監視していることを裏付ける内部文書を公表してほしいという依頼であった。

　国家による監視は、インターネットとスマートフォンなどのデバイスの普及とともに強化されてきた。特に 9・11 以降、ブッシュ政権は「パトリオット法（愛国法）」を制定し、対テロ対策という論理の下で、米国内での令状を必要としない情報収集の捜査権限や、人びとの資産や移動の自由を奪う権限を強化した。政権が変わったオバマ大統領も 2011 年パトリオット法の継続に署名し、2012 年にはサイバー分野の戒厳令ともいわれる「大統領政策令 20」が決定される。

　こうした情報収集と監視に関与するのは FBI や CIA、NSA であるが、とりわけ NSA の情報監視システムとネットワークは米国内だけでなく、ヨーロッパ、南米、日本も含めたアジアなど国際的に張り巡らされている。国際的な外交問題ともなった、ドイツのメルケル首相の携帯電話がアメリカ情報機関に盗聴されていたのも 2013 年の秋のことであった。

　21 世紀に入って 20 年余りのあいだで、国家による監視は、ネット上で行われる人びとのコミュニケーションと行動の記録を監視することへ移行してきた。収集された膨大な情報を解析する PRISM プログラム（あらゆるプロバイダーやプラットフォームからのデータ収集）やアップストリーム（インターネットのインフラから直接収集）という技術的な手法が開発され、メール、写真、検索語、チャット、コンテンツなどあらゆるものが監視の対象となる。

　2012 年に NSA 長官のアレクサンダーは議会の公聴会で、米国市民の通信を監視、収集していないことを証言したが、実際には監視システムの構築と実施は、人びとに知られることなく進められていた。スノーデンは、ローラ・ポイトラスやグレン・グリーンウォルドの協力を得て、NSA が行っている監視を、米国憲法修正第 4 条（国民は不条理な捜査、押収、勾留から守られる権利を有するという趣

旨）を踏みにじるものであると、その証拠となる内部文書とともに告発した。英ガーディアン紙、米ワシントン・ポストでのスクープ報道は、秘密裡に行われる国家による監視について米国内だけでなく国際的な議論を巻き起こした。

▶書籍と関連映画

　スノーデンの内部告発に関連する日本語で読むことができる書籍には、次の4冊がある。グレン・グリーンウォルド『暴露　スノーデンが私に託したファイル』（田口俊樹・濱野大道・武藤陽生訳、新潮社、2014年）、エドワード・スノーデン『スノーデン独白　消せない記録』（山形浩生訳、河出書房新社、2019年）、エドワード・スノーデン、青木理、井桁大介、金昌浩、ベン・ワイズナー、マリコ・ヒロセ、宮下紘『スノーデン　日本への警告』（集英社新書、2017年）、エドワード・スノーデン、国谷裕子、ジョセフ・ケナタッチ、スティーブン・シャピロ、井桁大介、出口かおり『スノーデン　監視大国日本を語る』（集英社新書、2018年）。

　『暴露』はこの映画に登場するグリーンウォルドによって、スノーデンによる内部告発の一連の出来事が時系列でまとめられたドキュメントであり、映画『シチズンフォー』の製作のバックヤードを知ることができる。『スノーデン独白』は、スノーデン自身によって書かれたもので、映画『シチズンフォー』についてもスノーデンの視点から記されている。スノーデン自身のライフヒストリーやキャリアの経緯、恋人が受けた尋問なども書かれており、スノーデンが内部告発をするにいたったバックグラウンドを知ることができる。

　スノーデンの内部告発を主題にした映画に、オリバー・ストーン監督の『スノーデン』（米国・ドイツ・フランス映画、2016年）がある。この映画は、ドキュメンタリーではないが、スノーデンの一連の内部告発の事実に基づいたノンフィクション・スタイルの映画である。スノーデンの葛藤や人間性、NSAからのデータの持ち出し、ロシアへの亡命の過程などがよりスリリングに描かれている。

2　ジャーナリズム論からの作品解説

　映画『シチズンフォー』は、二重のジャーナリズム実践によって構成されている。この構図を整理してみよう。この映画に登場するのは、国家による監視システムを内部告発する「スノーデン」、スノーデンに取材をするフリーのジャーナ

リスト「グリーンウォルド」やガーディアン紙の記者「マカスキル」、そして映画監督である「ポイトラス」と、立場が異なる者たちである。

　この映画では、スノーデンによる告発の内容が映し出されるだけでなく、8日間におよぶ香港のホテルでの取材とインタビューのシーンも描かれている。ジャーナリストによる取材現場をそのまま映し出すドラマ性がこの映画の基調である。このドラマにシナリオはない。スノーデンが内部告発するのがNSAであるだけに、取材をする者も身の危険を感じている。だから、一国二制度が機能していた当時の香港のホテルで秘密裡にインタビューと撮影が行われた。

　どのようなインタビューをするのか、どのように質問に答えるのか、そして押し迫った時間の中で、どのようにメディアに発表していくのか、作戦を相談しながら8日間が進行していく。グリーンウォルドやマカスキルというジャーナリストは、取材と手に入れた内部文書に基づき記事を書くが、記事のバックグラウンドには、こうした記事の何倍もの情報が存在し、それを得るための取材のなまの現場があることを私たちは知ることになる。

　そして重要なのは、ジャーナリズム実践といったとき、ジャーナリストが書いた記事が報道されるのは新聞やテレビだけでなく、このドキュメンタリー映画そのものもジャーナリズム実践のメディアであるという点である。つまり、三つの立場の者たちは、それぞれがジャーナリズムの実践者であること。そして、それを社会に公にする新聞、テレビ、インターネット上のニュースサイト、書籍、そして本作のようなドキュメンタリー映画もジャーナリズム実践のメディアであるという、メディアの重層的な構造の重要性を再確認することができる。

　なぜ、この重層構造が重要なのだろうか？　ベネディクト・アンダーソンは『増補　想像の共同体　ナショナリズムの起源と流行』（白石さや・白石隆訳、NTT出版、1997年）の中で、新聞を「一日だけのベストセラー」と呼ぶ。つまり、翌日には古新聞となりメディアとしての機能を失う。また、テレビはレイモンド・ウィリアムズが『テレビジョン　テクノロジーと文化の形成』（木村茂雄・山田雄三訳、ミネルヴァ書房、2020年）の中で「フローのメディア」と指摘したように、情報は時間の流れ（フロー）とともに私たちの目の前から消えていく。これらは、スクープとして社会的なインパクトと問題提起力をもつ。それに対して、ネット上のニュースは情報が蓄積（アーカイブ化）され検索がしやすく、書籍や

映画は物質的に残りつづける。時間が経ったいまでも市民にとってアクセスしやすいメディアは、ネットや書籍、映画なのだということをこの映画は身をもって示している。スノーデンやポイトラス、グリーンウォルドたちは、多種多様なメディアを活用するという戦略をとっていた。

▶取材する側とされる側

　『暴露』と『スノーデン独白』を合わせ読みながら、映画『シチズンフォー』を観ると、取材する側と取材される側との認識の重なりと違いを発見することができる。なかでも興味深いのは、取材する側であるグリーンウォルドが、スノーデンの語りに満足せずさらに質問をする場面である。

　なぜ内部告発をしようとしたのかについて、「彼は実体のない答えや抽象的すぎる答え、情熱や信念が微塵も感じられない答えを返してきた。だから説得力が感じられなかった。（中略）私が知りたかったのは、彼が自らの自由を犠牲にし、残りの人生すべてをなげうってまで、そうした価値観を守ろうと思ったほんとうの理由はなんだったのかということだ。彼が本心を語っているとは思えなかった」（『暴露』75頁）と述べる。

　スノーデンの言葉に対してグリーンウォルドが感じた物足りなさは、映画『シチズンフォー』にも映し出され、映画を観ている私たちもそれを感じ取ることができる。公共性や民主主義への意義についての発言が、どこか出来合いの言葉で語られているという印象を受けるのである。ドキュメンタリー映画は、映像と音声を通して人物の表情や言葉のニュアンスを表出するから、言葉の意味以上に事実を語りうる。ドキュメンタリーの醍醐味の一つはここにある。

　グリーンウォルドは、なぜスノーデンの本当の理由を知ろうとしたのだろうか？　私たちはこのことを考えてみるべきではないだろうか？　グリーンウォルドは単に事実を知りたかっただけなのだろうか。おそらくそれ以上の、記事を書くことの責任と倫理とに関連するのではないだろうか。なぜなら、国家を相手にする報道の状況にいるだけに、スノーデンという内部告発者とのラポール（信頼関係）を作り上げていくことが何よりも必要だったと考えられるのである。スノーデンが、自らが文書を直接インターネット上に公表するのではなく、ジャーナリストに公表することを依頼し、信託したからである。そのスノーデンの信託に

対する応答（response）＝責任（responsibility）が、課されていたといえるだろう。

▶なぜ、スノーデンは内部告発しようとしたのか？

　スノーデンの内部告発という行為もジャーナリズム実践である。

　スノーデン自身が「内部告発」と「リーク」とを区別している。リーク（leak）は、秘密を漏らすという意味であるが、世論誘導や利己的な利害に基づいて行われる意図的な行為である。それに対して、スノーデンは、内部告発を「ホイッスルブロウイング（whistleblowing）」の行為と考えている。ホイッスルブロウイングは、直訳すれば「警笛を鳴らす」である。組織や個人の不正を解決するために外部へ向けて告発する行為である。

　日本でも雪印食品の牛肉産地偽装事件、三菱自動車のリコール隠しなどホイッスルブロウイングによる報道は近年増えており、告発した個人を保護する「公益通報者保護制度」や「内部告発保護」の問題が議論されている。

　なぜスノーデンは内部告発しようとしたのだろうか。ここで着目したいのは、インターネットの自由とNSAのドローン映像である。スノーデンは、インターネットの自由とその制限について次のように述べる。

　　「監視される前のインターネットは史上類を見ない画期的なものでした。世界中の子供たちが誰でも様々に意見を言えた。彼らの発言も話も分け隔てなく十分に尊重されていました。遠い場所にいる専門家たちとも意見を交換できたのです。自由に何も抑制されずにです。

　　　それがやがて変わってしまい、人々は発言を自戒するようになった。"監視対象"になっていると冗談を言い、政治的寄付も注意するようになりました。監視されるのが前提になったのです。検索ワードに気を使っている人も大勢います。記録されるからです。これは知的探求心を制限するものです。ですから、刑務所に入れられることも、その他の悪い結果も個人的にはいといません。それよりも避けたいのは、僕の知的自由が侵されることです」（0:26前後）

この言葉をインターネットの一般論としてではなく、スノーデンのライフヒストリーに即してみたとき社会の別のリアリティが浮かび上がる。1980年代の半ばに生まれたスノーデンのこれまでの人生と、1990年代のインターネットの黎

明期から普及・拡大、そして監視のプロセスとが重なり合う。天才的なプログラマー、システムエンジニアであるスノーデンにとって、インターネットの世界は自由と知的創造性をもたらすものであった。発言の中にある「子供たち」とはスノーデン自身のことである。

　しかし、CIA や NSA で仕事をするようになったスノーデンは、今度は監視システムを構築し、インターネットの自由を制限する側のキャリアを歩むことになる。自分にとって最も大切であったインターネットの自由を脅かす側の人間として。スノーデン自身が、インターネットの自由と不自由のジレンマを体現していた。比喩的に言うならば、子どものころのスノーデンが現在の彼自身を告発したのだ。内部告発の倫理的な強さは、彼自身の中にあったと言えるだろう。

▶ドローン映像と戦争

　そして、スノーデンにとってもう一つ決定的だったのは、NSA によるドローンの監視映像であった。

　　「特にドローン攻撃です。NSA ではドローンの映像を PC で見られます。それで決断しました。リアルタイムで解像度の低い映像が配信されています。大抵見るのはドローンの監視映像で攻撃映像ではありません。ですが、ドローンが何時間も家を監視している。誰の家かは不明、背景も分かりません。ただ資料として様々な国での様々なコード名のドローン映像のリストがあって好きな映像を見られます」（0:25 前後）

　ドローンによる国際的な監視映像は、ドローンによる実際の軍事的な攻撃と直結する。戦地から遠く離れた米軍基地で、まるでゲームのコントローラーを操作するようにドローン攻撃が行われる。現代の戦争はこの次元を作り出している。たとえば、実話に基づいた映画『ドローン・オブ・ウォー』（監督アンドリュー・ニコル、主演イーサン・ホーク、2015 年、米国映画、102 分）では、ラスベガスの米軍基地からアフガニスタンをドローン攻撃する米兵の精神が病んでいく様子が描かれている。この映画には次のようなセリフがある。「勘違いするな。我々は人を殺している。これはゲームではない。しかし、モデルは Xbox だ」。あまりにもシニカルなセリフだ。

　スノーデンはこのタイプの戦争に関与していることを、NSA で仕事をする中

で自覚したと考えられる。21 世紀に入り、戦争は「防衛」から「セキュリティ」
へと政策転換が生じたといわれる。監視と情報の収集は、いまだ生じていないが、
起こるかもしれない事象に対して行われる。それは、日常的かつ恒常的に監視活
動をすることを通じて、安全な環境を形成することを意味している。つまり、監
視システムは日常的にセキュリティ＝戦争状態の一つの現れなのである。スノー
デンが内部告発しようとしたのは、自らがいつの間にか加担していた、セキュリ
ティという戦争状態への認識があったということができるだろう。

3　今の社会における「権力の暴走を告発する」
――ジャーナリズムの自律性と信託

▶なぜ、スノーデンはポイトラスやグリーンウォルドに託そうとしたのか?

　スノーデンは、内部告発を米国の大手メディアであるニューヨーク・タイムズ
やワシントン・ポストではなく、ポイトラスとグリーンウォルドに託した。大手
メディアは、国家の機密情報や防衛に関して、これまでホワイトハウス寄りの報
道をする傾向にあり、編集の政治性に左右される懸念があったからだ。

　また、彼はウィキリークスを用いることもしなかった。ウィキリークスとは、
匿名で政府や企業などの機密情報を開示するために、2006 年にジュリアン・ア
サンジによって開設されたウェブサイトである。しかし、スノーデンにとってウ
ィキリークスの手法は不十分だった。ネットに直接文書を公開するだけでは、こ
の文書の信憑性や公共性が確保できないからである。

　ウィキリークスについて、ポイトラスもドキュメンタリー映画を撮っている
(映画『リスク　ウィキリークスの真実』、2016 年、米国・ドイツ映画、91 分)。この
映画は皮肉にも、ウィキリークスの可能性にフォーカスする当初の計画が、取
材・製作を進める過程で、結果的にウィキリークスの政治的な欺瞞性を暴いてい
くものとなった。スノーデンの選択を、数年後にポイトラスのドキュメンタリー
映画が裏付けるかたちになったのである。

　スノーデンは「文書の正当性について証言してくれる人物や組織が必要だった
し、また国民もそれを求める権利があるのは明らかだった。また機密情報開示が
もたらす潜在的な危険に対処できるパートナーが必要だったし、この情報の技術
的、法的な背景まで示し、この情報の意味を説明してくれる人物が必要だ」(『ス

ノーデン独白』276 頁）という。そこでスノーデンが選んだのが、ローラ・ポイトラスとグレン・グリーンウォルドだった。この二人は、とりわけ 9・11 以降の米国の政策と社会の変質を批判的に問い直しつづけている映画監督とジャーナリストであり、すでに米国情報機関にマークされ、いやがらせや勾留などを受けていた。大手メディアとのコネクションももちながら、フリーの立場でジャーナリズム実践を行っている。つまり、国家にマークされているジャーナリストほど、取材の自由と自律性を自らのジャーナリズム活動の原理としており、スノーデンはそこに着目したのである。

▶ジャーナリズムの自律性

　ジャーナリズム実践の自律性は、「編集権の独立性」あるいは「編集と経営との分離」といわれる。しかし、この自律性は経営と広告主の経済的な関係の中で常に不安定な状態に置かれている。また、メディアは常に政治的権力とのネゴシエーションや緊張関係に置かれている。スノーデンは、CIA や NSA にいただけにこのことをよく知っていた。大手メディアに内部告発文書を預けてしまえば、報道の編集過程はベールに包まれ、スノーデン自身が公表の過程に関与できなくなる。彼が、ジャーナリストとの等身大のパートナーシップを結ぶことを考えたのは、彼自身もまた公表の責任を負うことを希望していたからである。

　実際に、グリーンウォルドが最初の記事を発表するのは、英ガーディアン紙である。米国の政治的利害関係に左右される米国大手メディアではなかった。そんな中、あえてワシントン・ポストへの記事掲載という選択をした。ワシントン・ポストの編集担当とかなり激しいやりとりがあったという。その場面は、オリバー・ストーンの映画『スノーデン』には描かれている。

　私たちは、メディアとジャーナリズムとが一体となったものと考えがちである。しかし、旧来のマスメディアがジャーナリズムを独占する関係はすでに終わりを迎えている。では、マスメディアからインターネットへ移行したと単純にいうことができるのだろうか。スノーデンは、インターネットの世界を知り尽くしているからこそ、インターネットへの直接公開やウィキリークスを選ばなかった。彼がパートナーを組もうとしたのは、組織的メディアではなく、自律的にジャーナリズム実践を行っている個人のジャーナリストたちだった。ジャーナリズムの自

律性は、多様なメディアと関係を取り結ぶ。そのことをこの映画は体現している。

4　広げ、深めて考える──ビック・ブラザーから監視の拡張する社会へ

　国家が人びとを徹底的に監視・コントロールする社会は、これまで全体主義社会とみなされてきた。このような監視社会を考える際に必ず取り上げられるのが、1949 年に出版されたジョージ・オーウェルの『1984 年』である。

　この小説では、1984 年に世界はデストピアの社会となっていることが想定されている。「ビッグ・ブラザー」という支配者が統治する社会、「戦争は平和なり」「自由は隷従なり」「無知は力なり」と、相反する価値が一体となったイデオロギーが覆っている社会である。それぞれの家にはテレスクリーンが設置され、ビッグ・ブラザーの肖像写真とプロパガンダ情報が流される。すみずみまで「ビッグ・ブラザーがあなたを見ている」独裁的な社会が作られ、思考警察が常に人びとを取り締まっている。ニュースピークという新しい人工語が公用語とされる。人びとからは紙とペンが取り上げられ、自らが文字を書くことを通して思考することができない。

　ビッグ・ブラザーによって支配されているとはいえ、人びとは実際にビッグ・ブラザーを見たことがない。見えない支配者によって常に見られ、自由が奪われている社会の姿は、監視社会のしくみそのものを映し出していると考えられてきた。映画『シチズンフォー』についても、ビッグ・ブラザーによる支配と重ね合わせて解釈されることもある。

▶監視国家から監視資本主義へ

　しかし、現在の監視社会は「一体、誰が監視しているのか？」という問いを立てたとき、国家に一元化して監視のメカニズムを捉えることはもはやできなくなっている。

　本章の最初の方で、NSA の監視システムの一部である PRISM プログラムとアップストリームをあげたが、これらは民間のインターネット・プラットフォームやウェブサイト、民間のインターネットのインフラにプログラムを仕込み、システムと接続させていくテクノロジーである。つまり、国家より前に GAFA（Google、Apple、Facebook、Amazon）をはじめとしたプラットフォーム企業やウ

ェブサイトに私たちの情報は収集され、監視とコントロールの対象となっているのである。映画『ザ・サークル』（監督ジェームズ・ポンソルト、米国映画、2017年、110分。原作はデイヴ・エガーズ）は、ネットの世界こそが監視の環境を作っていることを描いている。この映画のキーワードは、「シェア」である。情報のシェアこそが監視でもあるのだ。

　監視社会は、オーウェルのような監視国家ではなく、「監視資本主義」（ショシャナ・ズボフ）へと大きく性質を変えている。監視資本主義が目指すのは、人びとを監視し自由を奪うことではない。また、人びとから得たデータをもとに統計的に行動を把握するだけでなく、むしろ人びとの感情、情動に働きかけ人びとの性向や行動をコントロール、調整しようとする。

　そして、私たちは常にスマートフォンを持ち、SNSやウェブサイトと常に接続している生活をしている。私たちがインターネットと接続しながらコミュニケーションをすればするほど、自ら進んでネット上に情報を提供しているのである。しかし、コミュニケーションの利便性と快楽から逃れることもできない。つまり、国家によって自由が奪われているのとは別の次元で、自由そのものがコントロールされているのである。

　映画の中でスノーデンが語っているインターネットの「知的自由が奪われる」とは、自由のコントロールのことを指していると考えることができるのではないだろうか。なぜなら、NSAの監視システムを開発したスノーデンが監視資本主義を最もよく知っていたからである。では、スノーデンはどのようにこのような自由がコントロールされる世界から、自ら脱しようとしたのだろうか？　内部告発という一つのジャーナリズム実践が、自由を取り戻そうとする一つの行為だった。それは、国家が私たちの自由を制限し、侵していることに対してだけではない。国家や企業による監視なくして、コミュニケーションの自由が成り立たない、私たち自身の自由に対する内部告発でもあったのだ。国家に対する内部告発は、私たち自身の自由に対する問題提起でもあるのだ。

◆もっと知りたい人へ

ジョージ・オーウェル『1984年』に関する映画は3作ある。
『1984』（監督マイケル・アンダーソン、英国映画、1956年、91分）、『1984』（監督マイ

ケル・ランフォード、英国映画、1984 年、113 分）、『未来世紀ブラジル』（監督テリー・ギリアム、英国映画、1985 年、143 分）。『未来世紀ブラジル』はオーウェル『1984年』をモチーフにして作られた SF 映画。

阿部潔『監視デフォルト社会　映画テクストで考える』（青弓社、2014 年）は、映画を通して監視社会を論じている。監視社会については、デイヴィッド・ライアン『監視文化の誕生　社会に監視される時代から、ひとびとが進んで監視する時代へ』（田畑暁生訳、青土社、2019 年）、ショシャナ・ズボフ『監視資本主義　人類の未来を賭けた闘い』（野中香方子訳、東洋経済新報社、2021 年）。監視社会の一つの形態であるスマートシティについて論じているものに佐幸信介『空間と統治の社会学　住宅・郊外・ステイホーム』（青弓社、2021 年）がある。

NSA による監視のリアリティは、『エネミー・オブ・アメリカ』（監督トニー・スコット、米国映画、1999 年、132 分）がある。また、『カンバセーション　盗聴』（監督フランシスコ・F・コッポラ、米国映画、1974 年、113 分）は、監視を取り上げた原点ともいえる映画。主人公を演じたジーン・ハックマンは、『エネミー・オブ・アメリカ』でも重要な役を演じている。

人びとを監視しコントロールすることが描かれている映画に、『トゥルーマン・ショー』（監督ピーター・ウィアー、米国映画、1998 年、103 分）がある。生まれたときから隠しカメラで撮影されつづけ、リアリティ番組として放映されている。主人公のトゥルーマンだけが撮影されていることを知らない。トゥルーマンの人生は、巨大なセットの中で営まれ、プロデューサーの思惑によってコントロールされている。この番組を監視社会の一つの姿として読み解くことは可能である。さらに、メディアが構成するシミュラークルの世界として捉えることができる。トゥルーマンが生活する巨大セットの街とその外側の現実の世界は、写像関係にある。つまり、外側の世界も監視社会であることが示唆される。

書物を読んではいけない世界、テレビが人びとをコントロールする世界が描かれている映画に、『華氏 451』（監督フランソワ・トリュフォー、英国映画、1966 年、112 分）がある。市民が相互監視するコントロール未来社会が描かれている。1960 年代のフランス・ヌーベルヴァーグの一人であったトリュフォーの問題提起は、現代のデジタル社会において一層意義をもつ。

5　内部告発

▼取材源としての内部告発者

　調査報道において、内部告発者は重要な取材源です。組織の隠された不正について、内部の人たちが情報提供してくれるからこそ、組織で何が起こっているのか知ることができます。

　しかし、取材源となった告発者は、組織不正の情報提供をしたことが組織に知られてしまったらどうなるでしょうか。企業コンプライアンスに寄与した功績として告発行為を評価してくれることはありません。米国のように告発者に報奨金を与えるしくみも日本にはありません。解雇などの不利益を受けたり、閑職に追いやられたり、守秘義務違反として刑事告訴されてしまう。告発者は不利益を被る場合が多いのです。

　組織による報復から告発者を守るという意味においても、取材者が取材源を秘匿することは最も重要な報道倫理の一つになっています。

▼「内部告発」と「密告」との違い

　内部告発者が、大きなリスクを負いながらも、メディアに組織不正を告発する理由は、何でしょうか。それは、人びとに不正を知らせ、公衆の利益を守りたいという思いがあるからです。正しいことをしているのだから隠れず堂々としていたいと、実名告発をする人たちもいます。

　一方、組織不正に加担している人たちからすると、不正に関する情報は外部に漏れると困る事柄です。内部告発を、機密漏洩や守秘義務違反、あるいは密告として扱ったり、実名告発の場合は売名行為だと非難したりします。

　しかし、「内部告発」と「密告」は全く意味が異なります。外部に情報提供するという意味では同じ行為ですが、「密告」は、個人的利益のためや、独裁的・抑圧的な体制側の利益のために、仲間を裏切ってでも情報を売る行為です。一方「内部告発」は、組織からの報復を受けるリスクがありながらも、自らの個人的利益を犠牲にしてでも公益のために情報を提供する行為です。「密告」とは正反対の意味なのです。

▼内部告発報道における法的問題

　内部告発者は、告発をきっかけに、組織と対立することがあります。報道機関に告発したとなると、なおさらです。組織が告発者や報道機関を名誉毀損で訴えることも少なくありません。また、組織が告発者を解雇するなどして、雇用関係が訴訟上の問題となることもあります。

　しかし、告発行為が正当であれば、告発者は守られます。組織が不正を行っている場合は、労働者が組織に対して負う誠実義務よりも公益を優先すべきだからです。また、告発者の言論・表現の自由の点からも、正当な内部告発は保護すべきという考え方があります。

　裁判では、告発内容の真実性、目的の公益性、告発の態様の相当性が総合的に判断されます。これらが認められれば、告発行為を理由とした組織側の解雇は合理的な理由を欠くことになります。この判例法理を取材者が知っておくことは、取材源である告発者の雇用関係を守ることにもつながります。

▼公益通報者保護法

　上記の判例法理以外にも、内部告発者を保護するための法律があります。公益通報者保護法です。2000年代、食品偽装や不正経理などの不祥事が内部告発で明らかとなる事例が相次ぎました。これをきっかけに、2004年に制定されました。2020年に法改正されています。

　公益通報者保護法は、すべての内部告発を保護するわけではありません。法律が定める「公益通報」に該当している必要があります。①誰が、②どのような事実を、③どこに通報するのか、詳細な保護要件が定められています。

　①通報者（2条1項1～4号）については、「労働者」「退職者」「役員」であることが求められます。「労働者」は正社員だけでなく派遣労働者やアルバイト、取引先社員なども含まれます。また、退職後1年以内の「退職者」や、「役員」も含まれます。

　②通報対象事実（2条3項）は、対象となる法律に違反する犯罪行為や過料対象行為、刑罰や過料につながる行為などです。

　③通報先（3条）は、「事業者内部（内部通

報）」「行政機関（行政通報）」「その他外部機関（3 号通報）」の三つです。優先順位はありませんが、通報先ごとに保護要件が異なります。報道機関や消費者団体、労働組合などの外部機関を通報先とする場合は、他の二つの通報先よりも要件が厳しくなっています（3 条 3 号イ〜へ）。

　日本では、内部告発への社会的理解も醸成の途上にあり、内部告発者を守る法制度整備もまだ不十分です。誰しもが堂々と実名告発できる社会ではありません。取材者が、公益通報者保護法に基づいて取材源である告発者を保護したい場合は、この法律が規定する保護要件をチェックしておく必要があります。ただ、法律上の保護が告発者を守ることになるのか、告発者の保護や支援が取材者の役割なのかは、別途考えなくてはならない問題です。

▼内部告発が出てくる映像作品

　実話をもとに内部告発を描く作品は、欧米の映画に多くあります。政府機関の不正を暴き、追及する人たちが主人公です。本書が取り上げる『ペンタゴン・ペーパーズ／最高機密文書』（2017 年）や『シチズンフォー　スノーデンの暴露』（2014 年）以外にも、警察組織の汚職と腐敗を描いた『セルピコ』（1973 年）、ワシントン・ポストの記者たちがウォーターゲート事件の真相を突き止める『大統領の陰謀』（1976 年）、ウォーターゲート事件の内部告発者だった FBI 副長官が主人公の『ザ・シークレットマン』（2017 年）、英国諜報機関の職員がイラク侵攻の違法な工作活動を告発する『オフィシャル・シークレット』（2019 年）などがあります。

　他にも、巨大企業の不正を暴くものとして、副社長と TV プロデューサーが協力して米国の大手たばこ会社の不正を告発する『インサイダー』（1999 年）などがあります。

　日本にも、欧米ほどではありませんが、内部告発を描いた作品があります。三菱自動車のリコール隠し事件をモデルとした『空飛ぶタイヤ』（2018 年）、同じく池井戸潤原作で組織隠蔽と内部告発を描く『七つの会議』（2019 年）、研究不正など大学の不祥事を描く NHK ドラマ『今ここにある危機とぼくの好感度について』（2021 年）などです。

　また、NHK 連続テレビ小説『ファイト』（2005 年）には、大企業の不正を告発したことで倒産してしまう取引先のバネ工場が出てきます。取引先は不正の現場になりやすいのに、告発しても守られない。実際に、雪印食品の牛肉偽装を告発した冷蔵倉庫会社の西宮冷蔵は、告発後に業務停止命令を受けました。社長の水谷洋一さんとその家族が再建のために奮闘する様子は、ドキュメンタリー映画やテレビ番組で取り上げられています。

　このように、内部告発が出てくる日本の作品は企業不正を描くものが多いイメージですが、『Winny』（2023 年）では、警察の裏金を内部告発した実話がサイドストーリーで描かれています。告発者の役名に、実際の告発者である仙波敏郎さんの名前が使用され、告発者の記者会見のシーンでは、一言一句違わずに当時の言葉が再現されています。

▼組織不正に加担しないために

　内部告発者と聞いて、権力に立ち向かう正義の人という、なにか尊大なイメージを抱くかもしれません。しかし、告発者は、自分の職場でたまたま組織不正に巻き込まれた人たちです。職場を愛し、その職場で不正が行われ、顧客や消費者が裏切られていることが許せない、自分の仕事にプライドをもった人たちです。

　運輸業界の闇カルテルを告発した串岡弘昭さんは次のように語ってくれました。「大学生こそが社会人だと思っています。社会の矛盾に気づき、社会に対して批判的な目をもつ。それが社会人であるということです。会社に就職すると、会社の不正に目をつむって会社人間になってしまう。就職後も社会人であるためには、社会への関心、国民や消費者の立場に立った目をもちつづけなければいけません。日本の企業は、自由に多事争論する風土が醸成されていません。上司の言うこと、会社の論理に唯々諾々と従ってしまう。社会人であるためには、自由であることを常に意識することが大切です」。

　組織不正を目撃したとき、どう振る舞うのか。組織に属しながらも自由でいるにはどうすればいいのか。映画を観ながら想像してみましょう。

　　　　　　　　　　　　　　　　（松原妙華）

災害と事件事故

一刻を争い、危機の到来を知らせる。
生き抜くために必要な情報を、途切れることなく提供する。
命を守るために。
暮らしを続けるために。
二度と同じような惨事が起こらないようにするために。

地域情報の生命線

1995 年に起きた阪神・淡路大震災で、本社社屋を失いながらも、懸命に新聞を発行しつづけた神戸新聞の記者たち。当時、インターネットは普及しておらず、災害時に頼れるメディアはテレビや新聞、ラジオしかなかった。記者たちは、人としての振る舞い方と報道の責務とのせめぎ合いの中で、伝える意味を問いつづけた。その所産が、震災を伝える記録として残る。いまはネットを使い、誰もが情報発信できる。もし再び、同じような災害が起きたとき、新聞社、記者にはどんな役割が求められるだろうか。

（西 栄一）

キーワード　keywords
情報の空白域、取材か救助か、被災者の目線、地方紙の役割、災害報道

考えてみよう　discussion

1 被災地の記者はどんな葛藤を抱えたのか？
　取材現場で少なくない記者が、カメラのシャッターを切れずに苦しんだ。それは、なぜか。あなたなら、どうするだろうか。

2 記者の視点は、震災前と震災後でどう変わったのだろうか？
　論説委員長の三木が自身の被災体験をもとに書いた社説「被災者になって分かったこと」や三木の言葉などを手がかりに考えてみよう。

3 時間の経過とともに紙面はどう変わったか？
　震災直後の紙面は被害情報が大半だったが、5 日目前後から変わっていった。紙面の変化とその理由を考えてみよう。

4 災害報道はどんなふうに変わったか？
　これまで災害報道の多くは被災規模や死傷者、損害などの情報で占められてきたが、阪神・淡路大震災ではこうした被害情報とは異なる情報が大量に発信され、その後の災害報道に影響を与えた。どんな情報か。

5 被災地の神戸新聞社はどんな役割を果たしたか？
　新聞には全国紙のほか、県単位の県紙などがある。県紙の神戸新聞の役割は、全国紙やテレビと違いはあるだろうか。何ができて、何ができなかっただろうか。

movie

阪神・淡路大震災から 15 年　神戸新聞の 7 日間
～命と向き合った被災記者たちの闘い～

原作：『神戸新聞の 100 日』（神戸新聞社）、フジテレビ、2010 年制作、100 分
企画・プロデュース：立松嗣章
脚本：田辺満
ドラマ監督：七高 剛
演出：茂原雄二

●**作品の特徴**　『神戸新聞の 100 日』（神戸新聞社）をもとに、神戸新聞記者や被災者ら 60 人以上に取材し、その証言などを盛り込んで構想が練られた。ドラマは震災から 15 年後、写真部記者が震災を振り返るかたちで進む。記者へのインタビューや資料映像を織り交ぜながら、当時の状況が描かれる。ドラマ化にあたって、複数の人物の体験を一人の体験に集約するなどしており事実と異なる部分もある。

●**あらすじ**　1995 年 1 月 17 日に起こった阪神・淡路大震災で地元紙の神戸新聞は本社が全壊し、新聞制作に必要なコンピューターシステムを失う。自力での新聞発行が不可能な状態に陥るが、援助協定を結んでいた京都新聞に整理部員らを派遣し、新聞制作が続けられる。写真部記者の三津山たちは戦場のような悲惨な現場で、傷つき苦しむ人たちの写真を撮ることにどんな意味があるのか、葛藤を重ねる。第 47 回ギャラクシー賞奨励賞。

●**主な登場人物** （カッコ内は俳優名）
三津山（櫻井翔）　入社 4 年目の写真部記者
小藤（吹石一恵）　入社 1 年目の写真部記者
陳（田中圭）　三津山と同期の社会部記者
佐々（ダンカン）　車両部運転手
金居（萩原聖人）　写真部、三津山の先輩
則本（矢島健一）　写真部デスク
渡辺（堀部圭亮）　整理部デスク
首藤（高嶋政宏）　整理部長
山根（内藤剛志）　編集局長
平田（小野武彦）　京都新聞整理部長

【**三つの大震災**】「大震災」の名前がついた地震が三つある。関東大震災、阪神・淡路大震災、東日本大震災だ。いずれも大震災と呼ばれているが、特徴はかなり違う。関東大震災は死者の約 9 割が焼死だ。発生時に昼食の準備のため、火を使っていた人が多かったことが一因とされる。阪神・淡路大震災は、死者の約 8 割は建物倒壊による窒息死・圧死だった。震度 5 までの揺れにしか耐えられない旧耐震住宅での犠牲者が目立った。津波被害が甚大な東日本大震災は、死因の約 9 割が溺死である。災害は一つひとつ異なる「顔」を持つ、と言われている。

レクチャー　*analysis & research*

1　何が起こっていたのか

　はじめに阪神・淡路大震災の概要と、震災当日の神戸新聞の動きを追ってみたい。1995年1月17日午前5時46分、淡路島北部を震源地とするマグニチュード7.3の地震が発生。観測史上初の震度7の揺れは、神戸、阪神間など兵庫県南部地域に甚大な被害をもたらした。死者6434人、住宅被害は約64万棟、火災による焼損は7574棟。避難者はピーク時で31万人を超えた。

　日本で初めて近代的な都市に起きた直下型地震は、瞬時に電気、水道、電話、交通網などのライフラインを断った。停電は約260万戸、断水は約127万戸、電話不通は約28万5000回線。JR、阪急、阪神などすべての鉄道が止まり、阪神高速道路は倒壊、道路網は各地で寸断された。

▶情報の空白域

　地震直後、神戸と洲本の震度は不明だった。地震データを送る専用回線が破損していた。そのためしばらくは、京都、豊岡、彦根の震度5が最も大きい地点とされた。

　NHKは神戸放送局が被災するなどし、1時間余り神戸の映像は流れていない。報道ヘリが倒壊した阪神高速道路をリポートしたのは、午前8時を回っていた。民放各局も取材に動いたが、通信機器の破損、道路網の寸断と渋滞、社員の被災などから、結果的に一番被害の大きい地域の情報がなかなか伝わらなかった。地震発生から約2～3時間後から、テレビ各局で神戸の映像が流され、惨状が全国に伝わった。だが、被災地は違った。停電でテレビがほとんど見られない。電話も通じない。多くの被災者は何が起こっているのかわからない状態が続いた。

▶援助協定

　兵庫県内の情報を日々、新聞にして伝えているのが地元紙の神戸新聞だ。しかし、神戸の都心・三宮にある本社社屋は損壊し、新聞製作システムがダウン。新聞発行は不可能になった。

　絶体絶命ともいえる神戸新聞を救ったのは、京都新聞との「緊急事態発生時に

おける新聞発行援助に関する協定」である。協定の発効はちょうど1年前の1994年1月。ただし、これほど大きな地震を想定したわけではない。新聞製作がコンピューター化され、予測できないシステムトラブルが起こる事態に備えることが主眼だった。

神戸新聞連載企画「共生の大地へ」で掲載された「倒壊した高速道路」写真（2022年9月7日朝刊）。

　協定には具体的な取り決めは書かれていない。新聞の欠号を出さない、という原則を確認した協定だった。予行演習をすることなく、大震災当日、いきなり本番が始まった状態になったが、神戸新聞社にとってはまさに"命綱"となった。

▶京都派遣

　神戸新聞にとって幸いだったのは、本社と離れたところにある印刷工場が無事だったことだ。京都で紙面の編集作業を行い、できあがった新聞の原版フィルムを神戸の印刷工場まで持ってくれば発行はできる。見出しやレイアウトなど紙面編集を担う整理部の部長らが午前9時、京都に向かった。

　京都派遣組は、渋滞していた阪神間の道路を避け、三田から丹波を経由するルートを走った。しかし、こちらも阪神間を迂回する車で混雑した。整理部長らが京都に到着したのは午後2時ごろ。通常なら、夕刊の半分以上を刷り終えている時間である。

　実はこの日の夕刊は、派遣組の到着を待たず、交通事情を考慮した京都新聞の手ですでに作られていた。できあがった原版フィルムは午後1時ごろ、京都側が手配したバイクで神戸に向かった。神戸の印刷工場に到着したのは、午後6時20分過ぎ。印刷が終わったのは午後8時だった。夕刊を載せたトラックは各販売店を目指した。大渋滞や店舗の全壊などで配送が困難な地域は、翌日18日の朝刊と一緒に配られた。

▶臨時編集局

　災害報道は通常、社会部が中心となるが、大震災の報道に対応するため整理部、経済部、文化部、生活部、運動部、それに姫路支社や但馬総局など地方支社・総局からの応援も加わり、一つの「大報道部制」が構築された。

　記者たちはワープロ（文書作成編集機）が使えないため、原稿用紙に記事を書いた。生きていた電話のうち1本は京都とつなぎっぱなしにし、できた原稿をデスクが電話口で読み上げ、京都側で文字に起こされた。

　夕刊発行の作業の中で本社社屋が倒壊する恐れのあることがわかり、三宮から西へ約 2.5 km 先の JR 神戸駅南にあるビルを借りて「臨時編集局」を開設することになった。記者らはワープロ、ファックス、原稿用紙などを持ち移動した。

▶避難所に配達

　新聞販売店の多くも被災した。読者も被災した。配達する家がなく、あったとしても余震を恐れて住人が避難し、人がいない地域もあった。そこで、配達員たちは新聞を自主的に避難所などに無料で配った。そこでは新聞が届くと先を争うように読まれたという。『神戸新聞百年史』は「これほど新聞が隅から隅まで読まれたことはなかったのではないか」と伝えている。

2　ジャーナリズム論からの作品解説

▶情報不足

　被災地の情報不足は深刻だった。写真部記者の金居が店に並ぶ被災者の行列を撮影していると、子ども連れの父親が詰め寄ってくる。

　　父親「お前！　おい！　勝手に撮るな！　お前誰やねん？」
　　金居「すいません。神戸新聞です。写真撮らせてください！」
　　父親「ホンマか？　ほな教えてくれや。どないなっとんねん？」
　　金居「どないって、何がですか？」
　　父親「何もかんもや。何が起きてどんなことになっとるんか。テレビも映ら
　　　　　へんし、何の情報もないねん。なんもわかれへんねん」(0:28)

　父親は最初、勝手に写真を撮られたことに抗議しようとするが、金居が新聞社の人間とわかり、情報を教えてほしいと迫る。当時、携帯電話の普及率は1割に

満たなかった。もちろんスマホは登場していない。地震による停電でテレビは見られず、電話はつながらない。ラジオが手元になければ、情報はほとんど入らないことがわかるだろう。

　当時、筆者も神戸市内に住んでいた。家族を避難させるべく臨時電話の行列に並び、大阪の知人に迎えに来てほしいと頼んだとき、初めて阪神高速道路の倒壊を知らされた。阪神高速道路の映像はテレビで繰り返し流され、惨状は全国に知れわたっていた。しかし、被災地にいる私たちは何も知らなかった。

　いまはインターネットを使って誰もが情報発信でき、自分から情報を取りにいくこともできる。だが、1995 年当時、情報の送り手は新聞、テレビ、ラジオなど、ほぼマスメディアに限られ、多くの受け手は情報が届くのを待つしかなかった。

▶駆けつけた記者

　神戸新聞はどういう状況だったのか。本社は壊滅。自力での新聞発行は無理だった。記者はどうだろう。地震直後、編集局長の山根は記者全員を呼び出すよう指示したが、電話は断線状態で、連絡がつかない記者も少なくなかった。それでも記者の多くが本社に駆けつけた。

　家が全壊となったある記者は、崩れた家から食パン、離乳食などを取り出し妻に渡して飛び出した。神戸市営地下鉄が不通と知った記者は「夕刊の人出が足らなくなる」と会社に向かった。けがを押して出てきた記者もいる。整理部長の首藤だ。倒れかかってきた食器棚を膝で受け止め、深くえぐられ傷ついた。家族の無事を確認すると、近隣の青年に「実は新聞社に勤めていて、こんな時こそ行かんといかんのですわ。悪いけど、後を頼みます」と話して家を出ている。

　当時の首藤の心情を伝える記事には「けがを言い訳にして新聞を出せなかったら、今まで取材した人たちに申し訳ない」（「出演者たちの思いは」神戸新聞 2010 年 1 月 16 日）とある。これまで数多くの事件・事故、災害等で関係者を取材し、記事にし、新聞を出してきた。そんな自分が被災者になったからといって仕事を放り投げ、新聞を出さなかったらある種の裏切り行為になる、と思ったのかもしれない。

▶整理部の仕事

首藤が所属する整理部について、ドラマでは「紙面作りの扇の要」と紹介している。社会部、経済部、文化部など取材各部門の記事、通信社の記事はすべて整理部に送られる。これらの記事を“料理”して印刷部門に送り出すのが整理部の役目で、まさに扇の要だ。整理部では、届いたすべての記事のニュースバリューを判断し、掲載すべきかどうか、掲載するならどの面がいいか、そしてトップ記事にするか小さな記事にするかなど、記事の扱いを決めていく。そして記事にふさわしい見出しやレイアウトを考える。つまり、新聞の完成品を作る部署だ。

▶記者の葛藤

戦場のような、どこを見わたしても圧倒的な現実が迫ってくる現場で、記者たちは無我夢中に取材を始めた。しかし、数多くの生死がかかった現場で、記者としての責務と、人としてあるべき振る舞い方とのあいだで揺れ動くようになる。

ドラマの中で写真部記者1年目の小藤が、救出現場にいてもカメラを構えるだけで何の役にも立っていない、と泣く場面がある。いたるところで皆が、人の命を救おうと懸命に動いている。そんなとき、カメラを構えるだけの傍観者で立っているのはつらい。15年後の小藤本人は、こう証言する。

> 小藤本人「皆さん一生懸命、あの、救出してて、はっきりいったら邪魔ですからね。近づいていったら。やっぱり……いくら取材やとはいえ、なんかこう、傍観者として行くのが……辛かったですよね。心情として、ちょっとやっぱり耐えられない、というか、申し訳ないという気持ちもあったし……。隠れ、ながら、撮ってましたよね」(0:45)

一方、状況に応じて多くの記者が救助に向かっている。ビルの倒壊現場で救出作業をした社会部1年目の記者は、神戸新聞の紙面で証言している。「『火災や事故現場での救出取材は鉄則』と教わった。だが、その現場にいたのは自分を含め数人。息も絶え絶えの負傷者を前に、『取材』か『救助』か選ぶ余地はなかった」(「記者が語る最初の1週間」神戸新聞2020年2月26日)。ただ、大震災ではこうした現場がそこらじゅうにあった。仮に一つの場所で、救出する側の人間として振る舞ったとしても、違うところで、またすぐに同じような場面にぶち当たってしまう。記者たちがみな人命救助を続けていけば、震災は伝えられない。

　ドラマでは三津山は臨時の遺体安置所となった学校の体育館で、アリーナ一面に遺体が並ぶ光景に、思わず息をのむ。亡くなった母親に子どもたちが泣きすがる姿を見たが、カメラを構えるどころか目を背けてしまう。結局、写真を撮ることなく立ち去る。

　　三津山本人「写真撮るのが怖いな、という感じがしました。相手を傷つける
　　　　恐怖でしょうね。写真なんか撮ってもね、そんなに大して役に立たない。
　　　　仕事の意味を見失った……」(1:02)

　ドラマの中で三津山、小藤と対照的に描かれているのが金居だ。金居は焼け野原となった町で一人の少年に出会う。青い防寒着を着た少年は、しゃがみ込んで何かを探している。

　　金居「ボク、どないしたんや？　どないしたん？」

　　少年「お母さんを探しとるんや」

　　金居「ああ、お母さんか。どこ行ったか、わからへんのか？」

　　少年が金だらいの中の黒く焼け焦げた遺骨を見せる。

　　少年「これがお母さんや」

　　金居は絶句する。

　　金居「すいません、神戸新聞です。1枚撮らせてください。すいません。す
　　　　いません（泣きながら写真を撮る）。すいません」「（遺骨に向かって両手を
　　　　合わせた後に）待っててや。いま探したる。待っててや」(1:04)

　　金居本人「こう見せられたときに、『これが母親、です』というのを……聞
　　　　いてしまったときに……、やっぱ、そのときのね、う～ん、う～ん（こ
　　　　みあげてくる感情を抑えながら）撮ってた、シャッター向けて撮ってたん
　　　　ですけど、必然とね、涙がここから溢れだしてきて、涙が止まらないん
　　　　ですよ。すごい悔しかったんですよ。悲しいというより。なんでこう亡
　　　　くならなければならなかった……とか。非情なんですけど、そこは気持
　　　　ち切り替えて、自分にしかできないことなんだから、それ（撮影）はや
　　　　ろうと。それは、涙流しながらね、うん、やってましたね」(1:06)

　金居はカメラを向ける目的が明確だ。感情的になる場面でも、記録するという役目を手放さない。傍観者ではなく記録者としての意識を強く持っている。

▶災害時の記録

　写真がうまく撮れなくなっていた三津山、火災現場でバケツリレーを手伝おうとした陳。ドラマの中では、この二人と金居が衝突する。

　　　三津山「人の嫌がるとこ撮ってどうするんですか！　人が悲しんでるとこ撮ってどうするんですか！　そんな撮りたいんだったらわかるでしょ！教えてくださいよ！」

　　　金居「記録や！　いま記録せんでいつ記録する！　5年10年したら皆忘れてまう！　いつまでも残さなあかんのや！」

　　　陳　「それは金居さんの気持ちでしょ！　撮られる方はどうなんですか？血だらけで、意識ないのが写真に撮られる方の気持ち、考えたことあるんですか！」

　　　金居「記事も書かんと、人助けに逃げとるやつに何がわかるんや！　お前記者やろ！　ラクしとるだけやんけ！」(1:09)

　記録を残すことは新聞の大事な役割だ。防災・減災に関することにとどまらず、さまざまな情報を後世に伝えることができる。しかし、目の前の人を直接救うことはできないし、傷つけることもある。他の記者はどうだったのか。社会部の中堅記者は紙面でこう証言している。「1台も消防車が来ない火災を初めて見た。（中略）燃える様子を住民が見守り、輪になって話し込んでいる。カメラを向けにくい。怒鳴られても仕方がないと思いながらシャッターを切った。別の場所では、高校生ぐらいの少女がしゃがみ込み、火の手を前に『お母さん！』と叫んでいた。その姿は今も忘れられないが、写真を撮ることはできなかった」（「記者が語る最初の1週間」神戸新聞2019年11月20日）。

　一人の記者の胸の内でも、ドラマの中の金居と三津山のあいだを行ったり来たりしながら、写真を撮りつづけていた。そうした写真がいま、震災を伝える記録として残っている。

　3人の写真記者のことを付記したい。ドラマでは対照的に描かれていた3人だが、小藤が撮影した救出作業の写真と、金居と三津山が震災1か月後、失意の底から立ち上がろうとする人びとの姿を追った組み写真は、いずれも優れた報道写真と評価され、ともに関西写真記者協会賞の奨励賞を受賞している。

▶「被災者になって分かったこと」

　論説委員長の三木が臨時編集局に出社したのは震災3日目の朝だ。父親はまだ倒壊家屋の下敷きになっていた。社説を書いている途中で、父搬出の電話を受け取るが、書き終えるまで戻らなかった。翌日の1面に社説が掲載される。「被災者になって分かったこと」というタイトルがつけられた。

　「あの烈震で神戸市東灘区の家が倒壊し、階下の老いた父親が生き埋めになった」

　「だれに救いを求めたらよいのか、途方に暮れる」

　「いつまで辛抱すれば、生存の不安は薄らぐのか、情報が欲しい」

　「救助本部へいく。生きている可能性の高い人からやっている、お宅は何時になるか分からない、分かってほしいといわれる。十分理解できる。理解できるが、やりきれない」

　「これまで被災者の気持ちが本当に分かっていなかった自分に気づく」

　「この街が被災者の不安やつらさに、どれだけこたえ、ねぎらう用意があったかを、改めて思う」

　父親の救出を求めるもそれが果たせない苦しさ、支援の乏しさ、先の見えない不安。一人の体験が、被災地全体を覆う苦悩と現状を伝えている。最後は、被災者の気持ちがわかっていなかったと自分を戒めるとともに、これまでの神戸の街に足りなかったものを指摘する。いま読んでも、震災時の記憶が立ち上がってくるほど言葉が胸に響く。神戸新聞公式サイトでも公開されており、機会があれば全文を読んでほしい。

　この社説は、さまざまなメディアで紹介され大きな反響を呼んだ。三木は自身が書いた社説について「記者は（取材対象の）外側から（対象に）迫るのが普通。今まで外側にいたのが、集団的に内側に回った感じ。内側から書いている」（連載「生きる」神戸新聞1995年2月5日）と振り返っている。

　三木の言うとおり記者は通常、取材対象の外側の独立した地点から対象に迫り、事実を客観的に伝えてきた。こうした客観報道は報道の基本だが、被災地の新聞社が被災者と距離を置き、離れたところからその様子を伝えるだけでその信頼を得られるだろうか。むしろ被災者と同じ立場に立ち、さまざまな出来事が被災者にどんな意味があり、どう影響するかを伝えることの方が大切だろう。

　三木が亡くなったとき、三木と神戸新聞の同期入社でのちに経済評論家となった内橋克人は、追悼記事に「被災者になって分かったこと」を引用しながら、「阪神・淡路大震災は神戸新聞にとって『われわれの災害』だったのである。そうであったからこそ神戸新聞は被災者にとって『われわれの新聞』でありえた。災害の犠牲者、被災地に生きる人びとと『共有』された新しいジャーナリズムの姿を神戸新聞は示した」（「三木康弘氏を悼む」神戸新聞 2001 年 6 月 4 日）と記した。

　神戸新聞は大震災を「我が事」とした。そして、多くの被災者の列に連なった。当然、視点は地域に据えられた。

▶変わる災害報道

　首藤は山根に電話をかけ、「つらい記事はいらん。被災者に希望を与える原稿をどんどん送ってください」と訴え、部員らには「紙面を希望であふれさせるんや」とげきを飛ばす。その言葉どおり、それまで 1 面大見出しで伝えてきた「死亡者の数」の文字が小さくなり、代わりに「復興の光」「希望の産声次々と」「いらっしゃい　弾む声」など明るい言葉が踊るようになった。

　また、20 日夕刊から被災者を支援する「生活情報欄」が設けられた。被災地の被害はまだ増えつづけており、その全容は伝えきれていない。紙面も少ない。

京都新聞との合同企画「生きる」の紙面「力合わせゼロからの出発」（神戸新聞 1995 年 1 月 24 日朝刊 1 面トップ）。

しかし、被災者の助けになる情報を増やすべきではないか、という思いは多くの記者が共有していた。そこで水の入手場所や開業している病院、お風呂解放、救済融資、入試などの情報を掲載することになった。こうした生活情報の記事は日々増えていき、24 日には紙面の半分を占めるようになった。情報欄のタイトルは、神戸新聞も同じ被災者であり、一緒に頑張りましょうというメッセージを込めて「がんばろう・震災関連情報」になった。

　阪神・淡路大震災をきっかけに災害報道が大きく変わった。それまで災害報道とい

えばほぼ「被害情報」だったのが、さきほど述べた被災者に役立つ「生活情報」が大量に提供されるようになった。

　震災は新聞作りのルールも変えた。新聞は同じ内容の記事は掲載せず、続報は紙面の扱いを小さくする傾向にあるが、被災地での救出劇や出産のニュース、市場・商店街の営業再開など、被災者が希望をもてる内容の記事は何度も繰り返し掲載された。また、住まいを提供する人や、連絡くださいという安否確認の情報も個人の住所、名前、連絡先を明記して記載されるなど、緊急性が高いとはいえ異例の紙面作りが行われた。

　災害報道はその後も変化を続けている。東日本大震災では、岩手日報が避難所にいる避難者の名簿を紙面に掲載した。安否確認を求める被災者の強い要望に応えたものだった。阪神・淡路大震災以降、災害報道は、被害ばかり強調するのでなく、被災者の声を聞き、そのニーズに対応しようとする動きが強まっている。

3　今の社会における「地域情報の生命線」──地方紙の役割

　日本には五つの全国紙のほか、複数の都道府県にまたがる三つのブロック紙、県単位の 42 の県紙がある。ブロック紙と県紙を地方紙と呼ぶことが多い。

　『神戸新聞の 7 日間』はもちろん神戸新聞という地方紙が舞台だ。地方紙がどういうものかを説明するときによく出るのは、規模の小さな地域イベントやスポーツ大会も扱っている、赤ちゃんの写真コーナーやお悔やみ情報がある、祭りの主催者や商店・飲食店の店主など地域で活躍する人物がよく掲載されるという話だ。だが、それだけではない。

　神戸新聞に「イイミミ」という名物コーナーがある。読者がうれしかったこと、悲しかったこと、腹が立ったことなど、何か話したいことがあったら新聞社に電話をかける。コーナーの担当者はじっくり話を聞いた後、語り口調をそのまま紙面に掲載する。まさに市井の声だ。コーナーが開設されて半世紀以上たつが、新聞が届くと真っ先に読むという読者が多く、いまも人気である。

　地方紙にはイイミミのような名物コーナーをもっているところが多い。いずれも、新聞社の人間が“声の届くところ”にいて話を聞いてくれる、という読者から身近な存在に感じられるところが地方紙の特徴だ。

▶解決を必要とする問題

　身近な存在に感じられている地方紙だが、仕事は少しタフなところがある。地方紙は地域で起こっているさまざまな出来事の中から、地域の人たちがより豊かな暮らしをするために課題となりそうなことや、意見が分かれていて解決を必要とする問題があれば、現場に行き、関係者の話を聞いたり、専門的な事柄を調べたりしながら記事にする。具体的な課題を見つけ読者に伝えることが地方紙の重要な役割だろう。

　多くの人に影響を与える人物、団体への取材も重要だ。首長や議会、地元選出の国会議員、行政官、地域経済のリーダーらの言動や動向もチェックする。国政や地方選挙のときには有権者への判断材料として、参考になりそうな事柄を記事にまとめる。事件事故が発生すれば、原因や対策などを調べて事件事故防止の一助にしてもらう。

　こうした話ばかりでは紙面が重たくなりそうだが、面白い話題や知っておくと役に立つ話、目を楽しませる季節の風物詩なども載せる。目指すのは〝情報のバランス食〟だ。

▶地域の文化活動を支援

　地方紙のもう一つの役割は、地域の文化活動を支援すること。伝統芸能から新しい創作活動まで紙面を通じてエールを送るほか、新聞社が主催や後援に入りコンテストや発表会を催すこともある。同じようにスポーツも紙面で試合結果を掲載するほか、大会を開催して競技力の向上や健康増進に役立ててもらうことがある。さらにもう一つ、地方紙の役割として重要なことは、コミュニティの維持・活性化だ。超高齢化や人口減少、地域経済の低迷、災害からの復興など、どの地域も課題は山積している。地方紙が、住民どうしの情報共有や交流の場になるほか、ときには解決策を提案することで、地域に貢献することができる。

4　広げ、深めて考える──災害報道

　災害時の報道機関の役割にはどんなものがあるだろうか。いろいろな考え方があり、大きく救援支援、生活支援、防災・減災の三つに分ける場合が多いようだが、ここでは、少し細かく六つに分けてみたい。

▶六つの役割

　一つめは、災害をいち早く伝え危険地域を回避させるなど、被害の軽減、防止に寄与する（被害の軽減・防止）。二つめは、被害状況の全国への発信。これは被災地支援に必要な政府やボランティアへの働きかけにもなる（全国発信）。三つめは、現場に消防や警察、自衛隊などを誘導し、消火活動や避難行動を促す（救援支援）。四つめは、被災者、避難者の暮らしを支援する生活情報の提供（生活支援）。五つめは記録を残し防災・減災に活用すること（防災・減災）。この五つのほか、さらに六つめとして、被災地が復興するまで被災者への継続的な取材と報道を通じ、被災者を孤立させないこと（コミュニティの維持）を加えたい。

　この六つの役割のうち、前半の三つはおもに放送が担い、後半の三つは放送と活字メディアの双方が担える。ドラマでは当時の映像資料として、報道ヘリから神戸の街や倒壊した阪神高速道路を映し出すシーンが登場する。この映像をもし車の運転手らが見ていたら、神戸市街を避けただろう（被害の軽減・防止）。また、フジテレビ系列だったことから全国中継されたはずだ（全国発信）。県外から来た消防や自衛隊なども、どのあたりの被害がひどいか、おおよそ見当がついただろう（救援支援）。

　残る三つは地方紙が活躍できる分野だ。

　「生活支援」はドラマでも紹介されているが、ライフラインや支援物資、病院、お風呂、店舗などの生活情報である。これに、被災者への励ましのメッセージなども加えることができる。瞬時に情報が流れてしまうテレビと比べると、新聞は電気もいらず、いつでも繰り返し読める点がメリットだ。また、被災地の外に読者を抱える全国紙より、大半の紙面を被災地向けに展開できる地方紙の方がより多くの支援情報を掲載できる。

　「防災・減災」は、次の災害の備えのために、さまざまな記録を残し防災・減災に役立てること。記録は行政など公的機関に任せればいい、という人がいるかもしれないが、そうした報告書の類いはややもすればできたことしか残さない場合がある。新聞、テレビなどのメディアは、できなかったことや先送りされた問題を含めて報道することで、より有用な記録にすることができる。

▶孤立させない

　さて、災害報道の六つめに「コミュニティの維持」を設けたのには理由がある。阪神・淡路大震災では仮設住宅で230人以上の孤独死があり、社会問題となるきっかけとなった。超高齢化社会の課題を先取りしたともいわれたが、いまはさらに高齢化は進んでいる。

　災害報道というと地震直後の惨状だけに目が行きがちだが、被災者にとっては、直後よりもその後の方がつらいという人が多い。被災地の課題は時間がたつにつれ細分化され、一括りにできなくなる。自宅を失った人と、自宅と職場の両方を失った人は違うし、家族を亡くした人とも違う。自宅を失った人の中でも、地主か大家か借家人かによって再建のスピードは変わる。いや再建できなかった人もいる。もとのような生活に戻れず、復興から取り残された被災者は周囲から孤立する恐れもある。いま同じような震災が起こったら、こうした問題は解決済みだと胸を張れるだろうか。災害直後だけ取材しても、こうした課題は見えてこない。被災者に寄り添い、時間をかけて取材し、記事にする。そして被災者のさまざまな状況を被災地内外で共有する。それは被災者を忘れない、というメッセージになる。

◆もっと知りたい人へ

神戸新聞社『神戸新聞の100日』（角川ソフィア文庫、1999年）　原作の『神戸新聞の100日』には、ドラマには登場しなかった記者たちの思いも紹介されている。文庫版には〈被災地の1826日〉という、その後の神戸と神戸新聞も書かれている。
石巻日日新聞社編『6枚の壁新聞　石巻日日新聞・東日本大震災後7日間の記録』（角川SSC新書、2011年）　コンピューターも輪転機も動かなくなった新聞社が、電力復旧まで手書きで新聞を出しつづけた。地元紙が伝えつづけることの意味を考えさせられる。
神戸新聞に関する記述は『神戸新聞の100日』と『神戸新聞百年史』を、災害報道については下記の資料を参考にした。
・日本災害復興学会誌『復興』第11号（Vol. 6 No. 2）「長期の復興プロセスにおける報道の意義と課題　阪神・淡路大震災を中心に」（磯辺康子）
・日本気象学会2018年度夏季大学「NHKの災害報道最前線」（橋爪尚泰）

6　もう一つのジャーナリズムとメディア
──地域紙と読者の重層性

　新聞は、全国紙、ブロック紙、県紙、地域紙と分類されます。この分類は、中央集権的なメディア構造と相同的な関係にあり、都市から地方へ、さらに限定的なエリアで発行される地域紙へとヒエラルキーが形成されています。

　しかし、地域紙の側に立つと、メディア環境はむしろ逆の構造となっています。インターネットの情報環境は都市と地方との差はありません。そして、地方では全国紙、ブロック紙、県紙、地域紙のすべてを選択的に購読可能です。それに対して、東京では全国紙しか読むことができません。

　こうしたメディアの中央集権的な構造が際立って逆転したのが、東日本大震災でした。震災後、地方放送局やコミュニティのラジオ、SNS が注目されたことはよく知られています。同様に、震災後住民と向き合い、住民に情報を提供しつづけたジャーナリズム・メディアが、地域紙です。なかでも、石巻日日新聞の「壁新聞」は象徴的な存在です。『6 枚の壁新聞　石巻日日新聞・東日本大震災後 7 日間の記録』（角川 SSC 新書、2011 年）や、壁新聞の実物が展示されている「石巻ニューゼ」を通して、震災後の記者たちの苦闘にあらためて出会うことができます。当時報道部長であった武内宏之さんのインタビューは今でもネットで読め、壁新聞は地域紙だからこそ可能だったことを実感します。輪転機や用紙が津波の被害を受けても、記者たちは模造紙に手書きで壁新聞を作りつづけました。それは、ジャーナリストの使命感という一言では説明することができません。

　地域紙は、明治 12 年に発刊された米沢新聞が最も古い新聞の一つとされ、明治の終わりから大正期に発刊のピークがあり、その後戦後の昭和 20 年以降に全国で次々と地域紙が発刊されました。石巻日日新聞は大正元年に発刊され、石巻とともに 100 年以上の時代を歩んできました。壁新聞を作る際に、石巻日日新聞の伝説を語り合ったといいます。戦時中の言論統制の中でも、当時の記者たちは半紙に鉛筆で記事を書き配りつづけました。この伝説が壁新聞のバックボーンとなっています。

　地域紙のほとんどは、国際ニュースや全国ニュースを排し、行政情報や生活情報、街で生じた事件からイベントなどの出来事、お悔やみ情報にいたるまで、いわゆる街ネタといわれる情報が紙面を占めています。たしかにウォッチドッグの比重は低い。しかし、だからこそ他の新聞にはない独自性も発揮できます。

　読者と地域紙との独特な関係は、震災に限らずたとえば選挙においても顕在化します。国政や地方政治の選挙に関して、地域紙は地域密着型のきめ細かい紙面を作ります。地域紙にインタビュー調査をすると、選挙時に立候補者は地域紙で取り上げられる対立候補の動向を重視するといいます。選挙は、地域社会における政治的関係や社会的関係、つまり住民との関係を視覚化させる一つの政治イベントです。つまり、選挙報道は、地域社会の現在の姿を映し出し、地域の課題や問題を共有するための役割も担っているのです。

　地域紙の経済市場の外縁は、地域社会の地理的かつ人口的な外縁と重なっています。つまり、読者市場は地域社会と重なりあっている。この二つが重なっているからこそ、地域紙の情報は、商品である以上に地域におけるコミュニケーションとなることができるのです。商品以上の象徴的な価値を有する災害情報や選挙情報、そして街ネタが交換されるのです。

　石巻日日新聞といった地域紙に限らず、県紙をはじめとした地方新聞や地方の放送メディアが災害と復興、公害問題、原発問題、基地問題などに取り組んできています。それは、全国紙とは比べ物にならない強度と持続力をもっており、このことは、中央からはなかなかわかりません。私たちが想像力をはたらかせなければならないのは、メディアの中央集権構造から隠れている、このもう一つのジャーナリズムだといえます。

（佐幸信介）

命と向き合う

事件・事故が起きたと知れば、記者は現場に駆けつける。行って、何をするのだろう？自分が見たままを伝えればいい？　それとも誰かに確認する？　もしそれが犠牲者の多数出る大混乱の現場だったら……？　家を訪ね、突然の悲しみにくれる遺族に話を聞こうとする記者の姿に、良い印象をもつ人はいないだろう。しかしそのヒューマンストーリーがなかったら、事故の記憶はこんなにも人びとの心に残らないかもしれない。記者は長く遺族と関係を保ち「生きた証し」を書きつづける。事故原因の究明や、再発防止を訴えるのも報道の役割の一つである。　　　　　　　　　　　　　　　（飯田裕美子）

キーワード　keywords
速報、通信社の役割、現場雑観、抜き抜かれ、新聞社の組織

考えてみよう　discussion

1 北関東新聞社は、どうやって最初に墜落事故の発生をキャッチしたか？

　　県警記者クラブに詰めている記者が、最初に「他社の動き」を察知した。通信社の速報は、どういうしくみで流れてくるのだろう。県警本部や現地対策本部の取材では、何がわかり、何がわからなかったか。

2 なぜ記者たちは、墜落現場に向かったのか？

　　夜中、道路もない山中の墜落現場に、なぜ記者たちは行くのだろう。もし現代において、たとえば警察や消防から「公式動画」が配信されるなら、記者は現場に行かなくてよいだろうか。

3 新聞の1面トップを何にするかで、社内の意見が違ったのはなぜか？

　　編集会議とは何を相談するのか。1面トップ記事が「ニュース価値が高い」とすれば、それを決める要素は何か。編集・販売・広告など、社内の局どうしが対立する場面もあった。新聞社の組織とはどのようなものか。

4 事実を確認するとは、何をすることなのか？

　　「〜らしい」という推測で記事を書くことはできない。事故原因をめぐる北関東新聞社の取材は、なぜ困難を極めたのか。新聞を買いにきた遺族に、悠木は何を感じたのだろう。

5 大学生望月彩子からの投書は、載せない方がよかっただろうか？

　　大事件・事故を報道するメディアが、「お祭り騒ぎ」のような状態に陥ることは事実。一人死亡の交通事故が、記事になる場合、ならない場合があるのも事実。事件・事故を報じるとは、どういう意味があることなのだろうか。

 movie

特集ドラマ　クライマーズ・ハイ

放送：2005 年 12 月 10 日（前編）・17 日（後編）、NHK 総合
　　　（DVD 発売元：NHK エンタープライズ。各 75 分、2006 年）
原作：横山秀夫『クライマーズ・ハイ』（文藝春秋、2003 年）
脚本：大森寿美男
演出：清水一彦、井上剛

●**作品の特徴**　日航ジャンボ機墜落事故から 20 年後の 2005 年、谷川岳の衝立岩にアタックする 60 歳の悠木和雅の姿から物語は始まる。ドラマ制作時の「現在」と、1985 年 8 月が綾を織りなしながら、壮絶な航空事故取材の現場、新聞社という組織の相克と、もつれてしまった親子関係が縦横に描かれる。原作は、群馬県の県紙・上毛新聞社記者時代に実際に事故を取材した作家の横山秀夫。ドラマ化にあたっては、武藤洋一・元上毛新聞社取締役らが「新聞考証」を務め、NHK のニュース映像も多数取り込んで、パソコンも携帯電話もなかった 1980 年代半ばのメディア状況をリアルに再現している。

●**あらすじ**　「ジャンボが消えた」――。1985 年 8 月 12 日、520 人が犠牲となった日航ジャンボ機 123 便墜落事故を取材することとなった、地元群馬県の「北関東新聞社」（上毛新聞社をモデルにした架空の設定）の、興奮と混乱に満ちた 1 週間を描く。社会部遊軍記者・悠木は、全権デスクとして事故の記事出稿を任されるが、当初は墜落現場が群馬県なのか長野県なのかもわからない。道のない山中のやぶを、崖に阻まれながら進む記者たち。凄惨な死と向き合う事故取材の、激しい困難と葛藤の中で、社内の対立があぶりだされ、地方新聞社の限界と存在価値が浮かび上がる。

●**主な登場人物**（カッコ内は俳優名）
悠木和雅（佐藤浩市）　日航全権デスク
佐山達哉（大森南朋）　社会部県警キャップ
望月亮太（安居剣一郎）　社会部記者
岸文平（松重豊）　政治部デスク
田沢直人（光石研）　社会部デスク
神沢夏彦（新井浩文）　社会部記者
稲岡信也（岡本信人）　文芸部「こころ」担当デスク
亀嶋格（石井愃一）　整理部長
安西耿一郎（赤井英和）　販売局員
等々力竜司（岸部一徳）　社会部長
守屋政志（谷本一）　政治部長
粕谷亘輝（大和田伸也）　編集局長
追村忠士（塩見三省）　編集局次長
伊東康夫（綿引勝彦）　販売局長
白河勝一（杉浦直樹）　社長
望月彩子（石原ひとみ）　亮太のいとこ
安西燐太郎（高橋一生）　耿一郎の息子

レクチャー　*analysis & research*

1　何が起こっていたのか

▶日航ジャンボ機墜落事故とは

　1985 年 8 月 12 日 18 時 12 分、乗客 509 名乗員 15 名を乗せた日本航空 123 便ジャンボ機は、大阪伊丹空港に向け羽田空港を離陸した。夏休みを利用した家族旅行客や出張のビジネス客らでほぼ満席だった。18 時 24 分、伊豆半島東岸上空で異常を示す緊急信号を発信、32 分間にわたり静岡県、山梨県、東京都、埼玉県の上空を激しい上下・蛇行運動を繰り返しながら迷走し、18 時 56 分ごろ群馬県上野村の御巣鷹の尾根に墜落した。

　520 人が死亡、単独航空機事故としては世界最大の大惨事となった。女性 4 人が重傷を負いながらも生存、ヘリコプターで救出される姿がテレビ中継された。「上を向いて歩こう」などのヒットソングがある歌手の坂本九さんが犠牲になったこともよく知られている。

　事故直後、メーカーのボーイング社は、同機が 7 年前に大阪空港で尾部を接触する「しりもち事故」を起こして修理した際に、後部圧力隔壁の上下接続作業にミスがあったことを認めた。運輸省（現・国土交通省）の航空事故調査委員会は 1987 年 6 月、最終報告書を公表し、原因は「しりもち事故」の修理ミスで圧力隔壁の強度が低下し、約 7 年間の飛行で金属疲労から隔壁に亀裂が生じて破裂にいたったためと断定。ボーイング社だけでなく日航、運輸省の作業管理、点検の不備があったことも指摘した。

▶ 1985 年当時の取材状況

　通信手段　ドラマに出てくる「北関東新聞社」の社内を見て、まずパソコンがないことに気づくだろうか。原稿は紙にペンで書き、固定電話で読み上げ、本社にいる人に書き取ってもらうか、ファックスがあればファックスで送る。携帯電話もまだなかったため、大きな事故現場などでは、モトローラ社の無線機を使うのが一般的だった。ただし北関東新聞社では、まだ無線機を導入しておらず、事故現場で本社との連絡に苦労することになる。公衆電話のない場所では、民家に頼み込んで電話を使わせてもらうことも、大事な送信手段確保の一つだった。写

日航ジャンボ機墜落事故略年表

1978 年 6 月 2 日	大阪空港でしりもち事故、ボーイング社が修理
1985 年 8 月 12 日	群馬県上野村の御巣鷹の尾根に墜落
9 月 6 日	ボーイング社が修理ミスを認める
1987 年 6 月 19 日	運輸省の航空事故調査委員会が最終報告書を公表
8 月 17 日	群馬県警の捜査本部が日航を捜索
1988 年 12 月 1 日	群馬県警が日航 12 人、運輸省 4 人、ボーイング社 4 人の計 20 人を業務上過失致死傷容疑で前橋地検に書類送検
1989 年 11 月 22 日	前橋地検が関係者全員を不起訴処分

真もフィルムを、現像ができる本社などへ届けねばならなかった。

　いまならスマホもパソコンもある、と安心してばかりはいられない。災害時にはインターネットがつながらない場合もあるからだ。衛星回線電話はもちろん、公衆電話や無線機での送稿など、あらゆる手段を考えて訓練しておく必要がある。

　ロジ　ペットボトルもまだなかった。現場に行くときは、水筒があればいいが、ドラマでは川の水に口をつける場面が出てくる。当時、現地入りした共同通信社の記者も、「小さな滝で思いっきり水を飲み水筒に詰めた」と体験を記している。

　食料や宿、タクシーなどの交通手段、トイレ、着替えなどを確保し、取材の後方支援をすることを「兵站」とか「ロジ（ロジスティックスの略）」と呼ぶ。長期にわたる取材現場では、ロジが極めて重要となる。

　ジェンダーなど　事故が起きた 1985 年は、日本で男女雇用機会均等法が成立した年で（施行は翌 1986 年）、それまで記者採用は「男性に限る」としているメディアが多かった。特定の業種を除いて女性には深夜労働が認められていなかったことが要因と考えられる。新聞社のシーンに、編集庶務の女性はいても、記者やデスクの女性がほぼいないのはそのためだ。「ハラスメント」という概念もなく、意見の衝突がしばしば言い争いやケンカのように見える。また、禁煙の考え方も広まっておらず、原稿書きや会議の場面で、しばしば煙草をくゆらせる姿が登場する。

▶新聞社のキャリアパス

　新聞社に記者職として採用されると、まずは警察担当、行政担当、遊軍（特定

の担当をもたない）などを経験していく。その間、本社以外の支局に転勤することも多い。記者個人でテーマを追う場合もあるが、基本的にチーム取材であり、記者をとりまとめる現場の指揮役が「キャップ」と呼ばれる。おおよそ十数年（社や部署によって異なる）の記者経験を積むと「デスク」として、社内にいて記者の原稿を直したり、取材の指示を出したりする立場となる。これらの名称やキャリアパスは、事故当時も現在もあまり変わらない。

　悠木は県警キャップをしていたときに、部下とトラブルがあり、キャップを外された。同期はみなデスクになっているが、悠木は「遊軍記者」のままだった。

▶「大久保・連赤」とは

　ドラマでは、悠木やそれより上の世代が、かつて群馬県内で発生した二つの大事件の取材経験者であることが、世代間格差の象徴として特に強調されている。1971 年「大久保清事件」（若い女性 8 人を、次々に殺害し山中などに埋めた）と、1971 ～ 72 年の「連合赤軍事件」（群馬県内の山岳ベースでメンバー 12 人をリンチにより殺害。後の「あさま山荘事件」に発展する）である。

2　ジャーナリズム論からの作品解説

▶速報と通信社の役割

　北関東新聞社に、最初に墜落についての情報が入るのは、県警クラブにいた佐山からの電話である（0:16）。

　　佐山「そっち（本社）は騒いでいませんか？」

　　悠木「何が。別にいつもと変わらんが」

　　佐山「そうですか、いや、時事通信のやつが電話で妙なこと言ってたもんですから」

　　悠木「盗み聞きか。なんて？」

　　佐山「ジャンボが消えた。そんなふうに聞こえたんですが」

　県警察本部に「記者クラブ」が置かれ、新聞社やテレビ局が常駐しているのは、事件・事故の発生について警察からの広報をいち早く受け、捜査状況を取材するためであるが、他社の動きをさぐるという側面的な仕事もある。

　ドラマでは、ほどなく NHK テレビが 7 時のニュース放送中に「羽田発大阪行

きの日本航空 123 便の機影がレーダーから消えたということであります。日本航空旅客課の話によりますと……」と速報 (0:19)。さらに、ピーコーピーコーという音に続いて「共同通信から社会番外です。日航ジャンボ機が横田基地の北西数十キロの地点で姿を消しました」という構内放送が入る (0:20)。

　時事通信、共同通信といった「通信社」とは、自社の新聞はもたず、おもに新聞・放送などメディアに向けてニュースを 24 時間配信する「卸売り」的な存在である。群馬県の県紙であれば、群馬県内の取材網は充実しているが、たとえば東京を中心に展開される政治や経済、中央官庁の動きや、他の県で起きたこと、海外のニュースについて、自社で取材することはなかなか難しい。そこで全国の地方紙が加盟する通信社が、東京や各県や海外で取材を行い、あるいは外国の通信社と記事を交換して、「北関東新聞」のような地方紙に配信する。

　逆にいうと、地方紙に載っている自県以外のニュースは、通信社の原稿がほとんどということになる。墜落現場が群馬か長野かわからず、悠木たちがじりじりとするのは、群馬県内に落ちたとなれば「うちの事故」として自力で原稿を書くべきであり、その後の県警や地検の捜査についての取材も自分たちの仕事となっていくからだ。乗客名簿に県内在住者である高校野球選手の父親の名前があるとわかり、急に「1 面差し替えだ！」と大慌てになるシーンもある (0:25)。

　ドラマの中で、専用の機械から出てくる細長いロール紙に印字されたテキストがよく出てくるが、これが当時の「共同電」だ（現在はパソコン画面で編集）。音声による速報は、24 時間共同通信社のニュースセンターからマイクで読み上げ、専用線を通じて全国の新聞社内に響かせる。ピーコーピーコーと鳴る「番外」のほか、大ニュースの「フラッシュ」はキンコンカンコンという音で放送される。

▶現場取材

　　佐山「悠さん、おれも現場に行かしてくださいよ！」

　　悠木「キャップのお前が県警留守にしてどうすんだよ」

　　佐山「ここは県庁回りのやつでも置いとけばいいですよ。行かしてください」

　　悠木「まだ、うち（群馬県）かどうかもわからないだろうが」

　　佐山「そんなの関係ないでしょう。世界最大の航空機事故がすぐそばで起こ

ってるんですよ！うちであろうが、長野であろうが、記者なら現場を踏むのが当たり前でしょう！」(0:23)

　墜落地点や時刻、被害程度など、新聞記事を書くのに必要な情報が県警本部に集約されるため、県警の記者クラブを離れるわけにはいかない、と悠木が佐山を諭す場面である。一般に現場取材は、早く着けば警察が広報するより先に様子がわかり、写真や映像が撮れる可能性があるほか、目撃者から話を聞いたり、目撃者が撮影した写真・映像の提供を受けたり、記者自身が見た情景をリポートしたりする目的で行われる。大きな事件事故では、警察等が「現地対策本部（現本＝げんぽん）」を置くため、そこを取材する要員も必要になる。

　何があったかという5W1Hを書く記事を「本記」と呼び、これに対し情景や人の話を集めた記事を「雑観」と呼ぶ。ドラマでは、墜落は群馬側という説が有力になり、現場に向け出発する佐山に、悠木は「明日じゅうに現場雑観を書いてくれ。北関の目でみた記事は必ずほしい。おまえに託した」と告げる（0:26）。しかし、出発指示が遅れたこともあり、道なき山を進む佐山たちは、ヘリコプターが生存者を吊りあげる奇跡的なシーンに間に合わない。社会部デスクの田沢が、テレビを見ながら共同通信からきた雑観原稿に手を加えて使おうとするのを、悠木は「何テレビちらちら見てやがんだよ。こんなものが現場雑観といえるのか！」と声を荒らげる（0:35）。

　なお生存者救出の模様をただ1社、生中継したフジテレビの映像は、上空のヘリを衛星中継の衛星代わりにした、当時としては画期的な技術で、1985年度の新聞協会賞を受賞している。

　現代なら記者のスマートフォンで、かなりの映像送信が可能だ。ドローンを使った撮影技術も向上している。では、映像があれば雑観記事は要らないだろうか。佐山が山を下りてから書いた「若い自衛官は仁王立ちしていた。」で始まる雑観記事（0:55）を読んで、考えてみてほしい。

▶新聞社の組織

　墜落から4日目の1985年8月15日は、戦後40年の節目となる終戦の日だった。午前の「編集会議」の場で、守屋政治部長は「やはり今日は中曽根首相でアタマを張るべきでしょう」と、中曽根康弘首相の靖国神社公式参拝を1面トップ

にするべきだと主張した。これに対し等々力社会部長は、日航をトップから外すことに反対する（1:18）。

新聞は、その新聞社がその日最もニュースバリューがあると考える記事を1面の一番上（頭）に置く。二番手がその左側の「肩」。編集局長を筆頭に政治部、経済部、社会部など、各分野を担当する出稿部の部長が、その日予定される原稿を紹介して、一番手、二番手など順番を決めていくのが編集会議だ。

では「ニュースバリュー」とは何だろう。多くの人が知りたがっている、あるいは、新聞社が人びとに知らせたい、知らせなければならないと考えるもの。事故の続報も大事だが、政教分離原則や戦争責任など歴史認識と関わり、外交に影響を与える靖国問題も、軽視することはできない。決め方に公式はなく、その日その日にベストを考えていくしかない。

実際の紙面を見てみよう。1985年8月15日付夕刊（東京本社版）の朝日新聞は「賛否の中　公式参拝」が1面トップ、読売新聞は「恒久平和へ誓い新たに」と戦没者追悼式を1面トップにし、いずれも墜落事故以来初めて、事故をトップから外している。

ドラマでは、編集局と広告局、販売局が対立する場面もあった。広告をなくして多くの写真を載せたいと考える編集局に対し、大事な収入源である広告を外すことはできないと主張する広告局。締め切り時間を延ばしてニュースを入れたいと考える編集局に、そんなことをしては販売店に迷惑がかかると怒る販売局。利害が一致しない面があることは事実だが、社長派と専務派に分かれて局長どうしがいがみ合うなど、ドラマを盛り上げるため対立が誇張されているところは、あくまで演出として楽しめばよいだろう。

▶ウラ取り

実際の毎日新聞8月16日朝刊1面トップは、ドラマにもあるとおり「最初に後部『隔壁』破裂」という事故原因に関するスクープだった。「北関東新聞」の記者たちが、あと一歩のところまで迫りながら、出せなかった記事だ。スクープを出すことを「抜く」、他社に先に書かれることを「抜かれる」という。先に書くことだけが報道の価値ではないが、取材を進める原動力の一つになることはたしかだ。

　ドラマでは神沢が「事故原因がだいたいわかりました」と現地対策本部から悠木に電話をかけてくる。運輸省の航空事故調査官が「隔壁」と口にするのを立ち聞きしたというのだ（1:21）。

　　悠木「隔壁が壊れた、と言ったんだな」

　　神沢「いや、壊れたとは……あとは推測です」

　　悠木「ばかやろう！」

　　神沢「ばか ?!」

　　悠木「今夜、宿屋に忍び込んで直接ぶつけてみろ」

　　神沢「だから難しいですよ」

　　悠木「無理でもやれ！」

「だろう」とか「らしい」という推測で記事を書くことはできない。悠木はこの後、県警キャップの佐山も現地に向かわせ、首席調査官にウラを取る（確認する）よう命じる。だが接触じたい難しく、接触できても調査中の事案について簡単に確認をとらせてはもらえない。佐山は「サツ官ならイエスです」と報告する（1:54）。普段取材している群馬県警の幹部であれば、この情報を肯定してくれたと判断できるが、東京から来ている調査官とは日ごろの付き合いがないため、確信がもてないというのだ。全国紙は中央官庁の担当者がいるから人間関係があり東京でも確認がとれるかもしれないが、地方紙には限界がある、と描く象徴的なシーンだ。

　自県で起きた大事故の原因というスクープをなんとかしてものにしたかった悠木だが、それを思いとどまらせたのは、昼間新聞を買いにきた、事故遺族の言葉だった（1:35）。

　　「地元の新聞でしたら一番詳しいことが書いてあるかと思いまして……。な
　　んであの飛行機は落ちたんですか。誰も本当のことを教えてくれないような
　　気がして……。どうか本当のことを書いてくださいね。お願いします」

　このような思いで地元紙を信じてくれる遺族がいるのに、少しでも不安が残る記事を載せるわけにいかないと悠木は踏みとどまったのだ。

　「ウラ取り」と一口に言っても、このように末端で聞いた話を組織の幹部に当てるほか、被害者側の主張を加害者側や第三者に確認したり、どこかで見聞きした情報を本人にあたったり元資料で調べたりと、角度を変えて見ても間違いない

と判断できるだけの証拠を集めるには、事案に応じたさまざまな方法がある。現代では、インターネット上に多くの噂話や伝聞、悪意ある情報が存在するが、それらをきっかけに取材する場合、記者はそのまま転載するのではなく、現地に行き当事者に直接会うなどして確認したり、捜査当局や担当官庁に真偽を確かめたりして報道している。

▶事件事故を報道するとは

　悠木は墜落事故の5年前、入社したばかりの望月亮太記者に交通事故で亡くなった人の顔写真を入手してくるように命じ、手ぶらで帰ってきた望月を怒鳴りつけ、その直後に自殺とも事故ともとれるバイク事故で望月に死なれてしまうという経験をしている（0:08）。

　「面取り」とか「雁首取り」と呼ばれる顔写真探しは、メディアに勤める記者であれば、必ずためらい悩んだことのある仕事の一つだろう。ドラマの冒頭でこのエピソードを見た人は、「なぜ交通事故で死んだ人の顔写真を新聞に載せなくちゃいけないんですか」という望月の問いに首肯し、「その方が痛ましいからに決まってんだろ。その痛ましさを売って新聞は商売してんだよ。写真を載っけるのは、その方が商品としていいからに決まってんだろ！」と声を荒らげる悠木の"新人教育"に反感をもつに違いない。

　520人が死亡した墜落事故の取材のさなか、「人の命って、大きい命と小さい命があるんですよね」と悠木に言いにきたのは、望月のいとこで彼を好きだった望月彩子だ。社会的影響が大きい、犠牲者が多いという理由で大々的に報道される事故もあれば、原因が単純、犠牲者が少ないという理由でベタ記事（見出し1段の記事）だったり報道されなかったりする事故もある。彩子は「いまでは誰も新米記者だった亮ちゃんの命のことなんか忘れて、日航機事故で亡くなった人の命に夢中なんですよね。興奮しているんですよね、新聞は」と断罪する（2:02）。

　前代未聞の航空機事故を題材にしながら、実はどんな記者でも経験する報道という仕事の普遍的な葛藤を描いている点が、このドラマの素晴らしいところだと思う。そして、それでも記者たちはなぜ、なんの権利があって、遺族に話を聞き写真をもらうのか、その背中を押す使命感や責任感はどこからくるのかを、機中で書かれた「パパは本当に残念だ」という乗客の遺書が教えてくれる（1:59）。

機内で書かれた大阪商船三井船舶神戸支店長河口博次さんの遺書（1:59）。
「マリコ　津慶　知代子　どうか仲良く　がんばって　ママをたすけて下さ
い／パパは本当に残念だ　きっと助かるまい　原因は分らない　今５分た
った／もう飛行機には乗りたくない　どうか神様　たすけて下さい／きの
うみんなと　食事をしたのは　最后とは／何か機内で　爆発したような形
で　煙が出て　降下しだした／どこえどうなるのか　津慶しっかりた（の）
んだぞ／ママ　こんな事になるとは残念だ　さようなら　子供達の事をよ
ろしくたのむ／今６時半だ　飛行機は　まわりながら　急速に降下中だ／
本当に今迄は　幸せな人生だったと感謝している」

　事件事故報道が伝えるのは、何がどのように起きたか、だけではない。なぜ起
きたか、誰に責任があるのか、どうしたら防げたのか、防ぐためにはこれから何
をしたらいいのか。その日まで普通に暮らしていた人たちの生きた証し、そして
その後も続く周囲の人たちの人生。

　彩子が思いをぶつけた投書を、悠木は新聞に載せる。「遺族の人を傷つけてし
まって……本当に申し訳ないことをして……」と電話口で泣く彩子に、悠木は
「怖いかい？　それでいいんだ。その怖さから目を離さずにいればいい。（中略）
誰だって怖い。僕だって同じだ。だからまた書く」と話す（2:18）。同業である
筆者は、何度見てもこの場面で胸がつまる。私だって怖い。だからまた書こう、
と思う。

3　今の社会における「命と向き合う」──SNS 全盛の時代に

　インターネットが日常のツールになった現代では、事件事故の発生が SNS に
投稿されることも多い。これを報道してよいだろうか。新聞・放送局などの報道

機関では、一般の投稿をそのまま報じることはせず、投稿者に連絡をとって状況を聞く、警察や消防に確認するなど、確認の手順を社ごとに定めている。

　被疑者、被害者など関係者本人のアカウントに顔写真があがっている場合は、報道に使ってよいだろうか。これも、事件事故の重大性や報道の公益性に鑑み、顔写真が必要だと考えた場合は、真偽や人権について慎重に判断したうえで使用する。本人を直接知る 2 人以上から確認を取る、10 年以上前の写真は使わない、出典を明示するなどのルールを社ごとに定めている。

　日航ジャンボ機墜落事故の時代と大きく変わったことがもう一つある。1985年当時は、日航側が搭乗者名簿を発表していた。個人情報保護の観点からいまは公表されない。関係者にメディアが殺到するメディアスクラム（集団的過熱取材）への批判が高まったことや、被害者保護の法整備が進んだことなどもあり、事件事故の取材は 2000 年代に入り以前とは様変わりしている。

　だが、被害者について一切報じないことが最善のことだろうか。無理な取材、プライバシーの侵害はあってはならないが、事件事故の被害者になるということについて日ごろからよく学んだうえで、遺族が何か言いたいことがある場合にそれを伝えることは、必要な努力ではないだろうか。

　墜落事故の遺族はその後「8・12 連絡会」をつくって、お互いを支え合い、事故原因究明や安全性を求める活動で大きな役割を果たした。初めて一人で飛行機に乗せた 9 歳の次男を亡くした美谷島邦子さんは、会の事務局長を務め、他の事件事故や災害の遺族支援にも協力したり、安全教育の場で講演したりと活動を続けている。「パパは本当に残念だ」の遺書を残した河口博次さんの長女真理子さんも、長いあいだメディアの取材に対応し、貴重なメッセージを読者に届けてきた。ぜひ美谷島さんや河口さんの記事を、インターネットや新聞データベースなどで探して読んでみてほしい。

4　広げ、深めて考える──現物を見る、現地に行く

　それでも「現場取材」や「遺族取材」の必要性を理解できないと考えるなら、東京・羽田空港にある日本航空の「安全啓発センター」に行ってみてはどうだろう。2006 年にオープンした社員向けの研修施設だが、一般にも公開されており、墜落現場から回収された機体の破片や墜落原因の後部圧力隔壁、ボイスレコーダ

ーなどのほか、墜落の衝撃で曲がってしまった座席や乗客の眼鏡、6時56分で止まった腕時計、迷走中の機内で書かれたメモなどの実物を見ることができる。担当者の説明を受けながら館内を回り、修理ミスとはどのようなものであったか、実際に壊れた圧力隔壁の前で詳しく聞く。実物を見て感じることは、ドラマを見て感じることと同じだろうか。

　安全啓発センターには、事故時の新聞各紙の紙面も展示されている。見学はホームページから誰でも予約できる（https://spc.jal.com/）。

　群馬県上野村の「御巣鷹の尾根」は、事故後登山道が整備され、4月29日から11月中旬まで登山できる。毎年8月には遺族らによる慰霊登山が行われ、担当記者も同行する。冬期通行止めなどの情報は上野村のホームページに掲出される。

◆もっと知りたい人へ

「クライマーズ・ハイ」原作者横山秀夫の推理小説『64（ロクヨン）』（文春文庫、2015年）誘拐事件を題材に、警察の広報官と記者クラブの関係が詳細に描かれる。この作品もNHKドラマや映画になった。

テレビドラマ「エルピス　希望、あるいは災い」（関西テレビ放送、2022年）足利事件（1990年）など実在の複数の冤罪事件に着想を得たフィクション。テレビ局の中堅女性アナウンサーと新人男性ディレクターが、会社の方針に抗いながら、連続殺人事件の真相をさぐっていく。エンターテインメント作品ではあるが、現場を歩き、人に会って話を聞く取材手法は、実際の報道に近い。

7　記者の良心と責任

　ジャーナリズムの授業で見る映画は、深刻でツライのばっかりだな〜と思っているあなた。『ローマの休日』はどうでしょう。オードリー・ヘップバーン演じる、ヨーロッパのどこかの国の王女さまが、滞在先のローマで1日お城を抜け出し、広場でジェラートを食べたりする、あの素敵なラブロマンスです。

▼書かない選択

　恋の相手は、アメリカン・ニュースのローマ特派員ジョー・ブラドリー。夜中までトランプ賭博に興じるような、ふてくされた生活を送っていた彼は、アン王女の記者会見に寝坊して支局長からこっぴどく叱られますが、たまたま睡眠薬の効きすぎから自分の家で眠り込んでいる娘が王女さまだと気づき、単独インタビューをとれば特ダネになると色めき立ちます。

　「ロマンスの話も聞けて、写真も撮れれば5000ドルで売れる」と支局長は驚きつつも「そんなスクープは、取れない方に500ドル賭ける」と半信半疑。ジョーは「あなたにいじめられるのも最後だ。僕は勝った金でニューヨークへの切符を買う。僕が本社に帰ってしまったら寂しくなりますよ」と、やる気満々です。

　ジョーは一人で町を“冒険”する王女の姿を追います。市場を見たり、美容院に飛び込んでショートカットにしたり。一緒にカフェに入って、「私は学校を抜け出してきたの」「僕は肥料や化学薬品を売る仕事」と、うそをまじえながらお互いの話をし、仲間のカメラマン、アービングに「5000ドルの4分の1を分け前にやるから」と盗み撮りを頼みます。

　さて、ここで考えてみましょう。身分を偽って取材をするというのは、許されることでしょうか？　たとえば、問題がありそうな企業に、社員として採用され、働きながら内情をルポするというのは？　職業倫理的には、許されるかどうか微妙ですね。もっともこの場合は、アン王女もうそをついていますから、お互いさまかもしれません。

　ライターを模した小さな隠し撮りカメラでこっそり撮ったアービングの写真はどうですか？　望遠レンズで遠くからシャッターを切るのとは違いますか？　撮りますよ、といって撮った写真だけが、報道写真でしょうか。もしそれが、王女の人気を高めるような魅力的な表情だったら？

　この物語でジョーは結局、王女の記事を書きませんでした。どのあたりで、「書く」が「書かない」に変わっていったのか。そしてそれはなぜだったのでしょうか。

　3人はローマの町を遊び回ります。うそつきが手を入れるとかまれるという「真実の口」。王女がどう反応するかを見るジョーは、まだ記者の目です。願い事がかなったら札をかかげる壁の前で「何を祈ったの」と聞くジョーは、原稿のことを考えているでしょう。アービングに、ここで別れて仕事場に戻り、写真の現像をするよう促します。

　夜の船上ダンスパーティでついにシークレットサービスに見つけられてしまい、逃げ回る二人。川に飛び込んでずぶぬれになり、初めて正直な気持ちを見せ合います。翌朝、特ダネの催促にきた支局長に、ジョーは「だめでした。記事はありません」と首を振ります。

　書かないのはなぜか。王女を守ろうという気持ちもあったでしょう。でもそれだけではない、と同業である私は思うのです。恋をして、思いを交わした自分は当事者になってしまい、もう客観的な取材者の立場ではない。その良心が、彼に原稿を書かせなかったのです。ダメ記者とみなされ、ニューヨークへは戻れないかもしれないけれど、それでも記者である自分と一人の人間としての自分を天秤にかけ、人間の方が重く傾いたということでしょう。

▼透明人間じゃない

　記者か、一人の人間か。天秤が揺れることは、記者をしていると、たまにあります。目の前の瀕死の人を、救助するか、報道するか——みたいな致命的な経験はめったにありませんが、たとえばなにかの反対運動を取材していて、あな

たも署名してくださいと頼まれたとき、個人としては強く賛同しても取材者としては署名できない、というのは一例かもしれません。

災害取材に行くときに、食料を自前で調達するのは常識ですが、もし来てくれるはずの後方支援が途絶え、自分の食料が尽きたとしたら、被災地のコンビニで残り少ない商品を買ってしまっていいものでしょうか。避難所の炊き出しに並ぶのは NG とわかっていても、もし「いいから、記者さんも食べなさい」とおばちゃんがおにぎりをくれたら、その好意を無にしますか？　ありがたくいただいて、洗い物を手伝うというのはアリでしょうか。行方不明の子どもの取材をしながら、自分も一緒に捜索を手伝うのは OK ですか？

中立な、第三者的な立場でいたいと願いながら、記者も生身の人間、透明人間ではありません。場面ごとに考え、当事者に寄りすぎたと思ったら書かない選択をするのも、一つの良心だと私は思います。

▼誰のために報道するか

記者が例外なく絶対に守らなければならないルールはいくつかあって、最も大事なのは「取材源の秘匿」です。その情報を誰から聞いたのか、第三者に尋ねられても、承諾なしに取材源を明かさないというものです。そうでなければ、不正などを告発してくれる人を守れず、権力の監視をする役割を果たせないからです。

取材で得た情報を、報道目的以外に使わないというのも鉄則です。制限区域に入るなどメディアだけに取材が許されるのは、報道という目的が認められているからです。捜査に必要だからとたとえ警察に求められても、提出するのは報道目的に反します。

こうした大原則以外にも、たとえば事件の被害者を実名で報道するか匿名にするかとか、「ここはオフレコ」と相手に言われた部分にどうしても伝えるべき内容が入っていたらどうするかとか、報道の現場では判断に迷うことが多々あります。正解や公式はなく、その都度考え、なぜ報道するか、誰のために報道するかを見失わないことが大事だと思っています。

『クライマーズ・ハイ』の悠木デスクも、書かない選択をした一人です。520 人が死亡した航空機墜落事故の事故原因について、こうではないかという情報を記者の神沢がつかんできたものの、間違いないという確認がとれませんでした。悠木の頭をよぎったのは、遺族の顔です。原作の小説『クライマーズ・ハイ』（横山秀夫著）にはこんなくだりがあります。

> 「遺族が読む。この朝刊は、藤岡の家族待機所で多くの遺族が読む。悠木は天井を仰いだ。（中略）真実を知りたがっているのは『世界』ではなく遺族だった」

その人たちに、確信のもてない事故原因を届けるわけにはいかないというのが、悠木の考えた報道の責任でした。

NHK ドラマにはありませんが、原作小説にはこんなエピソードもあります。

事故から数日後、社会部の神沢と一緒に広告部の暮坂部長とカメラマンの遠野が御巣鷹山に登ります。その暮坂を神沢が殴ったと社内で噂になります。暮坂は「話材（わざい）」、つまりスポンサー回りをするときの話のネタになるよう、墜落現場を見物に行ったというのです。

暮坂は、警察や自衛隊が部分遺体をバケツリレーで搬出している墜落現場で、JAL の主翼をバックに自分の記念写真を撮るよう遠野に頼んだ後、細かい機体の破片や断熱材の切れ端を拾ってポケットに入れます。「土産」を持ち帰ろうとしたのです。遠野が証言します。

> 「神沢はすごい勢いで部長に駆け寄って、機体の破片をもっていた手を蹴りつけました。ポケットの中身をその場で全部捨てさせ、それから部長の胸ぐらを摑んで木の陰に連れて行ったんです」「殴りました。メチャクチャ殴りました。顔面や腹を」

せつない話です。実際、そういうこともあったんだろうなあと想像がつきます。小説ではこの後、記者出身の暮坂が、いまは広告部にいるため事故取材に関われないという複雑な心境が描かれます。ネット時代の現在なら、暮坂や神沢の行為はすぐ SNS にあがってしまうかもしれません。暮坂を殴るという、ひどく乱暴なかたちをとってしまった神沢記者の「良心」を、ネット社会は是認してくれるでしょうか。

（飯田裕美子）

見方を変える

当事者の見ている風景や経験を共有する。
別の角度から観察する。
より多くの判断材料を提供する。
より確実な根拠をもとに、より適切な判断をすることで、
私たちの考えるよりよい社会を作っていくために。

 **Theme 8**

多角的な視点の提供

部屋の真ん中に、赤いリンゴが置かれている。「赤いリンゴ」。この事実までは皆の考えが一致しても、その先はどうだろう。「赤」にも多種多様な種類があるし、部分によってグラデーションも異なるだろう。また、形も方向により違って見えるはず。まして、味、食感、香り、鮮度、重さ、値段……となると、解釈は千差万別だ。つまり、立場が変われば景色も変わる、見方は一つだけじゃない。 　　　　　　　　　（水野剛也）

キーワード　*keywords*
客観性／主観性、公正・中立、真実追究、イメージ形成、メディア・リテラシー

考えてみよう　*discussion*

1 **新聞・テレビ・雑誌など主要マスメディアと本作では、佐村河内守の人物像はどこがどう違い、あるいは共通しているだろうか？**
　「ゴーストライター騒動」をめぐり、主要マスメディアは佐村河内の何を問題視し、逆に、本作は主要マスメディアの報道のどのような点を問題視しているだろうか。

2 **本作の取材方法にはどのような特徴があり、ジャーナリズムにおける一般的なニュース報道と比べて、どのような長所・短所があるだろうか？**
　本作は森監督の「主観」を多分に反映しているが、主要マスメディアの報道にもある種の「主観」を見出せるだろうか。また、本作に客観性・公正・中立の要素を見出せるとすれば、どのような部分で、どのような効果をもたらしているだろうか。

3 **最終盤の場面で、森の質問に対する佐村河内の答えを示さずに本作は終わっているのはなぜで、また、答えはどのようなものだっただろうか？**
　本作の終わり方は、ジャーナリズムの「真実追究」としてどう評価できるだろうか。

4 **「ゴーストライター騒動」以前の主要マスメディアは、佐村河内に「だまされた」といえるだろうか、だとすれば、結果的に「虚偽」を報道してしまったことに、どのような責任が、どの程度あるだろうか？**
　同じように、本作に「虚偽」が含まれている場合、森にはどのような責任が、どの程度あるだろうか。

5 **そもそも私たちは、直接接することのない人物などについて、ジャーナリズムを通して、何を、どこまで知ることができるだろうか？**
　ジャーナリズムの「真実追究」に対し、私たち受け手は何を、どの程度期待できる、あるいはすべきだろうか。

movie

FAKE

『FAKE』ディレクターズ・カット版（日本映画、2017年製作、128分）
監督・撮影：森達也
撮影：山崎裕
プロデューサー：橋本佳子
制作：ドキュメンタリージャパン
製作：「Fake」製作委員会

●**あらすじ**　「偉人」ともてはやされていた人物が、なにかのきっかけで突然、「嘘つき」「悪人」呼ばわりされる。しばしば起こることだ。当然、ジャーナリズムの人物評価も、一変する。手のひらを返したように、賞賛から批判に急転する。しかし、そう簡単に白黒はっきりつけられるものだろうか。本作は「現代のベートーベン」「全聾の天才作曲家」から「ペテン師」にまで社会的評価がひっくり返った実在の人物を題材として、ジャーナリズムをめぐるさまざまな問題を投げかけている。メディア・リテラシーを鍛える格好のドキュメンタリーである。以下に引用するように、DVDのパッケージ裏面のメッセージからして挑発的である。

　　「ゴーストライター騒動」で世間を賑わせた佐村河内守氏を追った話題騒然のドキュメンタリー映画。大ヒットロングラン公開となった衝撃作が劇場公開版に未公開シーンを追加した「ディレクターズ・カット版」となって遂にDVD化！

　　Fake［féik］偽造する。見せかける。いんちき。虚報。

　　虚偽とは？　真実とは？　あなたは、何を信じますか？　誰を信じますか？　これは、ふたりの物語。

●**主な登場人物**

佐村河内守

佐村河内の妻、香

森達也

```
付属ブックレット　本作についている24ページのブックレットには、森監督のメッセージ・
略歴、識者らの短文の感想・コメント、重松清（作家）、ロバート・キャンベル（日本文学
研究者）、緑川南京（映画監督）、阿武野勝彦（プロデューサー）、岡映里（ジャーナリスト）
の寄稿、などが掲載されている。なかでも、森による「映画『FAKE』の監督から」と題す
るメッセージは、本作を制作するにあたっての基本的な姿勢を簡潔に伝えており、一読に値
する。本章でも一部を引用している。
```

レクチャー　*analysis & research*

1　何が起こっていたのか

　本作の主人公は、「作曲家」として知られる佐村河内守と妻の香である。

▶スターから悪者へ急転

　佐村河内は、一時期、国内外で広く称賛を集める人物であった。広島で生まれた被爆二世であり、かつ自叙伝で「全聾」（実際は「感音性難聴」）と明かす聴覚障害者でありながら、ゲーム音楽や「交響曲第1番 "HIROSHIMA"」などの楽曲を積極的に発表し、高い評価を受けていた。特に「交響曲第1番 "HIROSHIMA"」は、クラシック音楽として異例の CD 売り上げを記録し、多くの大舞台で演奏・使用された。

　主要マスメディアからも、「現代のベートーベン」「全聾の天才作曲家」などと一様に好意的に扱われ、それが彼の名声をいっそう高めていた。後述する略年表では主要なテレビ番組のみをあげているが、新聞・雑誌などをはじめ、ほかにも数えきれないほどの媒体が彼の言動を大きく取り上げている。

　ところが、2014 年 2 月に『週刊文春』2014 年 2 月 13 日号が「全聾の作曲家はペテン師だった！」などと題する告発記事を掲載すると、一転して集中砲火的な批判にさらされることになった。その直後には、音楽家の新垣隆が記者会見を開き、「ゴーストライター」として 18 年間にわたり作曲を代行していた、佐村河内は楽譜を書けず、耳は聞こえており、通常の会話ができていた、などと語った。

　これに対し佐村河内も記者会見を開いたが、状況は悪化するばかりだった。新垣の助力を得て作曲していたことを認め、一連の騒動について謝罪したものの、そこでの言動がかえって反発を招き、火に油を注ぐ結果となった。以後、社会の表舞台から姿を消していた。

▶佐村河内側にカメラを据える

　ここで森達也は、主要マスメディアをはじめ社会から強く非難、時に揶揄・笑い者にされる佐村河内側にほぼ一貫して立ち、一連の騒動後の私生活などを撮影・記録し、本作を発表した。

佐村河内守をめぐる略年表

1998 年 6 月	ヒットしたゲームソフト「バイオハザード」の作曲者として国内の経済紙が紹介
2001 年 9 月	ゲームソフト「鬼武者」の作曲者としてアメリカの有力誌『TIME』が紹介
2003 年秋	「交響曲第 1 番 "HIROSHIMA"」が完成したとされる
2007 年 10 月	講談社から自伝『交響曲第一番』を出版
2008 年 9 月	TBS「NEWS23」が「音をなくした作曲家　その闇と旋律」を放送
2011 年 7 月	「交響曲第 1 番 "HIROSHIMA"」の CD 発売
2013 年 3 月	NHK 総合が「NHK スペシャル　魂の旋律　音を失った作曲家」を放送
2013 年 4 月	TBS「金曜日のスマたちへ」が「音を失った作曲家　佐村河内守の音楽人生とは」を放送
2014 年 2 月	『週刊文春』が「全聾の作曲家はペテン師だった！」などと題する告発記事を掲載、その直後、音楽家の新垣隆が記者会見
2014 年 3 月	佐村河内が謝罪記者会見

　舞台はもっぱら佐村河内の自宅であるマンションの一室で、そこでの出来事をカメラに映している。具体的には、佐村河内夫妻へのインタビュー、テレビ視聴や食事風景などの日常生活、民放テレビ局による番組への出演交渉、訪れた実父や親友である視覚障害者の女性へのインタビュー、アメリカのオピニオン雑誌記者による取材、などである。そして、最終的に森の提案を受け、シンセサイザーを新たに購入し、作曲に取り組むまでを描く。

　途中、外出時のシーンもある。発表した楽曲の著作権問題に関する弁護士との打ち合わせ、聴覚障害者のメンタルコーチとの面談などに同行し、その模様を紹介している。

　森はさらに、佐村河内夫妻をともなわぬ、単独での取材もしている。『週刊文春』で記事を執筆した神山典士には取材を断られたものの、新垣には著書のサイン会で直接接触し（その後の取材依頼は断られる）、その映像も本作に含めている。

2　ジャーナリズム論からの作品解説

　本作が問いかけるジャーナリズムに関する論点は多いが、核心的な二つをあえて選ぶとすれば、①客観性・公正・中立、②真実追究、だろう。

　これらはお互いに密接に関係し、表裏一体ともいえるが、以下ではわかりやすく整理するため、別々に若干の解説をする。

▶客観性・公正・中立

　まず、「客観性・公正・中立」は、取材・報道者のあるべき姿勢として、広く、かつ古くから模範とされる価値観である。

　簡単にいえば、ジャーナリストは第三者としての独立した立場から、人物や出来事を全体的にありのまま、偏りなく、私見や感情を交えず、正確に伝えるべき、というわけだ。

　現在、これは確固として定着した倫理観の一つである。

　たとえば、放送界では、NHKと日本民間放送連盟が共同で定める「放送倫理基本綱領」（1996年）に、次のような文章がある。「報道は、事実を客観的かつ正確、公平に伝え、真実に迫るために最善の努力を傾けなければならない」。

　新聞界も同様である。日本新聞協会が定める「新聞倫理綱領」（2000年）には、こう書かれている。「報道は正確かつ公正でなければならず、記者個人の立場や信条に左右されてはならない」。

　ところが、本作で森は、ジャーナリズム界で当然とされる「常識」に背をむけ、意図的に、かつ積極的に「主観」を押し出している。

　客観性・公正・中立を無視するかのような取材・報道姿勢は、森自身が明言している。DVDに付属するブックレットでは、「情報の本質」は「あくまでも視点や解釈だ。言い換えれば偏り。つまり主観」と述べたうえで、「様々な解釈と視点があるからこそ、この世界は自由で豊かで素晴らしい」と主張している。

　別の論考でも、同じ趣旨の持論をこう展開している。「事実は書けない。書けるのはそれぞれの視点（主観）なのだ」「ジャーナリズムの基盤は一人称単数を主語にした疑問や使命感。悲しみや怒り。それをごまかしてはいけない。しっかりと示せ。自分を裏切ってはいけない」（森達也「ニヤニヤと書くかニコニコと書くか　あなたは無意識に選択している」『Journalism』2021年4月号）。

　次に示すシーンは象徴的な例だ。一定の距離をとった冷静な観察者ではなく、取材相手に近づき、積極的に関与・介入している様子がわかる。

　　森（ほぼ全編通じての佐村河内夫妻に対する呼びかた）「守さん」「香さん」

　　森（佐村河内宅での喫煙方法を尋ね、すかさず提案）「（ベランダで一緒に）いま、
　　　吸いません？」（0:02）

森（「信じてくれますか、僕を」と佐村河内に問われ）「信じなきゃ、撮れない
　　です。もう、心中だから」（0:37）

森「守さんは、香さんを愛している？」
佐村河内「はい」
森「言ってください」
佐村河内「愛してます」
森「誰を？」
佐村河内「妻を。香を」（1:27）

森「守さんは、僕を信用してるの？」
佐村河内「はい」
森「何パーセント？」
佐村河内「信じるなら、全部信じる」
森「でも、僕は、全部を信じたふりをしてたかもしれない」
佐村河内「それは自分の責任ですね」
森「香さんは、僕を信じてます？」
香「私は信じてます。同じ船に乗ったので」（1:45〜1:46）

森「音楽やりませんか？　作曲しませんか？」
佐村河内「……」
森「本当に音楽好きなのかよって、僕は言いたい。頭のなか、あふれてるは
　　ずでしょ？　出口を探してるはずでしょ、頭のなかで、メロディーが」
佐村河内「本当にそうですね」
森「いっぱい時間はあったんだから。僕、タバコやめます。この映画ができ
　　るまで」（1:46〜1:47）

　なお、他の章で扱っている作品にも、共通した問題を提起しているものがある。
たとえばテーマ10の『ニッポンの嘘　報道写真家　福島菊次郎90歳』の中で、
主人公である福島は、被写体の中にどんどん入っていく、中立では優れた写真は
撮れないという趣旨の発言をしている。個人的な情動を隠そうとすらしていない。
そして、彼の作品は優れた報道事例として評価されている。

　ただし、この点がより重要かもしれないが、かといって森は、客観性・公正・中立を全面的に否定しているわけではない。ブックレットで、こう指摘してもいるからだ。「できるかぎり客観性や中立性を標榜する姿勢は正しい。でもならば（あるいはだからこそ）、決してそこに到達できないことを強く自覚して、その引け目や後ろめたさを抱え続けながら、記事を書いたり映像を編集したりしなくてはならないはずだ」。

　教育の場でこの問題を扱うなら、「考えてみよう」であげたように、主観性に満ちた本作の中に、むしろ客観性・公正・中立がどこに、どの程度見出されるのかに着目した方が、かえって活発な議論につながるかもしれない。

▶真実追究

　次に、「真実追究」も同じく、誰もが目指すべきジャーナリズムの責務と理解されながら、同時に悩み深くもある、一筋縄ではいかぬ難題である。

　およそジャーナリズム・ジャーナリストを名乗る者にとって、真実追究はほぼ絶対的な至上命令である。たとえば、前述した「放送倫理基本綱領」「新聞倫理綱領」はそれぞれ、「真実に迫るために最善の努力を傾けなければならない」「記者の任務は真実の追究である」と断言している。

　参考までに、米国でも同じ考え方が支配的である。たとえば、長く CBS のアンカーを務めたウォルター・クロンカイトは、自叙伝でこう述べている。

　　「［ジャーナリストの：筆者］倫理基準とは、いかなる勢力にもおもねらず、また恐れを抱くことなく、あくまでも真理を追究し、真実を可能な限り公正かつ正確に報道するということにほかなりません。これこそが民主主義の基礎を支えているのです」（Walter Cronkite, *A Reporter's Life* [Ballantine Books, 1997]、『クロンカイトの世界　20 世紀を伝えた男』[浅野輔訳、TBS ブリタニカ、1999 年]）

　しかし、実のところ、「真実」はかならずしも、現実として到達可能な目標ではない。あくまで、「追究」しつづける、理想的な観念のようなものだ。米国のジャーナリズム学部で広く用いられているテキストの一つは、「ジャーナリズムの第一の責務は真実である」と最重要視しながら、他方で、「真実」とはそれに近づく長い時間をかけた「プロセス」である、とつけ加えている（Bill Kovach and Tom Rosenstiel, *The Elements of Journalism* [Guardian Books, 2003-2007]、 ビル・コヴァッチ、トム・ローゼンスティール『ジャーナリズムの原則』[加藤岳文・斎藤邦泰訳、日本経済評論社、2002 年])。

　客観性・公正・中立にも同じことがいえるが、真実追究は、はっきりとしたゴールとして存在するのではなく、永遠に追いかけつづけるべき、究極的・理念的な課題、いわばはてしない旅路のようなものとして理解されているのだ。肝心なのは、「結果」もさることながら、「過程」、つまり「プロセス」なのである。

　森もこの点は自覚している。ブックレットでは、「メディアの最前線において、『真実』とか『真相』などの語彙が（その対極にある『虚偽』とか『捏造』とか『やらせ』とかも含めて）、とても安易に消費されるようになっている」と批判的に論じたうえで、「真実とは何か。虚偽とは何か。この二つは明確に二分できるのか」と疑問を呈している。

　真実追究を考えるうえで、本作で特に興味深いのが、次のシーンである。前者の発言では、そもそも森がテレビのバラエティー番組に真実追究など期待していないかのように見える。後者では、本作のために自身が取材してきたことすら、「真実」どころか「嘘」である可能性を自覚しているように映る。

　　森（民放のバラエティー番組に新垣隆が出演し、出演を断った佐村河内を茶化す
　　　内容となったことについて）「テレビ作ってる彼らには、信念とか思いとか
　　　は、全然ないんです。つまり、出てきた人をどう使って一番おもしろくす
　　　るか、しか考えてないから。守さんがあそこに出てれば、多少は［番組の
　　　趣旨が］変わったかもしれない」（1:51）

　　森「今日の撮影が、おそらく、最後の日になると思います。で、守さんに、
　　　質問。僕にいま、隠したり、嘘をついたりしていることはないですか？」
　　　（2:07）

　あらためてこれまでの解説をまとめれば、本作は、主観を隠さぬ森ならではの手法で、主要マスメディアとは大きく異なる視点から、佐村河内守という底知れぬ、捉えにくい人物の一端に光をあてようとしたドキュメンタリーといえるかもしれない。本作が「真実」に到達しているわけではないだろう。だが、他の大多数の報道を相対化はしてくれる。違った見方を示してくれる。

複雑きわまりない物事を「善悪」「正邪」などと極端に切りわけるような、「安易な二極化」（ブックレット）に陥りがちな風潮に異議を唱えるもので、メディア・リテラシーを鍛える格好の作品である。

3　今の社会における「多角的な視点の提供」
──イメージや固定観念を揺さぶる

本作のように、すでに社会で広く定着したイメージや固定観念を揺さぶる報道事例はほかにもある。

森自身の作品に限定しても、『A』（1998 年、日本、135 分）、その続編である『A2』（2001 年、日本、126 分）は、オウム真理教（当時）を題材に、似たような手法で主要マスメディアとは大きく異なる視点を示すドキュメンタリー映画である。

まず、『A』では、オウム真理教関係者による一連の事件後、マスメディアを含め社会全体から強烈な批判にさらされていた教団の内部から、広報副部長（当時）らの活動を追っている。信者の修行や日常生活、彼らを取材しようとする各種の報道機関、強引な逮捕におよぶ警察官などを撮影している。なお、タイトルは、広報副部長の苗字（アルファベット表記）の頭文字、またオウム（Aum）に由来するという。

同様に、続編の『A2』も教団内部に視点を置き、活動拠点を失い各地に分散して修行などを続ける信者と近隣住民との関係に目を向けている。当時、主要マスメディアは、信者と施設周辺の住民との激しい対立を繰り返し強調していた。これに対し『A2』は、衝突ばかりでなく、一部では友好的な交流が芽生えていた様子を伝えている。

ドキュメンタリーではなくフィクション映画であるが、『破線のマリス』（監督井坂聡、2000 年、日本、108 分）は、テレビ局を舞台に、編集次第で人物の印象は操作しうる、という映像（印刷でも同じだが）の負の側面に鋭く光をあてている。「誰かが笑う。それをニコニコと書くかニヤニヤと書くかで、受ける印象はまったく違う」。この森の指摘（ブックレット）を地でいくような作品である。原作は野沢尚『破線のマリス』（講談社文庫、2000 年）である。

4　広げ、深めて考える——BPO の判断から

　佐村河内に関する特定の放送番組について、BPO（放送倫理・番組向上機構）
が複数の判断を示している。すべて、BPO のホームページから全文を無料でダ
ウンロードできる。ただし、検討した番組の映像・音声は公開していない。

　人権侵害や放送倫理に関する BPO の意見は、本作の比較対象として主要マス
メディアの報道姿勢を理解するうえで大いに参考になるので、結論部分を簡潔に
紹介しておく。

　BPO にある三つの独立した委員会の中で、佐村河内に関する番組について意
見を示しているのは、放送倫理検証委員会と放送と人権等権利に関する委員会
（放送人権委員会）である。

　まず、放送倫理検証委員会（第22号決定、2015年）は、「ゴーストライター」
騒動前に佐村河内を好意的に紹介した5テレビ局の7番組について、裏付け取材
が足りない面もあったが、放送倫理に違反しているとまではいえない、と結論づ
けている。

　ただし、結果として「（佐村河内の）虚偽を見抜け」ずに「大誤報」を放送し、
「視聴者に著しい誤解を与えた」ことはたしかで、同じ過ちを繰り返さないため
の自己検証や視聴者への説明は不十分だと不満を表明している。

　そのうえで、とかく感動的な物語を求め、「再現ドラマ」や「再現映像」とい
う手法を安易に使っていないか、と疑問を投げかけている。

　次に、放送人権委員会は、民放の二つの番組について、それぞれ別の決定（第
55・56号決定、2015年）を下している。

　まず、第55号決定では、TBS の情報バラエティー番組が佐村河内の謝罪記者
会見について伝えた際の聴覚障害に関する部分について、名誉を毀損する人権侵
害があった、と認定している。放送の内容は、佐村河内には健常者と同等の聴力
があるのに、会見では手話通訳を要する聴覚障害者のふりをした、というものだ
った。しかし委員会は、TBS にはそう信じるに足る理由がなかったと判断した。

　人権を侵害する番組には当然、放送倫理上の問題があるが、委員会はその背景
に、佐村河内に対する社会全般の厳しい批判に乗じる姿勢があった、と指摘して
いる。

　次に、第56号決定では、フジテレビの大喜利形式のバラエティー番組でお笑い芸人が佐村河内を揶揄したことについて、名誉感情など人権を侵害したとまではいえない、と判断している。笑いの対象とされたのは佐村河内の聴覚障害、音楽的才能、風貌などであるが、娯楽としての大喜利の特徴も考えれば、許容限度を超えた風刺などではなく、放送倫理上も問題とはならない、と結論づけている。

◆もっと知りたい人へ

映像作品：

『破線のマリス』（監督井坂聡、2000年、日本、108分）　原作は野沢尚『破線のマリス』（講談社文庫、2000年）

『A』（監督森達也、1998年、日本、135分）　書籍版は『「A」　マスコミが報道しなかったオウムの素顔』（角川文庫、2002年）

『A2』（監督森達也、2001年、日本、126分）　書籍版は『A2』（現代書館、2002年）

『i　新聞記者ドキュメント』（監督森達也、2020年、日本、114分）

『Tatsuya Mori TV Works　森達也テレビドキュメンタリー集』（2021年、229分）森達也出演

文献：

森達也『ドキュメンタリーは嘘をつく』（草思社、2005年）

森達也『それでもドキュメンタリーは嘘をつく』（角川文庫、2008年）

森達也「ニヤニヤと書くかニコニコと書くか　あなたは無意識に選択している」『Journalism』2021年4月号

ウェブサイト：

「放送倫理基本綱領」（1996年）　NHKホームページ（https://www.nhk.or.jp/pr/keiei/rinri/sankou.htm　2023年2月19日取得）、日本民間放送連盟ホームページ（https://j-ba.or.jp/category/broadcasting/jba101014/　2023年2月19日取得）

「新聞倫理綱領」（2000年）　日本新聞協会ホームページ（https://www.pressnet.or.jp/outline/ethics/　2023年2月19日取得）

BPO（放送倫理・番組向上機構）ホームページ（https://www.bpo.gr.jp/　2023年2月19日取得）

8　BPO　放送界のご意見番は資料の宝庫

BPO（放送倫理・番組向上機構）は、日本の放送界の倫理、そして番組のさらなる向上を目的とする、独立した第三者的な機関です。2023年に20周年を迎えました。

▼独立した第三者機関

放送界が自律的に、つまり政府など外部からの規制や指示ではなく自分たち自身で、番組をめぐるさまざまな苦情や問題を適切に処理するために、NHKと日本民間放送連盟が設立しました。当時、いわゆる「やらせ」による信頼の低下、一部の番組が青少年に与える影響などに対する批判、政府による規制強化の可能性の高まり、といった事情がありました。

BPOの特徴を理解するうえでは、「独立した」と「第三者」が特に重要です。

政府、放送事業者、視聴者、スポンサーなど、あらゆる勢力に与することなく、また介入されることもない、しがらみのない公正・中立な組織なのです。

放送界にとっては、時に辛口の助言も辞さぬご意見番、のような存在です。

▼三つの委員会が多数文書を無料公開

BPOには、相互に独立した三つの委員会があります。放送倫理検証委員会、放送と人権等権利に関する委員会（放送人権委員会）、放送と青少年に関する委員会（青少年委員会）、です。

これまで三つの委員会で、優に百を超える文書を公表しています。「声明」「提言」「要望」「意見」「見解」「勧告」「談話」「手紙」など、かたちはさまざまですが、広く放送に関する主要な問題をほぼ網羅しているといえます。

影響力が大きいため、委員たちは単に番組を視聴した印象・感想で議論するのではなく、大量の関連文書を精読し、当事者らと直接対話し、長い時間をかけて慎重に検討をかさねたうえで、結論を導いています。

そうしてていねいに練りあげられたものが、ホームページ（https://www.bpo.gr.jp）から無料で入手できるのですから、この資料の宝庫を使わぬ手はありません。

以下にあげているのは、比較的に話題を集めたものだけですが、一見するだけでBPOの守備範囲の広さが理解できるはずです。

▼放送倫理検証委員会

2011年　若手放送人むけに、正確な事実の確認の大切さを訴える、「若きテレビ制作者への手紙」

2014年　フジテレビのバラエティー番組『ほこ×たて』で、「実際には行われていない対決を、編集により行われたかのように見せた」として、重大な放送倫理違反があったと判断

2022年　NHK（BS1スペシャル）の『河瀬直美が見つめた東京五輪』について、字幕に不正確な内容があったとして、重大な放送倫理違反があったと判断

▼放送人権委員会

2017年　渦中の科学者による研究論文に関する特集『NHKスペシャル　調査報告　STAP細胞　不正の深層』について、人権侵害があったと判断

2018年　沖縄県における米軍ヘリパッド建設反対運動について特集した東京メトロポリタンテレビジョン（TOKYO MX）の『ニュース女子』について、人権侵害があったと判断

2021年　フジテレビのリアリティ番組『TERRACE HOUSE TOKYO 2019-2020』について、放送倫理上の問題があったと判断

▼青少年委員会

2004年　血液型と性格・病気などの関係に科学的根拠があるかのような見方を助長しないよう要請する、「『血液型を扱う番組』に対する要望」

2012年　東日本大震災の報道がもたらすストレスについて、より慎重な配慮を求める、「子どもへの影響を配慮した震災報道についての要望」

2022年　特に「リアリティー」度の高い「心身の痛みを嘲笑する」演出について配慮を求める、「『痛みを伴うことを笑いの対象とするバラエティー』に関する見解」　　　　（水野剛也）

 **Theme 9**

判断材料を共有する

裁判報道と聞いてどんなシーンを思い浮かべるだろう。被告人がいない法廷で微動だに
しない裁判官が映る映像、独特なタッチで描かれた法廷画家のイラスト、「無罪」と大
きく書かれた紙を持った弁護士が裁判所から駆け出してくる姿、原告や弁護士が茶色の
長机に並んで行う記者会見……。実際の法廷での審理の様子を思い浮かべた人は少ない
だろう。日本では法廷内カメラ取材が制限されているからだ。しかし、裁判の公開性は
国や時代で異なる。1961 年、裁判を世界に向けてテレビ放映した事例をもとに、裁判
の公開や記録者の役割について考えてみよう。　　　　　　　　　　　　（松原妙華）

キーワード　*keywords*

**裁判の公開、司法の監視、法廷内カメラ取材、裁判の劇場化、裁判記録のアーカ
イブ化**

考えてみよう　*discussion*

1　**なぜ、テレビプロデューサーは、アイヒマン裁判を世界に向けて放映しよう
と考えたのだろうか？**
　　アイヒマン裁判はイスラエル政府が主導する世界的イベントでもあった。裁判報道が
　　政治利用されることもありうる。裁判報道の意義をどのように考えるだろうか。

2　**なぜ、ドキュメンタリー映画監督は、被告人であるアイヒマンの表情を撮影
することにこだわったのだろうか？**
　　アイヒマンをカメラでクローズアップして表情の変化を捉えることで、彼の素顔を映
　　し出すことは可能だろうか。固定された被告人のイメージにとらわれず、裁判を報道
　　するためには何が必要だろうか。

3　**ホロコーストの生存者たちの証言を放映したことで、何が変わっただろう
か？**
　　アイヒマン裁判では、被告人だけでなく、ホロコーストの生存者たちが証言する様子
　　が全世界に放映された。証言を報道することの意味、後世のためにアーカイブ化する
　　ことの価値をどのように考えるだろうか。

4　**裁判を公開し、記録するのは、何のためだろうか？**
　　制作チームは、アイヒマン裁判を撮影するために、裁判官たちを説得し許可を得る必
　　要があった。裁判を記録に残すために、取材者ができることは何だろうか。

 movie

アイヒマン・ショー　歴史を映した男たち

原題：The Eichmann Show（英国映画、2015 年製作、96 分）
監督：ポール・アンドリュー・ウィリアムズ
脚本：サイモン・ブロック
製作：ローレンス・ボウエン、ケン・マーシャル
製作会社：BBC フィルム、日本語字幕：松岡葉子

●**作品の特徴**　強制収容所解放 70 周年を記念して製作された。アイヒマン裁判を全世界にテレビ放映する制作チームの様子を、実話をもとに描くドキュメンタリードラマ。製作陣は、登場人物本人やその家族から話を聞き、丹念に情報収集を行った。本作品は、製作陣が撮影したドラマ部分のフィクション映像の中に、実際のアイヒマン裁判やホロコーストの記録映像を入れ込む構造になっている。鑑賞者は、当時テレビを通して裁判を目撃した観衆と同じ目線で、この世界的なテレビショーを追体験する。記録映像によって過去の出来事が当時のまま目の前に現れ、ドラマ部分のフィクション映像と対比的に、事実の強さに圧倒されてしまう。プロデューサーのローレンス・ボウエンは、「アイヒマンという人物そのもの」と「ホロコーストを実際に体験した人たちの証言」を作品の核としてあげる（「Production Note」キネマ旬報社編パンフレット『アイヒマン・ショー』東京テアトル、2016 年）。鑑賞者は、冷静沈着に罪を否認するアイヒマンと、ホロコーストを証言する生存者たちを、対照的に目撃することになる。

●**あらすじ**　1961 年、イスラエルのエルサレムで、ナチスによるユダヤ人絶滅計画「ユダヤ人問題の最終的解決」を進めたアドルフ・アイヒマンの裁判が開かれようとしていた。テレビプロデューサーのミルトン・フルックマンは、裁判をテレビ放映するため、イスラエル首相に面会し、撮影の契約を交わす。そして、“赤狩り”でブラックリスト入りしていたドキュメンタリー映画監督のレオ・フルヴィッツに、撮影監督を依頼する。しかし、法廷内でカメラが目立ちすぎるという理由で、裁判官の許可が下りていない状態だった。政治的問題、技術的問題、ナチスの残党からの脅迫、制作チーム内の意見の相違など、問題が山積みの中、世界が注目する“世紀の裁判”を撮影する制作チームが奮闘する物語。

●**主な登場人物**（カッコ内は俳優名）
ミルトン・フルックマン（マーティン・フリーマン）　米国のテレビプロデューサー。妻はイスラエルの将校
レオ・フルヴィッツ（アンソニー・ラパリア）　米国のドキュメンタリー映画監督。ホロコーストに関する映画を監督し、1940 年代後半に制作責任者として生放送テレビの開発に携わったことから、この仕事に適任であるとされた
ミセス・ランドー（レベッカ・フロント）　レオが泊まっている宿の女将。強制収容所の生存者
ヤコブ・ジョニロウィッツ（ニコラス・ウッドソン）　カメラマン。強制収容所の生存者。ナチスに妻を殺された
デイヴィッド・アラド（ダスティン・サリンジャー）　弁護士であり、制作マネージャー。強制収容所の生存者
デイヴィッド・ランダー（アンディ・ナイマン）　イスラエル政府報道局長

（注）映画字幕に合わせ、強制収容所から生還した人びとを「生存者」と表記する。

レクチャー　*analysis & research*

1　何が起こっていたのか

　ナチス親衛隊中佐のアドルフ・アイヒマンは、ヨーロッパのユダヤ人に対するホロコースト計画「ユダヤ人問題の最終的解決」に関与し、ゲシュタポ・ユダヤ人問題課長としてユダヤ人を強制収容所・絶滅収容所へ強制移送するうえで、決定的な役割を果たした。

　第二次世界大戦後、アイヒマンは捕虜収容所から脱走し、名前を変えて南米アルゼンチンで逃亡生活を送っていた。しかし、1960 年イスラエルの諜報機関モサドに捕らえられ、イスラエルに連行される。戦後、南米諸国はナチス逃亡者の避難場所になっており、西ドイツが引き渡しを求めてもアルゼンチンは応じてこなかったという背景もあった。

　アイヒマンは、人道に対する罪、ユダヤ人に対する罪、戦争犯罪、犯罪組織に関する罪で起訴され、1961 年 4 月 11 日、エルサレム地方裁判所で裁判が開廷した。12 月に死刑が宣告され、翌年 5 月 29 日にイスラエル最高裁判所がアイヒマンの上告を退けたことで、判決が確定する。アイヒマンは、イツハク・ベン＝ツヴィ大統領に直筆で恩赦を求める手紙を書くが、申請は却下され、5 月 31 日の夜、絞首刑に処せられた。処刑後、アイヒマンの遺体は火葬され、6 月 1 日の早朝、遺骨は海に撒かれた。

アドルフ・アイヒマンに関する年表

1906 年 3 月 19 日	アドルフ・アイヒマン誕生
1932 年 4 月 1 日	ナチス党員になる
1942 年 1 月 20 日	「ユダヤ人問題の最終的解決」を決定したヴァンゼー会議開催
1945 年 1 月 27 日	アウシュヴィッツ＝ビルケナウ強制収容所解放
1960 年 5 月 11 日	モサドに身柄を拘束される
1960 年 5 月 23 日	ベン＝グリオン首相、アイヒマンがイスラエル法廷で裁かれるとの声明を発表
1961 年 4 月 11 日	アイヒマン裁判開始
1961 年 12 月 12 日	エルサレム地方裁判所から有罪判決を受け、15 日に死刑宣告
1962 年 5 月 29 日	イスラエル最高裁判所がアイヒマンの上告を退け、死刑が確定
1962 年 5 月 31 日	死刑執行

▶世界が注目する法廷の様子

　裁判は、エルサレムのバイト・アム（ヘブライ語で「民族の家」、劇場型ホール）を法廷に改修して開かれた。正面に3人の裁判官が座る法壇、その向かいに検事席、左側に被告人席、右側に証人席が設けられ、アイヒマンと証人は5、6メートルの距離で向かい合った。被告人席は暗殺防止のため、防弾ガラスで囲われ、手榴弾を跳ね返す弾力性のある天井で覆われた。裁判官は

Courtesy of the Israel State Archives: ISA-Collections-EichmannFilms-000gpy8

ユダヤ人で、裁判はヘブライ語で行われ、その他の言語はヘブライ語に翻訳された。法廷では、112人の証人が証言をした。

　裁判はイスラエル・ラジオによって生中継された。イスラエル政府は、さらに映像記録に収めることにしたが、当時のイスラエルにはテレビネットワークがなかったため、米国のテレビ局に撮影を委託する。放映権を獲得したキャピタル・シティーズ局は、米国のユダヤ人団体である名誉毀損防止同盟から資金提供を受け、100万ドルをかけて裁判を撮影、記録した。裁判を少しでも撮りそこねたら、10万ドルの罰金が課せられていたという（朝日新聞「憎悪に燃える市民　意気込む報道陣五百人　エルサレムの興奮」1961年4月3日付朝刊。ロニー・ブローマン、エイアル・シヴァン『不服従を讃えて』産業図書、2000年、46頁）。

　法廷の壁はカメラを隠すために改造され、法廷から見えないカメラ4台が設置された。調整室では、撮影監督がカメラマンに指示を出し、リアルタイムでフレームやアングルを切り替えられるしくみになっていた。4か月にわたって撮影された映像は各公判終了後すぐに編集され、世界37か国でテレビ放映された。

　法廷の外にはプレス室が設けられ、法廷映像が中継された。エルサレムには、世界から650人（諸説あり）の取材者が集まり、裁判は外国人記者のために、英語、フランス語、ドイツ語に翻訳された。犬養道子（『週刊朝日』）、村松剛（『サンデー毎日』）、角田房子（『婦人公論』）、作家の開高健も裁判を傍聴した。

▶裁判の正当性の問題

　戦後のニュルンベルク国際軍事裁判や極東国際軍事裁判は、侵略戦争を行った戦争指導者の個人責任を追及した。しかし、国家の戦争について個人責任を問うことや、戦争時に存在していない罪で裁くこと、戦勝国だけが裁判を行うことなどについて、批判があがった。一方、アイヒマン裁判は、戦勝国が敗戦国を裁いたのではない。ユダヤ人自身が、処罰法を制定し、加害者を捕らえ、自分たちの裁判所で裁いた。当然、国際軍事裁判と同様、裁判の正当性が問われた。1948年建国のイスラエルが 1945 年以前のナチスの行為を 1950 年制定のイスラエル国内法「ナチス及びナチス協力者処罰法」に基づいて訴追したことや、死刑を原則禁止としていたイスラエルがナチスの犯罪に対しては死刑を可能にする法改正をしたことなど、現在でもアイヒマン裁判の正当性について疑念が残る点が多くある。さらに、アルゼンチンの主権を侵害してアイヒマンをイスラエルへ連行したことも国連を巻き込み大きな問題となった（Attorney General of the Government of Israel v. Eichmann, District Court of Jerusalem, Criminal Case No. 40/61 (1961)）。

▶裁判の劇場化の問題

　750 あった傍聴席は記者や高官で占められ、一般席は 40 のみだったため、法廷近くの講堂にスクリーンが設置された。約 700 人の市民は、そこで法廷内の映像を観た。講堂に入ることができない市民たちは、外でラジオを聴いた（読売新聞「傍聴人が殺到 アイヒマン裁判」1961 年 4 月 11 日付朝刊など）。裁判を傍聴した米国の政治哲学者ハンナ・アーレントは、ベン＝グリオン首相が舞台監督の見せ物裁判だと批判した。裁判は、被告人が告発され、弁護され、判決を受ける場であり、問題の中心となるのはユダヤ民族の悲劇や反ユダヤ主義でなく、アイヒマンの行為だと主張する（『新版 エルサレムのアイヒマン 悪の陳腐さについての報告』みすず書房、2017 年、3-8 頁）。一方、アイヒマン裁判を、トラウマ的な運命を抱える被害者に検察側の証人という新たな役割を与え、被害者概念を革命的に変容させた法的舞台と捉える見方もある。被害者の物語が初めて立ち上がり、歴史の著者として言葉を取り戻すことができたと評価する（Shoshana Felman, *Theaters of Justice: Arendt in Jerusalem, the Eichmann Trial, and the Redefinition of Legal Meaning in the Wake of the Holocaust*, 27(2) CRITICAL INQUIRY 201, 230 (2001)）。

2　ジャーナリズム論からの作品解説

　アイヒマン裁判は、戦後に行われたナチス戦犯法廷の一つであり、裁判の性質も時代背景も極めて特殊だ。裁判が、ラジオで生中継され、世界中でテレビ放映された背景には、イスラエル政府の思惑もあった。

　しかし、いまの日本の裁判報道を考えるうえで、重要なポイントを提示してくれる。法廷に立つ人びとやその言い分をどのように報道し、視聴者と共有するのか。裁判を公開し、記録し、さらには後世の人びとと裁判記録を共有するのはなぜか。本作品を手がかりに考えてみよう。

▶被告人の人物像をカメラで映し出すことは可能か？

　本作品で最も印象的なシーンの一つは、ミルトン（テレビプロデューサー）とレオ（撮影監督）が、裁判の撮影方針で対立する場面だ。レオは、アイヒマンのわずかな変化を逃さず撮ろうとクローズアップにこだわっていた。しかし、「アイヒマンに寄れ」というレオの指示で、強制収容所の生存者が証言中に卒倒する劇的瞬間を撮ることができず、ミルトンは激怒する（1:02～）。

　　ミルトン「最大の見せ場だ。傍聴席であっと叫ぶ人間ドラマだぞ」

　　レオ　　「本物の人生だ。クソ TV ショーじゃない」

　　ミルトン「クソ TV がどうした！　君の芸術的感性はさておき、金はイスラエルが出してる。裁判全体を撮れ。君はアイヒマンに憑かれてる」

　　レオ　　「なぜ君は違う？」

　　ミルトン「ふざけるな。法廷の出来事を撮るのが君の仕事だ。悪魔についての個人的調査じゃない」

　　レオ　　「両立は？」

　　ミルトン「片方が邪魔になる。僕の番組ではあり得ない」

　出来事を俯瞰的、記録的に撮るのか。特定の人物に寄って感情の軸をつくるのか。撮影者や取材者の視点があらわれる。ニュース番組なのかドキュメンタリー番組なのか。単発報道なのか長期記録する継続報道なのか。報道の類型でも視点は異なる。報道で何を伝えるのかは、何のために報道するのかと深くつながる。

▶被告人は「怪物」なのか？

　ドキュメンタリー映画監督のレオは、「裁判を見せることはアイヒマンが何をしたかだけでなく、なぜかを問うことだ」（0:32）と、カメラを通して人間アイヒマンを撮ろうとしていた。

> 「我々の目的は法廷の出来事を映像で伝えること。映像で伝えるのだ。細部を見せる。アイヒマンの顔、手。判事や弁護士の表情。アイヒマンの喋る姿、反応や動きが欲しい。彼が感情を押し殺しても、それは身体的な反応として現れてくる。（中略）怪物などいない。だが、人間は怪物的な行為に対し責任がある。何が平凡な男を変えたか？　何千人もの子供を死に追いやる人間に。子煩悩なありふれた男を。我々と同じ人間を。（中略）状況によって誰もがファシストになりうる」（0:15）

　アイヒマンの人物像は、裁判前から、600万人のユダヤ人虐殺を指揮した「怪物」と報道されていた。しかし、レオは「怪物が出現すれば新聞が売れる」と新聞報道を一蹴し（0:03）、アイヒマンを自分たちと同じ人間だと見ていた。制作チームの中でもアイヒマンの人物像について意見の相違があった。特に強制収容所から生還したカメラマンのヤコブは、レオの考えに反発する。

　アイヒマンの人物像については、現在にいたるまで論争が繰り広げられている。ホロコースト研究が進んでいない戦後すぐは、「怪物」「戦争の狂気」といった紋切型の報道も少なくなかった。イスラエル警察のアヴナー・W・レスは、アイヒマンを尋問する前、どんな怪物のような人間が現れるだろうかとひそかに期待していた。だが、実際に会ってみると、外貌に悪魔的なところはなく普通の人間に見えたと初対面の印象を語っている。しかし、イスラエルやアムステルダム、パリ、ロンドンの記録保管所が提供した膨大な記録文書から、アイヒマンの指揮の残虐非道さは明らかだった。レスは、アイヒマンの活動に関する記録文書やニュルンベルクの裁判記録などを研究していたため、アイヒマンの弁明を信じることはなかった（アヴナー・W・レス「アイヒマンとの対面」ピエール・ジョッフロワ、カリン・ケーニヒゼーダー編『アイヒマンの告白』番町書房、1972年、11-22頁）。

　一方、アイヒマンは裁判でも、単なる「歯車」「伝達係」として上司の命令に従っただけと繰り返し述べた。裁判を傍聴したアーレントは、「悪の陳腐さについての報告」の中で、彼の完全なる思考欠如こそが大量虐殺に加担した要因だと

指摘し、いまでは「凡庸な悪」がアイヒマンの代名詞となっている。

　しかし、最近は、アイヒマンに関する膨大な記録資料やアイヒマン自身が書き残した文書をもとに、単なる「歯車」ではないアイヒマンを描く作品も増えた。たとえば、ベッティーナ・シュタングネト『エルサレム〈以前〉のアイヒマン』（みすず書房、2021年）や映画『ヒトラーのための虐殺会議』（監督マッティ・ゲショネック、2022年）は、アイヒマンのイメージを再構成する。前者は、逃亡中にアイヒマンが記した「アルゼンチン文書」や親衛隊の戦場記者だったヴィレム・サッセンがアルゼンチンでアイヒマンをインタビューしたときの録音記録「サッセン記録」を、後者は、ヨーロッパ中のユダヤ人を絶滅させるための計画を決定したヴァンゼー会議の議事録などを参照している。これらを材料に、残虐非道な「怪物」でも命令に従順な「歯車」でもない人物像を提示する。

　裁判報道は事件報道の延長線上にある。裁判では、それまでの報道を覆す事実が明らかになることもある。取材者は、何を判断材料として被告人を報じるのか。手に入れた判断材料のうち、どの材料に価値を置き、何を読者や視聴者と共有するのか。それによって、浮かび上がる被告人の「人物像」が変わってくる。

▶被告人の証言を記録すること

　裁判では、アイヒマンに生存者の証言を聞かせ、ホロコーストの記録映像を観せる。レオは、証言の力や映像の力でアイヒマンの冷徹な表情が崩れると予想し、その瞬間を撮ろうとしていた。誰もがアイヒマンになりうることを伝え、人間の残虐性を問いたいと考えていた。

　しかし、アイヒマンは冷静沈着なままだった。「内面の感情は心の中に留めておきます」と述べるばかりで、感情的な表情はカメラに映し出されることはなかった。アイヒマンが「何者なのか」暴けないことに落胆するレオは、監督を降りるとミルトンに告げる（1:18〜）。

　　　レオ　　　「私の基準では失敗だ」

　　　ミルトン「彼の人間性が暴けないから？　頼むよ、レオ。彼には、人間性が
　　　　　　　欠落していたら？」

　　　レオ　　　「信じられない」

　　　ミルトン「彼が自分を巨大な虐殺装置の小さな歯車と考えていたら？　検事

　　　　　　が虐殺装置に言及すれば、彼はそれを証明するだろう。僕らはその
　　　　　　全てを記録する」

　　レオ　　「今日こそ素顔が現れると思ってた。少なくともヨロイにヒビが入
　　　　　　ると。人間性のカケラでも見せると」

　ミルトン「そんな事は問題じゃない。今この時から、誰がどう否定しようと
　　　　　　ナチ政権下のユダヤ人に何が行われたか、アイヒマン親衛隊中佐の
　　　　　　証言が永遠に残る。他でもない、この事実が。これが重要だ。それ
　　　　　　を考えろ」

　結局、レオはアイヒマンの人間性を映し出すことはできなかった。しかし、彼
の証言を記録することはできた。裁判では、被告人の口から事件が語られる。そ
の言葉は、時を経て、事件の実相や被告人の人物像を判断する材料の一つになる。

▶被害者の証言を伝えること

　この裁判には、アイヒマンを裁くだけでなく、ホロコーストの実態を生存者の
証言をもって世界に知らしめる目的があった。そこに、当時の最新技術であるテ
レビが使われた。イスラエル政府報道局長は、次のように語る（0:09）。

　　「新聞は“世紀の裁判”と書き立てるが、私の上司たちはそれ以上だと見て
　　いる。ユダヤ人によるニュルンベルク裁判だ。この国では“生存者”は蔑視
　　されている。まるでホロコーストに加担したかのように。彼らに何が起こっ
　　たか世界は耳を傾けるべきだ。生存者自身が語る言葉に。イスラエルはラジ
　　オで生中継する。だが世界は“見る”べきだ。自宅の居間のテレビで」

　裁判初日、エルサレムは報道陣の熱気と興奮であふれていた。しかし、検事長
の冒頭陳述が３日も続くと、人びとの関心は、人類初の宇宙飛行やキューバ危機
へと移っていった（0:39〜）。ミルトンは「今日はもっとマシな画を作れ」とい
う立ちを見せたが、レオは生存者が証言する段階に入れば、人びとの関心が戻っ
てくると信じた。そのとおり、世界中の人びとが生存者の証言に耳を傾けた。

　　「あの人たちは初めて感じてるんだ。話していいのだと。証人席に立つ証人
　　を皆が見詰めている。そして本当に初めて傍聴人が身を乗り出して自分たち
　　の言葉に耳を傾けている姿を見た。顔をそむけずに」（0:59）

　　「最初は…（中略）私たちは口を閉ざしていた。でも聞かれる“あなたは誰？

何があったのか？”それで、ありのままを話すと“ウソだ、作り話だ”“そんな事あり得ない”（中略）皆は信じてくれず、私たちは沈黙した。寝言のほかは。裁判が始まってから、その人たちが耳を傾けてる。バスで、店で、カフェで彼らが聴いている。今朝は市場で少女に（腕に刻まれた）番号のことを聞かれた。世界中の人が見てるんでしょ？」(1:23)

　強制収容所の生存者たちは、これまで沈黙せざるをえなかった。しかし、裁判報道をきっかけに、生存者に向けられていたまなざしが変化していることを感じ、自分の体験を身近な人たちに語り始めた。アイヒマンの人間性を撮ることができず落胆していたレオも、生存者の証言がもつ意味を変え、人びとの生存者に対する意識をも変える報道の力を実感していた。

　ホロコーストについては、いまでも、「語りえぬもの」「表象や想像が不可能なもの」という主張がある。しかし、多くの証言が記録に残されているおかげで、ナチスによる大量虐殺の証拠破壊やホロコースト否定の動きがあっても、私たちはホロコーストの実態を知ることができる。「語りえぬもの」でも、そこに光を当て、記録し、歴史として人びとに伝えることもメディアの役割の一つだ。

▶判断材料を共有するために

　世界の人びとがアイヒマン裁判のラジオ放送を聴き、テレビ放映を観た。法廷のアイヒマンを観たことでアイヒマンへのイメージが変わり、生存者の証言を聴いたことで生存者へのまなざしが変わった。法廷で、被告人は何を主張し、証人は何を語り、証拠として何が提示され、裁判官は何を判断をしたのか。裁判報道は、そうした裁判手続きの経過や判決の内容を報じ、判断材料を提供する。

　それが可能なのは、裁判が公開されているからだ。本作品で、法廷の撮影を許可する文書には、「裁判は公開すべきだ。公開することで判事自身も裁かれる。公開は最大の安全保障である」と書かれていた（0:25）。裁判初日、テレビレポーターは次の言葉を視聴者に投げかけた。「世界がアイヒマンを注視するのです。600万のヨーロッパ・ユダヤ人の虐殺を指揮したナチ党員を。裁かれるのはアイヒマンだけではなく、イスラエルもまた監視されます。ユダヤ人を抹殺しようとした男を公正に裁けるのか？」(0:26)

　裁判が公開され、法廷の様子が報道され、裁判が監視される。そして、記録に

残ることで裁判を事後検証することができる。私たちがいま、アイヒマン裁判を検証できるのは、アイヒマン調書やアイヒマン裁判の法廷映像がパブリックな記録として残されているからである。

3　今の社会における「判断材料を共有する」
──司法を監視するため裁判記録を残すには

　日本の裁判報道はどうだろうか。日本国憲法は、「裁判の対審及び判決は、公開法廷でこれを行ふ」（第82条1項）と、裁判公開の原則を規定する。趣旨は、裁判が公正に行われることを制度として保障し、ひいては裁判に対する国民の信頼を確保しようとすることにある。さらに、刑事事件の被告人に「公平な裁判所の迅速な公開裁判を受ける権利」を保障する（第37条1項）。これらのおかげで、取材者も含め、誰でも裁判を傍聴し、裁判の公正性をチェックすることができる。

　しかし、傍聴席の数は限られている。市民が広く裁判の公正性をチェックするためには、裁判が報道されることが重要だ。だが、裁判を自由に取材できない状態が続いている。法廷内カメラ取材や裁判記録の閲覧・コピーは制限され、裁判記録の多くが判決確定から5年で廃棄されている。また、証人保護の観点から、証人尋問の際の遮蔽措置や、被害者や証人を特定する事項の秘匿が決定される場合もある。裁判の公正性を判断する材料は、私たちに共有されているだろうか。

　こうした問題意識から、日本の裁判所の閉鎖性、密室性に風穴をあけようと闘う人たちがいる。記者や弁護士を中心に結成された「ほんとうの裁判公開プロジェクト」は、勉強会の開催や『記者のための裁判記録閲覧ハンドブック』（2020年）の出版など、真の公開裁判を目指す活動を行う。また、裁判所に対して直接、裁判記録の保存や公判前整理手続の公開などを求める者もいる。記者クラブが主体となって裁判所に申し入れや要請をする以外に、取材者自身が個別で具体的なアクションを起こすまでになっている。裁判の公開原則に例外が設定されるたび、取材する側が裁判の「取材・報道の自由」を主張しなければならない。

　戦後間もないころの日本では、法廷内取材が自由に行われていた時期があった。市ヶ谷で行われた極東国際軍事裁判ではカメラ席が設置され自由な取材ができた。軍事裁判だけでなく、小平事件（1947年）、帝銀事件（1948年）、三鷹事件（1949年）、松川事件（1950年）でも法廷内カメラ取材が可能だった。当時の映像は、

NHK アーカイブス（https://www.nhk.or.jp/archives/）で見ることができる。

　なぜ、法廷内カメラ取材は制限されるようになったのか。それは、報道陣が法廷内の秩序を乱し、被告人の人権を考慮しない取材・報道が続いたからだった。裁判官のあいだで許可制への動きがあらわれ、1948 年東京地方裁判所が記者クラブに法廷内カメラ取材の禁止を通告する。しかし、報道陣はこれに応じず、結局、東京写真記者協会が記者クラブを通して裁判所と交渉し、次の 5 項目からなる協定を結ぶ。①許可なくヒナ壇にのぼらない、②検事や弁護士の線より前に出ない、③なるべく移動を避け、特に中央に立ち入らない、④音響やフラッシュなどで審理の妨害にならないよう注意する、⑤人員は必要最小限とし、脚立等の大道具を持ち込まない（宮野彬『裁判のテレビ中継を』近代文藝社、1993 年、71 頁）。

　1949 年施行の現行刑事訴訟規則は法廷内カメラ取材の許可制を規定し（第 215 条）、1952 年には法廷等の秩序維持に関する法律が制定された。これらも法廷内カメラ取材の制限を強化する根拠となった。現在も制限の方針は変わらず、以下の運用基準が 30 年以上定着している。取材・報道の自由を実質的に制限する運用基準は憲法違反だと主張する学者もいる。

　また、裁判報道は事件に対し予断や偏見を与えかねないという批判が昔からある。裁判員制度の開始時には、偏見報道禁止規定が検討された。立法化は見送られたが、報道機関による自主的ルール策定に際し、司法側から、裁判員に予断を与えかねない報道として次の六つが指摘された。①犯行の自白、②被疑者の弁解が不合理だと指摘、③犯人性に関わる証拠、④前科前歴、⑤生い立ちや対人関係、⑥有識者や専門家のコメント（平木正洋・最高裁事務総局刑事局総括参事官、マス

「法廷内カメラ取材の標準的な運用基準」（平成 3 年 1 月 1 日）
（1）法廷内カメラ取材は、裁判所又は裁判長の許可制
（2）撮影は、新聞・通信・放送各社間で話し合い、代表取材する
（3）撮影機材の制限
（4）撮影要員の制限
（5）撮影は、裁判官の入廷開始時からとし、裁判官全員の着席後開廷宣告前の間の 2 分以内とする
（6）撮影は、刑事事件においては、被告人の在廷しない状態で行う
（7）撮影位置の制限
（8）撮影対象の制限
（9）中止の指示があったときは、直ちに撮影を中止し、退廷しなければならない
（10）条件違反の取材が行われた場合の措置
（11）法廷内カメラ取材の許否は裁判体の裁量

コミ倫理懇談会全国協議会分科会「公正な裁判と報道の自由」にて（2007年9月27日））。

　無罪推定原則のもと、犯人視しない報道は重要だ。一方で、これをつきつめると判決確定後にしか裁判報道ができなくなる。捜査や裁判の公平性や公正性を監視する報道、事件の背景を明らかにして社会問題を提起する報道は、速報性が求められる場合もある。

　今後、法廷内カメラ取材は変わるだろうか。もう、カメラが目立ちすぎる時代ではない。インターネット時代の裁判の公開についても議論が続いている。最高裁の深山卓也裁判官は「我が国も最高裁において、審理の透明性をより徹底するため、審理を動画配信することについて検討すべき時期が来ている」と回答したが、こうした考えは裁判官の中でも少ない（読売新聞「最高裁裁判官　裁判IT化に前向き　国民審査11人問う　アンケート回答」2021年10月27日付朝刊）。裁判の公正のための真の裁判公開は、日本で実現するだろうか。「裁判の公開」や「開かれた司法」の実現と、「取材・報道の自由」の両立は難しいのだろうか。

4　広げ、深めて考える──裁判を傍聴してみよう！

　裁判の公開や記録者の役割について具体的に考えるために、実際に裁判を傍聴してみよう。法廷が開かれていれば自由に傍聴でき、事前申し込みは必要ない。裁判所の玄関ホールなどに開廷表が置いてあり、どんな裁判が行われるのか閲覧できる。各法廷でも開廷表を再度確認し、傍聴人入口から入って席に座る。

　ただし、傍聴希望者が多い場合は傍聴券交付手続が行われるため注意が必要だ。裁判所のホームページで傍聴券交付情報をチェックし、集合時間までに指定場所へ行って傍聴券を入手する。この種の裁判はたいてい、開廷前2分間の法廷内撮影がある。また、傍聴席の一部が記者席として優先的に割り当てられており、裁判報道の取材現場を見ることができる。

　朝日新聞デジタルでは、司法記者が裁判傍聴をもとに事件を記事にする連載が人気を博し、第3弾まで書籍化された。「法廷で語られる被告の言葉をもっと伝えたい」という思いから企画され、被告の言葉を中心に事件の全容を伝える（朝日新聞社会部『きょうも傍聴席にいます』幻冬舎新書、2017年、276-277頁）。「判断材料の共有」の一つのかたちとして読んでみよう。

◆もっと知りたい人へ

『スペシャリスト　自覚なき殺戮者』（監督エイアル・シヴァン、1999 年）
シヴァン監督がエルサレム・ヘブライ大学でたまたま「アイヒマン裁判」というラベル
のビデオテープを発見し、約 350 時間の記録映像をドキュメンタリー映画に編集した。
ハンナ・アーレント『新版 エルサレムのアイヒマン　悪の陳腐さについての報告』（大
久保和郎訳、みすず書房、2017 年）にインスパイアされて製作された。

『ハンナ・アーレント』（監督マルガレーテ・フォン・トロッタ、2012 年）
ハンナ・アーレントがアイヒマンの裁判レポートを『ザ・ニューヨーカー』で連載する
姿を描く。世間から「アイヒマン擁護」「裏切り者」と非難されるも、アイヒマンの悪
の凡庸さを主張しつづける。アーレントが法廷で傍聴するシーンやプレス室のモニター
に映し出された裁判映像を視聴するシーンがある。

『SHOAH ショア』（監督クロード・ランズマン、1985 年）
ホロコーストをテーマにしたインタビュー映画。絶滅収容所のユダヤ人生存者（犠牲
者）、収容所の元ナチス親衛隊員（加害者）、収容所近くに住むポーランド人（傍観者）
の個人的な記憶や語りを重層的に記録し、過去を呼び起こす。"Shoah" はヘブライ語で
絶滅や壊滅を意味する。ランズマン監督は、著書『SHOAH』（高橋武智訳、作品社、
1995 年）で、「私の野心は、現代史のこの大事件を、実物大に復元するような作品を製
作することにあった」と語る。

『水俣曼荼羅』（監督原一男、2020 年）
水俣病の患者認定を求めて国と県を相手に闘う人びとを 15 年にわたって撮影。裁判闘
争を軸に、患者やその家族、支援者や弁護団、医師が、水　　　俣病に向き合う姿を
描く。オーディオコメンタリー版では、監督自ら、撮影や編集のポイント、取材中の悩
みや喜びを語る。原監督が裁判闘争を継続取材した作品は、他にも、大阪・泉南アスベ
スト国賠訴訟を 8 年間記録した『ニッポン国 VS 泉南石綿村』（2016 年）がある。

The Steven Spielberg Jewish Film Archive（https://en.jfa.huji.ac.il/）
ユダヤに関するフィルムの保存や公開、デジタル化、講演会や映画研究などの活動に取
り組む。アイヒマン裁判の映像も、一部オンライン公開されている。また、スピルバー
グが設立した南カリフォルニア大学ショア財団映像歴史教育研究所では、ホロコースト
の生存者や目撃者の証言を記録する活動が続けられている。

Court TV（https://www.courttv.com/title/court-tv-live-stream-web/）
アメリカの法廷チャンネル。インターネット配信で裁判を観ることができる。

裁判例検索（https://www.courts.go.jp/app/hanrei_jp/search1）
判例集に登録された裁判の判決文は、裁判所のウェブサイトや大学が契約している判例
データベースで見ることができる。検索してみよう。

9　トラウマと取材

「どうして被害にあった人を取材するんですか？　わざわざ聞かなくったって、悲しいってわかるでしょ」

そう聞かれることがあります。少し非難する口調で。優しい気持ちからの発想だろうと思います。けれども、事件や事故に巻き込まれて被害者になった人やその家族の話を、新聞記者として聞いてきた経験から、私がこれだけは言えないと思っている言葉があります。

「お気持ちは、わかります」

もし私がこの言葉を口にしたら、その瞬間、相手の心のシャッターが降りていく音が聞こえるような気がするでしょう。あなたに何がわかるの、と。

トラウマ（心の傷）になるような、あまりに圧倒的な体験をした人たちの口から語られることは、私の想像など、はるかに超えています。理解しようと努力するしかありません。それでもやはり思い及ばないところがあると、何度も痛感させられてきました。

本当のことは、聞いてみないとわからないのです。しかも、ていねいに、ちゃんと。いかにして「ちゃんと」聞けるか、相手に「話しても大丈夫だ」と思ってもらえる環境をつくれるかが、大切なポイントになります。

ナチスドイツの強制収容所を生き抜いた精神科医、Ｖ・Ｅ・フランクルが書いた『夜と霧　新版』（池田香代子訳、みすず書房、2002 年）に、解放後に生還者がよく言っていたというこんな言葉が記されています。

「経験など語りたくない。収容所にいた人には説明するまでもないし、収容所にいたことのない人には、わかってもらえるように話すなど、とうてい無理だからだ。わたしたちがどんな気持ちでいたのかも、今どんな気持ちでいるのかも」

映画『アイヒマン・ショー』にも、話しても信じてもらえなかったから私たちは沈黙した、と生還者が話す場面がありますね。

でも、どうして話を聞くのでしょう。

「悲しみを伝えるため」だと、私は駆け出しのころ教わりました。でも、当の被害者家族に聞いてみると、すぐには事実を受け入れられなかったり、捜査への対応や葬儀や各種手続きに追われて悲しむどころではなかったり、感情が凍りついてしまったりすることがあるのです。「しみじみ悲しいと思えたのはずっと後だった」と何人もの人から聞きました。

世の中に流れる被害者像は単純化されています。でも実際は、抱く思いも、表現の仕方も、回復の軌跡も一人ひとり違います。もし本当に「思い」を聞けば、もっと多彩で複雑な色合いが見えるでしょう。それが聞けるのは、少し時間が経ってからかもしれません。

それに、聞くべきこと、伝えるべきことは、「思い」だけでしょうか。

警察に相談していたのに取り合ってもらえなかったという経過が、被害者側の話からわかることもあります。何が起こったのかをつかむには、さまざまな立場の人に聞く必要があります。トラウマ体験をした人たちの話をそれでも聞く意味としては、「事実を多角的に伝える」以外に、次のようなことが考えられます。

▷その人の置かれた立場から、司法や社会制度が適切に機能しているか、見直す。

▷その人たちが何に困り、何に支えられるのかを探り、「それから」を生きるために必要な支援を考える。支援情報を伝える。

▷現実の姿を伝えることで、偏見や思い込みを変える。

当事者の話から、社会的課題が浮かび上がることもあります。私が被害者の話を聞くようになったのは 1990 年代半ば。性暴力被害の連載をきっかけに、事件事故などの被害者家族から手紙をもらい訪ねるようになったのです。

言葉にしてくださったことの一つひとつが衝撃でしたが、なかでも、「知らない間に刑事裁判が終わっていた」という人さえいた当時の状況には驚きました。調べてみたら、被害者側に知らせる制度がなかったのです。蚊帳の外に置

かれた犯罪被害者の状況を記事にしました。

　ちょうど被害者支援の動きが広がり始めた時期でしたし、当事者が声をあげるようになって、制度は変わっていきました。被害者に起訴・不起訴や公判期日を通知する制度もできたし、2004年には犯罪被害者等基本法が成立しました。日本で犯罪被害者の環境整備が進んだのは、おもにこの四半世紀のことなのです。

　とはいえ、傷ついた人、傷つきやすい状態の人の話を聞くのは、難しいことです。

　取材の仕方や報道にも問題があります。

　大勢の取材者が殺到する「集団的過熱取材（メディアスクラム）」と呼ばれる状況が生じることがあります。それが続けば、相手を圧迫することになりかねません。批判を受け、日本新聞協会などが、こうした状況をなるべく起こさないように取材者が守るべき項目を2001年に公表しました。起こってしまったときに報道機関が協議するしくみもつくりました。

　この対策は2020年に再検討され、被害者側へのメディアスクラムの発生が確実な場合は、取材の打診は代表者がまとめて行うやりかたを標準に考える、という方針が示されました。直後は被害者は取材どころではない場合が多いのですが、言いたいことがある人もいるのです。

　メディアスクラムは、1社では解決できない深刻な問題です。ただ、より多くの人に関わるのは、取材の質の問題です。1対1の取材であろうと、10年後の取材であろうと、トラウマとその影響を理解した取材や、適切な配慮が、できるのかどうか。

　私は、地下鉄サリン事件の遺族である高橋シズヱさんと、「犯罪被害者の話を聴く会」という記者勉強会を2000-2011年に社外で開きました。ここで多くの被害者家族が語ったのは、伝えたいことがあって取材に応じても、うわべの「悲しみ」ばかりが伝えられる、型にはまった被害者報道への違和感でした。他方で、助けになった報道や、信頼関係ができた取材者の例も語られました。

　質を高めるには、研修が必要です。研修やガイドラインは社によって違いますが、たとえば私がいた全国紙では、記者研修で被害者の話を聞く機会をつくり、事件報道の手引きの2004年版から、被害者取材の章を設けました。日本民間放送連盟とNHKが共同で行う研修でも、犯罪被害者の話を聞く講座が設けられました。

　協働の例もあります。「性暴力被害取材のためのガイドブック」（性暴力と報道対話の会、2016年）は、「トラウマを理解した取材」を増やして、理解ある報道で多くの人に被害実態を知ってもらえるようにと、被害者と取材者が話し合い、両方に役立つようにつくられました。

　かつてと比べると、ていねいに伝えようとする報道は少しずつ増えてきたように思います。それでも、まだまだ途上です。事件、災害、戦争といった区分けを超えて、傷を負った人たちの話をいかに聞いて伝えるのかという観点で考えると、共通の課題が見えてきます。

　「トラウマ」を軸に考えると、取材報道に際して必要なことが三つあります。

①当事者のトラウマとその影響を理解し、適切に配慮し、起こりうる事態に備える。

②取材者（悲惨な現場を取材する人、つらい体験を聞く人、撮影する人、編集する人）もダメージを受けることがあることを知り、セルフケアの方法や、職場としての対処を考えておく。

③見る人、読む人に与える影響を考える。特に動画の視聴が、トラウマ経験のある視聴者の記憶をよみがえらせるなど心身に悪影響をおよぼす引き金になりうることを認識し、見せ方を考える。

　この視点で『アイヒマン・ショー』を見直してみてください。あなたがもし放送局幹部なら、証言者なら、スタッフで生還者だったら、どんな対策がとれるでしょう。

　目を背けたくなるような現実は、どのように伝えられるべきでしょうか。

　戦場を考えればわかるように、加害者になってしまった人や目撃者も、心に傷を負うことがあります。また、戦争体験や、子どものころ受けた虐待の影響は、特に長く残ることが、国際的な研究で知られています。そして周囲はそれを忘れたがることも。

　そのような当事者の話をどう伝えるのか。

　「トラウマとジャーナリズム」の射程は長いのです。

　　　　　　　　　　　　　　　　（河原理子）

声なき声の記録

客観報道は、日本の報道機関の重要な指針である。しかし、フォト・ジャーナリズムの世界では、客観や中立、といったスタンスが通用しないと聞く。写真には、撮り手の明確な意志が映り込む。ある人の顔をクローズアップするのか、全身を撮るのか。楽しげな笑顔か、その人の内面がにじむような表情か。撮影する側の撮る理由によって、適切な被写体との位置や構図、画角、シャッタースピードなどが変わってくる。この章では、公的記録として社会問題を写し、広く伝えることを、自らの職責とした報道写真家の戦後半世紀の歩みを通して、記録者としてのジャーナリストの仕事のあり方を考える。

（別府三奈子）

キーワード　*keywords*

人間の良心、社会の不正義、中立性、存在の証明、ビジュアル・ジャーナリズム

考えてみよう　*discussion*

1 **撮影されていた中村さんはなぜ、「かたきをとってくれ」と言ったのだろうか？**
　被爆した中村杉松さんが「わしのかたきを、あんたとってくれんか、と。わしの写真を撮ってくれと。ピカに出会って、このざまだと。これじゃ悔しいと。死んでも死にきれん」（0:13）と言う意味を、福島さんの仕事を通して考えてみよう。

2 **福島さんが「カメラの中立性なんてない」と言ったのはなぜだろうか？**
　撮影を重ねる中で福島さんは「客観的に撮る新聞写真は楽だが、中に入らないと撮れない。しかし記録として撮らなければならないものがある」とも言う（0:58）。その理由を観察してみよう。

3 **福島さんの「カメラマンのモラル」を、あなたはどう考えるだろうか？**
　「問題自体が法を犯したものであれば」という大前提のもと、福島さんは「カメラマンは法を犯してもかまわない。（中略）映像に関わる分野を担当してるカメラマンとして写すべきなんです」と言う（0:02）。本章の事例をもとに、写した場合と写さなかった場合を想定し、具体的に考えてみよう。

4 **福島さんは、誰のために、何のために、写真での記録や展示を続けたのだろうか？**
　中村さんのお墓まいりをした福島さんは「ごめんね」と涙する（1:50）。ジャーナリズムのあり方と、福島さんのスタンスについて、テキスト資料なども参考に考えてみよう。

movie

ニッポンの嘘　報道写真家 福島菊次郎 90歳

日本映画、2012年製作、114分
監督：長谷川三郎
撮影：山崎裕
朗読：大杉漣
プロデューサー：橋本佳子・山崎裕
製作：ドキュメンタリージャパン

●**作品の特徴**　2012年度に、次の主要な三つの映画賞を受賞した作品。第86回キネマ旬報ベスト・テン「文化映画」第1位、第67回毎日映画コンクール「ドキュメンタリー映画賞」、2012年度日本映画ペンクラブ文化映画ベスト1。

●**あらすじ**　本作は、90歳の福島菊次郎が、報道写真家としての半世紀を自ら語るドキュメンタリー映画。1946年、広島での撮影から始まり、66年を経て福島の撮影へ。映画の構成は、ライフワークとなった被爆者を一本の軸とし、おもな撮影テーマを、ほぼ時系列にたどったものとなっている。国の発展・繁栄の影に埋もれがちな、国策推進とは異なる立場の人びとの小さな声は、いかにして記録されたのか。以下、DVDのパッケージ裏の作品紹介から、一部抜粋して紹介する。「ヒロシマ、学生運動、三里塚闘争、自衛隊と兵器産業、公害、祝島、原発…。報道写真家として撮影した写真は25万枚以上に及ぶ。『国の世話にならん』と年金を拒否、自らの原稿料で生計を立て、相棒犬ロクとの気ままな二人暮らし。日本の戦後を見つめ、この国に投げかけ続けてきた「疑問」を、今を生きる我々日本人に「遺言」として語り始めた時、東日本大震災が発生。福島第一原発事故を受け、菊次郎は、報道写真家人生最後の現場として、福島に向かう事を決意する…。ヒロシマからフクシマへ。その写真と人生が語る、私たちが知らなかった真の日本の姿とは…」。

●**主な登場人物**
福島菊次郎（ふくしま・きくじろう）
1921年、山口県生まれ。報道写真家。敗戦後の広島で被爆者の撮影を始める。1961年に『ピカドン　ある原爆被災者の記録』（東京中日新聞社）を出版。日本写真批評家協会賞特別賞を受賞。戦後の日本で、フォト・ジャーナリズムの一翼を、独自のスタンスで切り拓いた。12冊の写真集を刊行し、日本全国で多数の巡回写真展を開催。しかし、写真で捉えられないものもあるとして、晩年は書籍の執筆活動を精力的に行い、「写らなかった戦後」シリーズ3部作（現代人文社刊）を刊行。2015年没。

福島菊次郎の出版物の表紙
（左）『ガス弾の谷間からの報告』（1969年）
（右）『原爆と人間の記録』（1978年）

レクチャー　*analysis & research*

1　何が起こっていたのか――福島菊次郎の歩み

　福島菊次郎は、戦後日本を代表する報道写真家の一人だ。マスメディアに発表した写真は実に 6364 枚にものぼる。ここではまず、福島の歩みと仕事内容をみていこう。

　福島は、1921 年に山口県で、漁師の四男として生まれた。身体が弱くて兵隊になれないことを心配するような、軍国少年だった。

▶一兵卒の体験

　1944 年に出征。広島西部第 10 部隊に配属された。訓練中に馬に蹴られて骨折し、いったん除隊となった。その後、再入隊し、敗戦とともに帰郷している。

　この間、福島にとって兵士としての大きな体験はおもに四つある。新兵として部隊内で激しい暴力を受けたこと、再入隊のときに長兄から軍艦が沈没するときの身の処し方を教わったこと、戦争末期の 1 週間、上陸してくる米軍戦車に飛び込む特攻兵として、軍装もないまま日南海岸のたこつぼの中でひたすら耐えたこと、そして、帰郷後に家に貼ってあった「国民抗戦必携」を見たこと（0:41 あたり）、だ。「お国のために」と思っていた考えをあらためるに十分な経験だったと、福島は述懐する。

　部隊解除となった福島は、時計修理や写真現像の仕事に携わった。1946 年からは、広島の記録写真撮影も始める。被爆し、病苦と貧苦の中で暮らす一市民、中村杉松さんと出会い、10 年を超えて交流を続けた。自分を写真に撮って「かたきをとってくれ」という中村さんの願いを心に刻み、被爆の後遺症に苦しむ中村さんを撮りつづけた。福島は、この時期に報道写真家としての軸をつくっていった。映画の中で福島は、1961 年に刊行した最初の写真集『ピカドン　ある原爆被災者の記録』について、中村さんと「二人の合作」（0:24）と言っている。この写真集は高い評価を受け、上京。プロの報道写真家として、『朝日ジャーナル』『中央公論』『文藝春秋』といった総合雑誌のグラビアをはじめ、多くの雑誌に写真を提供した。

▶報道写真家として、数多くのテーマを追った

　フリーの報道写真家となった福島は、さまざまなテーマへと向かった。

　離島に住む戦災孤児たち、ベトナム反戦運動や学生運動で機動隊とぶつかる学生たち、拡大する防衛・兵器産業の生産現場、成田空港の建設に反対する農民たちの三里塚闘争、原子力発電所の建設に反対しつづけている祝島の島民たち、東日本大震災によって被曝した大地に暮らす人びと……。社会において、不条理を被る少数派となっている人びとの話を聞きに行き、その人たちの姿、その人たちが見ている風景を写真で記録していった。政治が困っている人を切り捨て、少数者が生活の場を失っていく現場を撮影しつづけた。

　たとえば、被爆地広島でも最も貧しい人たちが密集して暮らしていた原爆スラムに通い、日本国籍を持っていないことを理由に原爆手帳が交付されず病院に行けない人びとや、そのスラムが取り壊されて平和公園へと変わっていく様を記録する（0:27 あたり）。

　成田空港の建設では、反対する農民たちを移動させるための行政による強制代執行を、農民たちの側から撮影する（0:50 あたり）。農民たちは戦後に自らの手で赤松林を拓き、少しずつ畑にし、暮らしを支えていた。子ども・女性・老人までがそれぞれに決死隊をつくり、必死に一家総出で自分たちの農地を守ろうとした。福島は、「俺たちは主権者だ」という農民たちの姿を忘れない（0:50 あたり）。

　1967 年から 1970 年にかけては、「自衛隊と兵器産業を告発する」というテーマに取り組む。自衛隊の訓練や戦闘機を製造している民間企業の工場の内部を撮影。取材許可を得るために、撮影目的を偽り、広報担当者が気づかないように隠し撮りもしている。国民を先にだましたのは相手だから、「表に出ないものを表にひっぱりだしたい」（1:05）という撮影姿勢だった。1970 年、作品集『迫る危機』（現代書館）を発表。その後、暴漢に襲われ重傷を負う。さらにその 1 か月後、自宅が放火された。家にあった写真ネガは、家族が持ち出して無事だった。この時期、福島が撮影を通してつながっていったのは、写真仲間ではなかった。

　「（連帯する相手は）カメラを向けた人びとであり、僕の写真を見てくれる人びと」「"陽の当っている問題を手際よく処理し、タイムリーに発表するのがプロの腕前"と言われる。冗談ではない。状況が延々と続いているのに、どうして写真だけが早々と完結するのか」（『写らなかった戦後 2　菊次郎の海』

福島菊次郎略年表

1921 年	山口県生まれ。漁師の家の四男
1944 年	春に出征。怪我により除隊
1945 年	春に再召集。敗戦とともに帰郷。暮れに結婚
1946 年	広島の写真記録を始める
1961 年	写真記録『ピカドン　ある原爆被災者の記録』を刊行。日本写真批評家協会賞特別賞を受賞
1969 年	『迫る危機』の撮影。暴漢に襲われ重傷を負う
1982 年	瀬戸内海の無人島に移住
1987 年	山口県柳井市の病院に入院、手術。死を覚悟して『戦争がはじまる』と『瀬戸内離島物語』を刊行
1989 年	平成にはいり、全国各地で写真展「戦争責任展」を開催。展覧妨害があり、中止となった場所もある
1999 年	柳井市のアパートに在住
2001 年～	急性膵炎、大腸ポリープ、前立腺癌、胆嚢結石など多くの病を抱えながら精力的に巡回写真展を行う
2011 年	東日本大震災での福島第一原子力発電所事故を機に、写真記録の活動を再開
2015 年 9 月 24 日	脳梗塞のため死去、94 歳

　現代人文社、2005 年、310 頁）

　この思いから 1970 年代に「日本写真家協会」を退会。「報道の中立性や客観性をあえて投げ捨て、組織の当事者としてシャッターを切り始めた」。これを福島は「僕自身の市民運動」（前掲書 312 頁）と呼んでいる。

　その後、「公害日本列島」などのテーマにも取り組んだ。

▶カメラを置き、巡回写真展を試みる

　1982 年、61 歳になった福島はカメラを置き、瀬戸内海の無人島に移住した。このころから、写真展に力を入れている。福島にとって写真展は、「出版メディア抜きに写真を直接、市民に手渡した。写真界にも前例のない、画期的な出来事だった」（前掲書 300 頁）。

　「写真で見る日本の戦後」展は、2000 年までに全国 510 会場で開催した。「三里塚闘争」82 会場、「公害日本列島」110 会場、「原爆と人間の記録」65 会場を上回る規模となった。69 歳のときに昭和天皇が亡くなったことをきっかけに、

> **「写真で見る日本の戦後」19テーマ**（『写らなかった戦後3』326-327頁より）
> 1　原爆と人間の記録／2　ある被爆者の記録／3　捨てられた子どもたち／4　自衛隊と兵器産業／5　捨てられた日本人／6　学生運動の軌跡／7　女たちの戦後／8　ふうてん賛歌／9　三里塚からの報告／10　公害日本列島／11　瀬戸内離島物語／12　原発がきた／13　鶴のくる村／14　写真で見る戦争責任／15　日本バンザイ／16　ある老後／17　沖縄　死の洞窟／18　福祉国家沈没／19　天皇の親衛隊

「戦争責任展」の巡回企画を準備し、写真パネルを無償で貸し出しつづけた。少しずつ内容を拡大し、2010年7月には、19テーマ、3300点の写真パネルを作成するにいたる（囲み参照）。福島は、「僕のパネルは若者たちを対象にした戦後史の学習資料」とも言う（前掲書312-313頁）。

　2012年に世に出されたこの映画は、福島が試みてきた「写真で見る日本の戦後」展のおもだった骨組みをいかした構成となっている。この写真展に加えて福島は12冊の写真作品集を刊行している（章末リスト参照）。現役時代に7冊、カメラを置いた後に5冊。日本の報道写真家として、群を抜く冊数だ。

　晩年は、写せなかった日本の戦後史を文字で書き留めておかねばならないと決心し、『写らなかった戦後』シリーズ3冊の書籍を刊行した。これらの内容も映画のナレーションの随所にいかされている。

　2011年、東日本大震災・福島第一原発事故が起こる。再びカメラを持つ。福島は映画の冒頭で語る。「これから始まるだろう。広島と同じ。医学的な対応がないから。また同じことが、同じように起きて、同じように葬られるんじゃないかなぁと思って……」（0:03あたり）。一人で階段をのぼることもままならない高齢になってなお、被曝した大地に暮らす人びとを案じ、南相馬市で風の中に立っていた。

2　ジャーナリズム論からの作品解説

　ここでは、報道写真家としての福島の特徴について概説する。福島の仕事は多岐にわたるが、最も特徴的なのは、「報道専門職としての公益性が、国法を上回るときがある」という記録者としての姿勢だ。これは、日本国内では珍しいが、フォト・ジャーナリズムの国際基準では共有されることが多々ある。

「カメラマンのモラルというのは、プライバシーの侵害から、いろいろ法を
犯すような取材の仕方はとんでもないということも世の中にはありますけど
も。でも、問題自体が法を犯したものであれば、カメラマンは法を犯しても
かまわないわけです。そういう状況を発表するのは必要なわけです、時代に
とって。であれば我々は、映像に関わる分野を担当しているカメラマンとし
て、映すべきなんです」(0:01)

　映画の冒頭で、こう語っている。長い経験から「撮らねばならないものが法を
犯しているならば」という大前提で、法よりも記録の重要さの方が上回ることも
あるという指摘だ。いつでも法を犯していいと言っているのではない。では、ど
ういう状況なのか。ここでは、映画の中の「ピカドン　1951-1960 年」(0:09 ～
0:33) を事例として、作品集『原爆と人間の記録』で補足しながら、福島の仕事
を観察してみよう。

　映画で描かれているように、1967 年に中村杉松さんが 59 歳で亡くなった後、
お線香をと立ち寄った福島に、中村家の長男が「何しに来たんか、帰れ」(0:24)
と怒鳴るエピソードがある。土足で家に上がり込み、傍若無人にカメラを向けた
ことへの悔恨があふれて、福島は打ちのめされる。それでも、記録することの意
味があると考え、撮影を続けていくことになる。

▶昭男ちゃん

　映画では、説明がないまま、眼帯をしてベッドに横になっている小さな男の子
の写真が映る (1:40)。その 1 枚を撮るまでの福島の動きを『原爆と人間の記録』
(277-281 頁) をもとに追ってみる。

　1951 年 6 月、「原爆坊やに血を」という見出しで、広島市の中学校教師の次男
昭男ちゃん (5 歳) が白血病で重体となり、輸血用の血を求めているという新聞
記事が掲載された。被爆二世の取材を進めていた福島はアポなしで病院に行くが、
案の定、大手報道機関ではない彼は門前払いになる。一度は諦めたが引き返し、
見舞客をよそおって患者通用門から病棟に入る。看護婦詰め所で「森井さんの見
舞いに来ました、先生にはお話してありますから」とうそをつき、病室を教えて
もらった。病室にいた父親に用件を伝えて撮影の了解を求めると、うつむいてい
た父親の一幸さんは「どうぞ写してください」と言った。母親は反対したが、父

親の促しに黙った。そのとき夫婦は、輸血のたびに点滴の太い針を痛がり、怖がり、泣き叫ぶ幼子を家に連れて帰ろうかと相談しているところだった。

「コワイ、コワイー、パパアー、お家に帰る」と泣き、熟睡することなく、うとうとしながらも、父親の手を決して離さない5歳児の病状と様子が、福島の写真と書籍の記録で、ひしひしと伝わってくる。昭男ちゃんはその後まもなく亡くなった。原爆投下されたとき「父親が広島にいたというただそれだけの理由で無垢の生命がうばわれた」「昭男ちゃんは殺された」と、福島は取材ノートにつづっている。私たちは、昭男ちゃんやご両親の苦しみを察し、ほかにも昭男ちゃんのような子どもたちがいたのだろうということをも察する力、社会的想像力を、福島の写真によって初めて養われる。

▶ ABCC の内部撮影

米国 ABCC（日米合同原爆障害調査委員会）の取材（0:18）についても、書籍に記録がある。福島の足どりを見てみよう（『写らなかった戦後 ヒロシマの嘘』227-243頁）。

ABCC は国防総省直属の軍事研究機関で、研究成果は日本の医療機関にも公表されなかった。1945年から活動しており、1948年4月に比治山公園の頂に、大きな研究所が完成した。1000人の所員、年間予算およそ10億ドル。福島は、何十人もの被爆者の話から、ABCC 内部で何が行われているかを取材したいと思った。取材申し込みをしたが、撮影許可は下りない。そこである大手出版社の編集部から米国大使館を通して、交渉してもらった。取材主旨は「ABCC が原爆症の究明のためにいかに努力しているかを取材させていただき、被爆者と広島市民を安心させたい」とした。つまり、うそをついたのである。

取材許可が下り、ダーリング所長をインタビューした。そこで、「現在、36万人の方々が調査対象になり、その80%に調査に快く協力していただき、亡くなられた50%の方々に死体解剖に協力していただいています。ABCC のプログラムは日米友好のシンボルで、広島市民のプログラムです」と聞いた。

人体全体の骨の標本、ホルマリンづけの各種内臓標本、スライド標本、まだうっすらと血液がのこる解剖台、仕事をする職員、膨大な紙のファイルの棚。福島の一番の目的だった、保管されている奇形児の病理標本の撮影はできなかった。

この取材後、福島は沖縄取材のビザを米国に申請したが、キャンセルされた。

　話は飛ぶが、2002年になって、ABCCは当時、「原爆症の徹底的な研究のために被爆者の治療をしてはならない」という内部通達まで出していたことが明らかになった。そのとき1万8000人が追跡調査対象になっていることもわかった。しかし報道がなされても「国も反核団体も被爆者も一切反応せず、抗議する姿勢も示さなかった」のがもっと衝撃だった、と福島は記す。ABCCでの取材について、次のように書く。

　　「ABCCを騙して取材した行為は、フェアでないと批判されても仕方がない。米国が日本政府と協力して次の核戦争に備えている犯罪行為を告発する目的での撮影で、ジャーナリストとして当然の仕事だったのでやましさはなかった。たとえ騙して撮影したとしても、それ以外に方法がなければ、その行為はペンタゴンと国家犯罪に対する「正当防衛」である。国家権力を相手にした取材にモラルを云々していたら権力に都合のいい記者クラブ的な写真しか撮れず、隠ぺいされた映像情報が国民の目に触れることは決してないだろう。国民が正常な歴史認識を持つために存在しているジャーナリズムが、このような非人道行為を容認してきたことこそが問題なのである」（『写らなかった戦後 ヒロシマの嘘』243頁）

　正当防衛——。被爆地広島の人びとの辛苦を知る福島ならではの、断固とした言葉遣いだ。自らの命を守るために、危害を加えてくる相手を傷つけても、それは必要な対応であることもある。福島の言う「必要なら法を犯してもかまわない」というのは、こういった前提をともなう言葉だ。文脈から切り離さずに、福島の具体的な行動とともに、熟慮する必要がある。これをさらに一歩深めて考えれば、ジャーナリズムの記録は、私たちやその後に生きる人びとの命を守るための、正当防衛となることがある。このことについても、熟考したい。

3　今の社会における「声なき声の記録」——きのこ雲の下の不可視化

　原子爆弾は、1945年8月6日に広島、8月9日に長崎に1発ずつ落とされた。日本が戦争をやめ、米国が占領軍となってやってきた。

　戦後は「自由をもたらしてくれた米国」というイメージが強いかもしれないが、GHQ占領下の日本における検閲は、さまざまに行われていた。厳しい検閲の対

象となった情報の典型例が、米国によって日本に投下された原爆の被害状況についてだった。占領統治を始めたばかりの GHQ にとって、原爆の被害状況が国内に知られることは、都合が悪かった。日本人の反発を避けるために、徹して情報を封殺した。当時の検閲結果は、「拒否すべき」「疑問がある」「慎重を要する」「異議がない」の四つに仕分けられた（モニカ・ブラウ『検閲 1945-1949　禁じられた原爆報道』立花誠逸訳、時事通信社、1988 年）。

　原爆投下直後の惨状写真を、マスメディアを介して日本人が初めて目にしたのは、1952 年 8 月 6 日号の『アサヒグラフ』である。被爆者にとって、占領下の 6 年間は病いと破壊された街で、貧困と偏見の中での暮らしとなった。その惨状も病いの知識も、徹底した GHQ の情報統制により社会共有されず、助けを求める声は検閲によって封印された。

　本章で見てきた福島菊次郎のような写真記録も、社会的な共有は 1960 年代になってからだ。映画でも描かれたが、被爆者の経過記録やレントゲン写真、亡骸の解剖記録や臓器標本は、当事者には還元されず、米国の研究材料として持っていかれた。爆心地は整理され、平和公園となり、広島はヒロシマとなっていった。

　写す対象自体が亡くなったり整地されたりして、消滅する。語り継ぎたいが被写体が存在しなくなったものについて、福島は書籍で書き残した。一方で、単なる消滅ではなく、意図的な不可視化という場合もある。ジャーナリズムは、この両方に対する記録の固定化という重要な役割を担っている。

▶スミソニアン論争と「焼き場に立つ少年」

　意図的な不可視化の例を簡単にみてみよう。1995 年、米国のスミソニアン航空宇宙博物館で、原爆投下 50 周年の記念特別展示が企画されると、この開催の是非をめぐる論争が起こった。展示内容には、原爆を落とされた側の人間の存在や、時計、弁当箱など暮らしを想起させる物品などの展示も含まれていた。米国にとって、原爆はきのこ雲のイメージとともに、100 万におよぶ米国の若者を戦争から守った称えるべき行為を意味する。それを貶めるような展示をすべきでないという反対意見が強かった。一方、学問や言論の自由から「開催すべき」という意見もあるにはあった（フィリップ・ノビーレ、バートン・J・バーンステイン『葬られた原爆展』三国隆志ほか訳、五月書房、1995 年）。

　当時の主要新聞社説は、意見が分かれていた（城由紀子「スミソニアン協会原爆展に対する米国主要紙の論調分析」『時事英語学研究』1996 巻 35 号 51-62 頁）。原爆展中止に賛成（ワシントン・ポスト、ロサンゼルス・タイムズ、シカゴ・タイムズ）、中止には疑問（ニューヨーク・タイムズ、USA トゥデー、クリスチャン・サイエンス・モニター）、中止を批判（ウォール・ストリート・ジャーナル）といった状況である。最終的には、展示の中で「救われたアメリカ人は 100 万人」という数字の記載をめぐり、退役軍人協会とハーウィット館長の折り合いがつかず、館長が職を辞し、展示も衣替えとなった。

　その後、少しずつ認識が変わり、2016 年 5 月にオバマ大統領（当時）が米国の現職大統領として初めて、広島平和公園を訪問。2019 年 11 月には、ローマ教皇が広島を訪問している。このとき、ローマ教皇が言及したことから、脚光を浴びた 1 枚の写真がある。2007 年に 85 歳で亡くなった米国人カメラマン、ジョー・オダネルが撮影した「焼き場に立つ少年」だ。教皇は、この写真を「戦争がもたらすもの」とのメッセージを添えてカードにした。

　オダネルは、米国海兵隊の記録カメラマンとして、戦争直後の佐世保に上陸。福岡、広島、長崎などを移動した。被爆地で爆弾の威力を記録するのが任務だった。米軍から人間は撮ってはいけないと命令が出ており、建物の損壊状態を撮影していた。少しずつ被災地の人びとの様子が目に留まるようになり、ひそかに私物カメラで 30 枚近く撮影した。フィルムは隠して持ち帰り、そのまま現像せずに 43 年間、屋根裏部屋のトランクにしまっていた。

　米国では原爆投下が正義として語られ、作戦を成功させた兵士らは英雄だった。オダネル自身は、たび重なる病いの中で被爆者の苦しみが忘れられなかった。半世紀近くたってようやく写真の公表を決心し、巡回展を続けた。オダネルの写真は、1995 年に小学館から『トランクの中の日本　米従軍カメラマンの非公式記録』として刊行された。

　焼け野原で出会った幼子 3 人。オダネルの差し出したリンゴに、群がるハエごとかぶりつく。熱風で焼けただれた皮膚をオダネルに見せた被爆者。翌朝には亡くなっていた。さまざまなエピソードのある写真の中の 1 枚が、「焼き場に立つ少年」だった。亡くなった小さな弟をおんぶ紐で背負い、焼き場の炎の前で直立不動で、火葬の順番を待つ裸足の少年。ファインダー越しに、少年があまりにも

強く嚙みしめていた唇に血がにじんでいるのが見えた、とオダネルは述懐する。

　1945年の出来事が写真記録によって、いまにつながる。物理的な消滅や、不可視化や封印の圧力を押し戻し、当時の人びとの存在を伝えてくる。それらは、未来への指針ともなる。バトンをつなぐように、誰かが記録し、誰かが伝える。こういった仕事の原動力を、福島は「人間の良心」と言っている（0:56）。

4　広げ、深めて考える──ビジュアル・ジャーナリズムの役割

　福島は、芸術写真ではなく「ドキュメント写真を撮っている」と言う。「僕は在京中、戦後史の『運び屋』に徹し、シャッターを切り続けた。その理由は、ドキュメンタリー写真は芸術写真ではなく、主観の介入や小手先の遊びを許さない『産地直送』の"生もの"だからだ。形を変えたり、味付け・着色・過剰包装せず、即刻配達しなければならない」（『写らなかった戦後2　菊次郎の海』310頁）。一方で、「新聞写真では写せない」という言い方もする。

　　「カメラの中立性なんてないし、いわゆる中立的な立場でしか撮らないから、
　　いい写真もいいドキュメントもできない。（中略）言葉は綺麗だけども、撮
　　る人にとってはそれはとっても楽なわけ。（中略）いわば新聞写真みたいに」
　　（0:48）

　国際比較をすると、日本のニュース報道、特に新聞報道で目にする写真は、全体を捉えた1点ものの記録写真が多い。いつ、どこで、誰が、何を、どうした。この基本形を押さえた、いわゆる出来事の証拠写真と呼ばれているものだ。たとえば、容疑者が逮捕された、社長が謝罪したなど。現場で、その行為の全体像を1枚で記録する写真だ。福島が言う新聞写真は、こういった写真を指している。このタイプの写真にも、重要な意義がある。

　一方、フォト・ジャーナリズムには、日本であまり目にすることのない「組み写真」という表現スタイルがある。新聞紙面を複数頁使い、8枚、24枚といった多くの写真を使って、一つのテーマを描く。一つの写真企画（フォト・ストーリー）に数か月、数年といった時間をかけて撮影されるものもある。日本の新聞写真との一番の違いは、時間の流れを写真で捉えることができる点だ。福島の作品集は、1冊で一つのテーマをつらぬいており、典型的な組み写真となっている。写真展も同じである。一つのテーマを、数十枚、数百枚のパネルで多角的に深く

描く。それによってはじめて、出来事の全体像に一歩近づける。福島の仕事は、いわば写真記録による調査報道だ。

　動画はもともと写真24枚を1秒間にめくって見せることで、つながって動いて見える目の錯覚を利用している。日本では一時、グラフ誌が好調だったが、せいぜい見開き2頁。雑誌のグラビアでも6頁くらいが上限だった。

　今日、撮影や編集の技術開発が進んだことで、一眼レフカメラで写真のほかに高画質の動画が音とともに撮影できるようになった。実に画期的だったが、その後さらに携帯電話でも写せるようになった。この機材環境の革新により、組み写真と動画の垣根が低くなり、写真・動画の両方を含んだビジュアル・ジャーナリズムという呼称が浸透してきている。日本では、テレビ・ドキュメンタリーの分野などでこの手法の蓄積と開発が進んできているが、ビジュアル・ジャーナリズムの開拓の余地はとても大きい。

◆もっと知りたい人へ

福島菊次郎の作品集（発行年順）：

『ピカドン　ある原爆被災者の記録』（東京中日新聞、1961年（2017年復刊版））

『ガス弾の谷間からの報告　福島菊次郎写真集』（M. P. S出版部、1969年）

『迫る危機　福島菊次郎遺作集　自衛隊と兵器産業を告発する！』（現代書館、1970年）

『戦場からの報告　三里塚　1967-1977』（社会評論社、1977年）

『原爆と人間の記録』（社会評論社、1978年）

『公害日本列島　日本の戦後を考える』（三一書房、1980年）

『戦後の若者たち　日本の戦後を考える　叛逆の現場検証』（三一書房、1980年）

『戦後の若者たち part Ⅱ リブとふうてん　日本の戦後を考える』（三一書房、1981年）

『天皇の親衛隊　日本の戦後を考える』（三一書房、1981年）

『戦争がはじまる　福島菊次郎全仕事集』（社会評論社、1987年）

『瀬戸内離島物語』（社会評論社、1989年）

『写らなかった戦後　ヒロシマの嘘』（現代人文社、2003年）

『写らなかった戦後2　菊次郎の海』（現代人文社、2005年）

『写らなかった戦後3　殺すな、殺されるな 福島菊次郎遺言集』（現代人文社、2010年）

『証言と遺言』（デイズ・ジャパン、2013年）

那須圭子『福島菊次郎　あざなえる記憶』（かもがわ出版、2022年）

10　ジャーナリズムの倫理

いきなりクイズです。

専門職といえば、医師と弁護士がその典型例とされています。では、なぜ医師と弁護士が専門職なのか。その理由として最も重視されるのは、次のa〜dのうちどれでしょう。

a 高度な専門知識と優れた技術が必要だから
b 生命や財産に関わる責任の重い仕事だから
c 難関の国家資格をもっているから
d 彼ら彼女らの倫理を市民社会が信頼しているから

正解はdです。もちろんaの知識と技術も重要ですし、bの責任も無視できません。ですが、専門職に求められる最も大切な要件はdの倫理です。意外なことにcの国家資格は絶対的な基準にはなりません。

▼専門職とは？

近代の専門職について社会学者たちは四つの特徴を捉えました。①自律的な職能団体をつくり自主的に組織運営している、②特別な責任感情や社会的使命を表す倫理綱領がある、③長期の訓練で得られた学術的知識と専門的技術がある、④利潤の追求に走らない。

たしかに、医師や弁護士にはこれらの特徴があてはまります。医師たちは医学部で6年間学び、国家試験に合格後2年以上の研修を受けています。開業医は日本医師会をつくり、「医の倫理綱領」を公表しています。この綱領は6条からなり、前文は「医師は責任の重大性を認識し、人類愛を基にすべての人に奉仕するものである」という言葉で締めくくられています。ちょっと大げさですが、それには理由があります。

医療倫理の源流は「ヒポクラテスの誓い」といわれています。古代ギリシアのヒポクラテスが残したとされる言葉で、具体的には、患者を平等に扱うことや、有害な治療をしないこと、頼まれても命を奪わないことなどの戒めが記されています。日本にも「医は仁術」という言葉があり、医師は高潔な職業とされてきました。

しかし、第二次世界大戦期には、医師によって捕虜に対する人体実験が行われました。その悔悟から、世界の医師たちの団体は1947年にニュルンベルグ倫理綱領を公表し、その後も、職業倫理の向上を検討してきました。日本医師会の綱領に記された「人類愛」などの表現も、そうした潮流を映しています。

▼誰の利益を大事にするのか

先の大戦では弁護士も戦争に動員されました。そのため弁護士たちは戦後、日本弁護士連合会（日弁連）を結成し、倫理綱領を幾度か改訂してきました。現在の弁護士職務基本規程の前文は、弁護士の理想を高らかに掲げています。

「弁護士は、基本的人権の擁護と社会正義の実現を使命とする。その使命達成のために、弁護士には職務の自由と独立が要請され、高度の自治が保障されている。弁護士は、その使命を自覚し、自らの行動を規律する社会的責任を負う。よって、ここに弁護士の職務に関する倫理と行為規範を明らかにするため、弁護士職務基本規程を制定する」（日弁連ホームページ）

日弁連は会員の資格審査権と懲戒権をもち、国家の監督を受けないことを宣言しています。弁護士は政府を相手にする訴訟の代理人を務めることもあるので、国家から自律的であることがなによりも必要です。この前文に続き、第1章には倫理綱領にあたる「基本倫理」が記されているので、興味のある人は、ぜひ日弁連のホームページをご覧ください。

ここまでは典型的な専門職である医師と弁護士の倫理についてみてきました。両者に共通しているのは、彼ら彼女らの高度な専門的知識と技術は、国家のためではなく、市民社会のために使うということを約束していることです。すごい技術をもっていても、天才的な頭脳があっても、道徳的な判断ができない人は専門職とは認めないということです。同じ職業的理想を共有する人たちで集団をつくり、自分たちの職業上の道徳的な行動基準を市民社会に示すことで、はじめて信頼と敬意が得られる、というのが専門職倫理の前提です。

▼では、ジャーナリストは？

戦時下の新聞やラジオなどのマスメディアは国民の戦意高揚に協力しました。その反省から、メディア界も敗戦後に倫理綱領を策定しています。全国のおもな新聞社で組織する日本新聞協会は戦後まもなく「新聞倫理綱領」を策定し、団体に加盟する多くの新聞社も自らの社会的使命を読者にむけて発しました。放送業界も、日本民間放送連盟が新聞業界を参考にした倫理綱領をつくり、改訂しつづけてきました。

ただし、それらは新聞社や放送局など企業団体がつくった綱領であり、フリーランスには無関係です。そもそも、ジャーナリストの仕事は、医師や弁護士のような国家資格に基づいているわけではありません。メディア企業に雇われ、編集部門に配属されればジャーナリストとして仕事をしますが、人事異動で営業部門や管理部門に配置転換されることもあります。

日本のマスメディア企業の正社員は原則的にメンバーシップ型雇用ですが、ジョブ型雇用が多い欧米のジャーナリストたちは自らの専門性を強く意識してきました。

▼英国と米国のジャーナリストたち

英国では、新聞記者たちが 1884 年に「全国ジャーナリスト協会」を結成しています。ジャーナリストが個人で加入する団体で、現在は「勅許ジャーナリスト協会」という名称で、行動基準を公表しています。

米国には「専門職ジャーナリスト協会（SPJ）」という団体があります。インディアナ州の大学生たちが 20 世紀初頭に結成した組織をルーツにもち、現在は個人で加入するアメリカ最大の職能団体です。SPJ の倫理綱領は「真実を求め伝えよ」「危害を最小化せよ」「自主独立であれ」「説明責任と透明性を確保せよ」という四つの柱からなり、前文で「あらゆるメディアの人びとが、SPJ の原則を採用することを奨励する」と宣言しています。

このような倫理綱領は、企業の壁を越えてジャーナリストが連帯していくことを促すかもしれません。実際のところ SPJ に加入している記者は多いわけではありませんが、優れた報道をしている新聞社の多くが行動指針を掲げていて、ほとんどの場合 SPJ の 4 原則と大きく矛盾することはなさそうです。

このほか新聞記者出身の研究者たちも、ジャーナリストの行動規範を検討してきました。比較的よく知られているものに、元ニューヨーク・タイムズ記者で現在は大学で教鞭を執るビル・コヴァッチたちが著した『ジャーナリズムの原則』（日本経済評論社、2002 年）があります。コヴァッチたちは、ジャーナリストは市民社会のために働く専門職であり、権力の監視と声なき市民を代弁すべきであると強調しています。この本にはこんな一節があります。

「報道関係者は顧客に報道内容を売っているのではなく、価値観や判断、権限、勇気、プロ意識、そして社会へのコミットメントにもとづいて、視聴者との関係を構築している」（73 頁）

著者たちが言っているのは、マスメディアは営利企業だが、記者や編集者は企業の歯車ではなく、権力と距離を取り、社会の問題を明らかにする専門職であるべきだ、ということです。

このように欧米のことばかり述べていくと、「日本は劣っている」と感じられるかもしれません。でも、引け目に感じる必要はありません。

▼法に優先される倫理も

米国の倫理学者マイケル・デイビスは、倫理綱領のような文書を掲げるのは欧米文化であり、社会学者が考える専門職の特徴の捉え方に懐疑的です。職能団体のない国にも優れた記者はいますし、権力と闘う孤高の取材者もいます。テーマ 10 で紹介された福島菊次郎もそんな一人かもしれません。

「問題自体が法を犯していれば、カメラマンは法を犯してもかまわない」という彼の言葉は、一般的な道徳感覚と相容れません。しかし、法を踏み越えなければ暴けない権力犯罪があることも事実です。とりわけ、国家や巨大企業によって人びとが不当に危害を受けている局面では、ジャーナリストは法令よりも倫理を優先しなければなりません。それは医師や弁護士のような典型的な専門職にも求められるものです。

（畑仲哲雄）

歪まない社会のために

社会的に有利な立場に好都合な情報が、日々大量に流れる。

捏造、隠蔽、放言ではなく、事実を探し記録する。

私たちの暮らす社会の、ほんとうの姿を知り、

自分の心の声を大事にし、

他者を尊重する社会をつくるために。

 **Theme 11**

情報操作を止める

米国のコラムニスト、ウォルター・リップマンは『世論』（1922 年）で「ニュースと真実とは同一物ではなく、はっきりと区別されなければならない」と述べている。注目すべきは、事実と真実は別、との指摘だ。「実際に起こった出来事」は一つひとつが事実。真実は、事実を積み重ねていく中で見えてくる。しかし、報道機関が事実を選択的に伝えると、真実はいくらでも隠蔽できる。報道機関が権力と手を組むと、どのようなことが起こるのか。言論弾圧が行われているとき、ジャーナリストはいかにして真実に近づくのだろうか。国際ジャーナリストたちの献身によって、言論統制下の市民への弾圧が食い止められた韓国の事例を通して考える。　　　　　　　　　（ファン・ギュンミン）

キーワード　*keywords*

ジャーナリストの独立性、報道指針、情報操作、民衆弾圧、記者への危害

考えてみよう　*discussion*

1 **ピーターはなぜ、光州へ行こうとしたのか？**
　日本の特派員であるピーターが危険地域に潜入したのはなぜだろうか。

2 **なぜトラックに乗った学生たちは、ピーターの取材を歓迎したのか？**
　光州内の電話線が切られ、外部との連絡ができない状況下で、学生たちはピーターに何を期待したのか。

3 **なぜ軍部は、ピーターを捕まえカメラをとりあげようとしたのか？**
　軍部が恐れていたのは何なのか。

4 **なぜ、マンソプは一度離れた光州に泣きながら戻ったのか？**
　二度と戻れないかもしれないという恐怖を感じながら、マンソプは光州へ向かう。彼が心を変えた理由は一体何か。

5 **なぜピーターは、病院でカメラを回せなくなったのか？**
　大勢の負傷者、死亡者、号泣する人たちを見て、ピーターはどう思ったのか。

6 **取材対象が危険にさらされたとき、記者はどうすべきなのか？**
　取材対象を守るのも記者の義務の一つである。その対象が危機に陥ったら、記者は何を優先すべきなのか。取材か、あるいは対象か。

 movie

タクシー運転手　約束は海を越えて

原題：택시운전사（韓国映画、2017年、137分）
監督：チャン・フン
脚本：オム・ユナ
製作：パク・ウンキョン、チェ・キソプ、ソ・カンホ

●**主な受賞歴**　第16回（2018年）フィレンツェ韓国映画祭「審査委員賞・観客賞」／第26回（2017年）釜日映画賞「最優秀作品賞・男優主演賞・特別賞」／第37回（2017年）韓国映画評論家協会賞「男優主演賞」／第38回（2017年）青龍映画賞「最優秀作品賞・男優主演賞・音楽賞・韓国映画最大観客賞」／第54回（2017年）大鐘賞「最優秀作品賞・企画賞」

●**あらすじ**　1980年の韓国、ソウル。タクシー運転手のマンソプは、一人娘を育てながら毎日あくせくと車を走らせているが、常にお金に困っている。連日続いている学生デモの影響で稼ぎが悪いなか、偶然光州までドイツ人記者ピーター（ユルゲンの通称）を乗せる仕事を耳にする。10万ウォンという大金に目がくらみ、事情も聞かずに光州へと向かうが、彼らを待ちうけていたのはデモ隊と軍警察が衝突する悲惨な光景だった。マンソプはすぐさまタクシー代をもらい光州から引き返そうとするが、ピーターは取材を強行する。外部との連絡が遮断され、そのうえ車まで壊れてしまう。仕方なく光州で一晩を過ごすことになったマンソプは、無実の学生や市民が軍隊に攻撃される現場を目にし、事態の深刻さに気づいていく。翌日ピーターを残したままソウルへ戻る途中のマンソプ。しかし自分の見た昨日の様子と全く異なる内容のニュースをみて、再び光州へ向かい、命がけのピーターの取材に付き添う。

●**主な登場人物**（カッコ内は俳優名）
キム・マンソプ（ソン・ガンホ）　ピーターを乗せ、光州に行くタクシー運転手
ユルゲン・ヒンツペーター（トーマス・クレッチマン）　光州を取材しにきたドイツ人記者
ファン・テスル（ユ・ヘジン）　情に厚い光州のタクシー運転手
ク・ジェシク（リュ・ジュンヨル）　光州の夢多き大学生
チェ記者（パク・ヒョックォン）　現地の新聞社である全南毎日の記者
イ記者（チョン・ジニョン）　ピーターに光州事件の情報を伝える記者

監督の狙い　『タクシー運転手』は韓国国内で1200万人以上の観客を動員し、光州事件を描いた映画としては異例のヒットを記録。光州事件を題材にした映画は何本かあったが、おもに加害者や被害者のトラウマと罪悪感を描き、息苦しい雰囲気の作品が多かった。一方『タクシー運転手』は「外部の目線から光州の民主化運動」を描く。主人公マンソプは当初、政治などに興味をもたず、学生たちがなぜデモをしているかについて知ろうともしない。政府の話をうのみにし、光州事件を共産主義者による暴動だと信じ込んだ。しかし真実に近づくにつれて複雑な感情を抱くようになる。物語は外部の目撃者だったマンソプが抗争に介入していく過程を彼の心理的な変化とともに進め、自然な展開に見る側も徐々に感情移入していく。チャン・フン監督は「観客がマンソプを通じて情緒的に（光州）を体験し」、もう一人の部外者である「ピーターを通じて理性的に光州のことを考え直す」ことを狙った（韓国日報2017年8月14日）。

レクチャー　*analysis & research*

1　何が起こっていたのか

　『タクシー運転手』が描いている光州事件（韓国語では「5・18民主化運動」）は、1980年5月18日から27日までの10日間、韓国の全羅南道（以下全南）・光州市で起こった民主化運動である。ソウルから南方に約265km離れた人口73万人の地方都市は、なぜ政府の弾圧を受けることになったのか。まず、当時の韓国社会における政治的な状況や推移を見てみよう。

　発端となったのは朴正熙大統領の暗殺事件である。1979年10月26日の晩、18年間も独裁権力を振るってきた朴正熙が、側近である金載圭情報長官に殺された。朴の死で戒厳令が敷かれたものの、韓国国民はようやく民主化への希望を抱くようになる。しかし朴政権下で国軍保安司令官を務めた全斗煥は、実権を握るため反乱を企てていた。これが1979年12月12日に生じた「粛軍クーデター」である。朴の独裁体制が終わるやいなや、再び「新軍部」の独裁政権が誕生したのだ。

　当然、国民は反発した。冬休みが終わりを迎えた1980年3月、全国の大学で学生会が結成され、新軍部と全斗煥退陣を掲げた政治民主化運動を展開していく。学生運動が過熱するにつれ、社会全般における民主化への願望も高まっていき、5月から総学生会は本格的に街頭闘争を展開。5月14日、首都圏の大学が全面的な街頭闘争に合意し、同日正午ごろから約7万人の大学生が「戒厳令解除」「全斗煥の退陣」「言論の自由の保証」「改憲中断」などを要求し、集会を行った。翌日の15日にもソウル駅周辺で10万人もの大学生がデモを続けたが、軍による鎮圧を恐れた学生側はソウル駅の付近で解散した。

　同時期、光州でも学生デモが行われた。とりわけ、全南大学の学生会は5月8日から14日までを「民族民主化聖会」の期間と定め、新軍部の退陣、戒厳令の解除を要求すると同時に、休校令を全面拒否すると宣言した。全国の大学が集会を中止した16日、光州地域の大学生や一般市民など5万人がデモに参加した。新軍部の統治を批判する集会だったが、警察とデモ隊との衝突はなく、たいまつを手に持った参加者らは秩序を守りながら、光州市内を平和的に行進した。この日の集会を最後に、学生側は自分たちの意見は十分伝わったと判断し、17日と

18日には集会をせず、政府の返答を待つことにする。

　しかし、新軍部は5月18日午前0時、戒厳令の全国拡大を決定する。民主化運動の行動が続いていた全南大学と朝鮮大学をはじめ、光州市内36か所の建物や街中に戦闘警察や戒厳軍が配備された。同日午前9時、全南大学の正門前で300人余と戒厳軍が衝突し、学生らは鎮圧棒を振るう軍人から逃れ、光州第一の繁華街錦南路で再集結した。このとき、まだデモの規模は小さく、光州市民は戒厳軍を恐れていなかった。それゆえに18日午後4時、軍用トラック30台が錦南路に停まったときも彼らは全く警戒心を抱かなかった。路上にいた大勢の市民たちは、わけもわからず武装した戒厳軍が車から降りるのをただ見つめるだけだった。なんの予告もなく、軍人たちが市民に突進し、老若男女を問わず、無防備の民間人に殴打を加えた。ここから光州の悲劇が始まった。

　19日、兵力はさらに増え、軍の初めての発砲で高校生が負傷した。この発砲を境に、学生中心だったデモ隊に一般市民が加わり、防戦一方だったデモの様相が攻撃に変わりはじめた。戒厳軍の高圧的な鎮圧により負傷者が続出し、その数は病院の収容能力をはるかに超えるものだった。路上には血溜まりが随所にあり、病院は血まみれの負傷者であふれた。この惨状について、当時現場を取材していたAP通信の記者は「事実上、軍人による暴動」だと述べた（『5・18　十日間の抗争』5・18記念財団、2020年、109頁）。

　21日午後1時ごろ、全南都庁前で市民に向けて集団発砲が10分間続いた。少なくとも54人が死亡し、500人以上が銃に撃たれて傷を負った。市民たちが武装するのはこの無差別発砲の後であり、自らを守るためだった。数か所の警察署から銃と実弾が盗まれたが、この日に銃撃された軍人はいなかったという。午後5時ごろ、戒厳軍は一時退却するが、封鎖作戦により光州は完全に孤立させられる。この間、市民たちは荒らされた街や店舗などを片付け、遺体を収容し、多数の負傷者のために献血に参加するなど、自発的に秩序の回復を試みた。しかし光州の一時的な静かさは長く続かなかった。戒厳軍の攻撃が始まってから10日目の5月27日、重武装した特殊部隊が再び光州に進入し、決死の抗戦を覚悟した市民軍を完全に鎮圧した。公式に認定された光州事件の被害は、死亡者162名、行方不明者81名、負傷や連行、拘束者など4634名だが、実際には連行された者だけでも3000名を上回っている。発砲命令を下したのは誰なのか、どれだけの

光州事件の略年表

1979 年 10 月 26 日	朴正熙大統領暗殺
1979 年 12 月 12 日	全斗煥を中心とした「粛軍クーデター」
1980 年 3 月上旬	大学生のデモが本格化
1980 年 5 月上旬	民主化運動が全国に広がる
1980 年 5 月 17 日	新軍部による非常戒厳令の全国拡大
1980 年 5 月 18 日	光州に戒厳軍投入
1980 年 5 月 21 日	戒厳軍の集団発砲 夕方、戒厳軍が一時撤収
1980 年 5 月 22 日〜 26 日	戒厳軍、光州市外郭部を完全遮断
5 月 27 日	重武装した特殊部隊が市民軍を鎮圧

市民が殺されたのかなど、光州事件の真相については、今も調査が続いている。そして、新軍部のトップだった全斗煥は最後まで反省や謝罪の意を示さず、2021年死亡した。

2　ジャーナリズム論からの作品解説

　光州で虐殺に近い武力鎮圧が行われていたにもかかわらず、当時光州以外の地域にはその実情が知らされていなかった。その背景には新軍部の報道機関に対する統制、弾圧があり、主要日刊紙は政府側がつくりあげた報道指針にそってニュースを伝えた。光州事件は、一般市民が独裁政権に対抗した民主化運動という歴史的な出来事であると同時に、言論の自由を守るというジャーナリズムのあり方を考えさせるものでもある。

▶新軍部の情報統制と報道指針によるニュースの偏向

　本作には軍部による言論弾圧がどのようなものだったのか、それに従ってマスコミが光州事件という事実をどのように報道し、真実を隠したのかがうかがえる場面がいくつかある。

　まず、映画の冒頭に出てくるピーターとイ記者が喫茶店で会うシーンを見てみよう（0:15）。イ記者は光州で異常なことが起こっていると言いながら、政府の報道指針を書き込んだメモを見せる。メモには「戒厳軍に対する批判的な記事は

不可」「デモを正当化し、支持する記事は不可」「「光州」に関する言及は一切不可」と書かれている。

　ピーターが韓国に来たのは 21 日だが、この時点で実際に光州のことを取り上げる報道はごく少数にすぎず、軍の被害のみを示すものばかりである。イ記者はメモとともに、もう一枚の紙を持ち出す。それは事前検閲によって記事が削除され、ほぼ白紙となった地域新聞だった。光州事件を取り上げた記事が印刷直前に削除されたことをうかがわせる場面だ。これらの状況から光州事件の報道が十分ではなく、それゆえに真相の把握が困難であることが察せられる。

　韓国の公共放送局 KBS が行った調査によれば（「虚偽ニュースの元を探して」ジャーナリズムトークショー J」、2020 年 5 月 24 日放映）、朴正煕が暗殺された 1979 年 10 月 27 日から 1981 年 1 月 24 日までの非常戒厳令期間中、軍部の報道検閲官によって 1 万件の記事が抹消されたという。その削除比率の全体平均は 9.8% だったが、光州事件前後には 25.7% もの記事が削除された。

　報道指針に抵抗した記者ももちろん存在した。5 月 20 日、光州地域新聞である全南毎日の記者たちは、政府の報道指針に不満を抱き、たとえ解雇されても真実を知らせなければという強い覚悟で、戒厳軍の鎮圧行為や市民側の被害を伝える記事を書き、それを掲載した新聞を出そうとした。しかし印刷所に攻め込んだ幹部たちによって彼らの試みは失敗してしまう。この出来事は映画の中盤（1:07 〜）に、チェ記者を中心として描かれているが、新聞社そのものが権力側についたことで、真実を暴くニュースが登場しなかったことを明白に示す。

　テレビやラジオの実情も新聞とほぼ変わらなかった。真実とは異なる報道が、光州の市民をますます孤立させていく。マンソプやピーター、ジェシクが光州のタクシー運転手テスルの家で一晩過ごす場面で、いつも優しく、笑顔でマンソプとピーターを助けるテスルが、テレビ番組の報道を見てひどく憤る。テレビに映るアナウンサーは、「学生らと反社会勢力が光州に集結し、軍に関するデマを流し、暴動を起こしました。現在までに民間人 1 名、警察官が 5 名死亡し……」（1:08 〜）と伝える。

　「ニュースがうそをついてもいいのか」と気色ばむテスルの怒りは至極当然だ。当時、テレビ局は国営の KBS と MBC（文化放送）しかなかったため、テレビニュースは新聞よりもさらに政府を擁護していた。現在見ることのできる当時の番

組は、KBS が自社の YouTube アカウントに公開した、1980 年 5 月 27 日のニュースぐらいである。とりわけ、映像の中盤に「光州事態日誌」というタイトルで流される映像には、石や火炎瓶を投げつけ、車や戦車、バスに乗って走り回り、銃器を携えて街を歩き回る市民軍の荒々しい姿と、壊れた車が転がっている荒廃した街の風景が収められている。たまに血を流し、足をひきずる軍人の姿がインサートされているが、その狙いは戒厳軍を被害者として印象づけるためであろう。

　映像につけられたナレーションも学生たちの暴力性をさらに強調している。日付と時間までが詳述され、「午後 8 時 10 分ごろ、暴徒たちが消防車 3 台を奪い取り、都庁前へと突進する、激しい行動を見せた」「夜 10 時からはバスに乗ったまま警察側に突っ込み、チョン・ウンギル警長など 4 人の警官が犠牲となった」「夜 10 時 30 分には都庁を包囲」「都知事や市長が説得したが、効果はなかった」など、光州で起こっているのは暴徒による騒擾であり、事態を悪化させた責任を学生側に押しつけている。インターネットがない当時、大衆のほとんどは新聞やテレビから情報を得ていた。新聞購読世帯が 40% 前後、テレビの普及率が 80% を上回っていたことを考えると、その影響力はいまの時代とは比較できないほど大きかったことは言うまでもない。

▶危険地域での取材

　国内の報道機関が一様に現実を伝えていないのに、光州の実態が海外の報道機関から世界に報じられることとなった。新軍部は国内外の取材を極力規制していた

光州市内の建物の屋上でアムネスティの活動家（右の 4 名）を取材しているヒンツペーター（＝ピーター。左端）と録音技師（左から 2 番目）。韓国光州市 5・18 記念財団提供。

ため、外国からの記者だとしても光州に入るのは難しく、危険であった。『タクシー運転手』のドイツ人記者ピーターのモデルであり、ドイツ公共放送連盟（ARD）の東京支部特派員であるユルゲン・ヒンツペーターは、文字どおりに命をかけて光州で取材を行った一人である。映画ではピーターが光州事件に関する情報を入手し、光州に潜入する過程がていねいに描かれている。空港での入国審査

で宣教師だと言い、光州付近での検問ではビジネスマンだとうそをつくなど、身分を偽る。もし記者であることを正直に話せば、入国さえできないだろうとピーターは考えたのだ。

　ようやく光州に着いたピーターは、大学生たちからおおまかな事情を聞き、危険であることを承知しながらも、缶詰の催涙弾が飛び交うデモ現場にカメラを持って自ら入る。事件の現場に入らなければ、徹底的に真実を究明するには限界がある。デモ隊と同じ立場、同じ空間に立たなければ、現地の危険性や緊迫した雰囲気を伝えることができない。映画の中盤、「何しに来た？」と尋ねるマンソプにピーターは次のように答える。「私は記者だ。ニュースがある所に行く」。記者としてのピーターの信念が端的にわかるセリフである（1:05〜）。

　光州への潜入と同様、取材したフィルムを日本に運ぶ際にも、ピーターはベテラン記者ならではの気転をきかせる。空港に到着すると、2日間撮影したフィルムをクッキー缶に隠して土産に見せかけ、事前に予約していた翌日の便を、すぐに出発するものへと変更した。韓国政府の予想よりも一足先に動くことで、フィルムを守りぬくことができたのだ。

　実際に、ヒンツペーターはそのクッキー缶を持ったまま、検査場を通過できたという。成田に着くやいなや、フィルムをすぐにドイツへ送り、3時間後再びソウルへと戻った。彼が撮影した映像はドイツ時間の22日20時にARDで放映され、全世界に光州の真相が知られるようになった。その間、ヒンツペーターは二度目の取材を準備しており、23日の朝、再度光州に入る。2回にわたって撮影したフィルムをもとに、彼は『岐路に立つ韓国』（45分）というドキュメンタリーを制作し、同年の9月17日に同じくADRで放映された。のちに、この映像は韓国の神父たちによって韓国語吹替版が制作され、自主上映で紹介されることになる。粘り強く言論弾圧に立ち向かったヒンツペーターのおかげで、光州の真実が白日の下にさらされることとなった。

　そんな彼が一度カメラを手放す瞬間がある。映画の後半、いったん光州を離れたマンソプが戻り、病院でピーターと再会する場面だ。無惨な姿で横たわるジェシクの遺体の近くで、ピーターが床にへたり込んでいる。そんなピーターにマンソプはフィルム缶を握らせながら語りかける。

　「何してる、すべて撮ってくれ。約束しただろ。世界中の人びとに伝えるの

大勢の重症者や死者を目にし、撮影を続けることができなくなったピーター。マンソプが駆け寄ってフィルムとカメラを持たせ、市民との約束を思い出させる（1:38）。

があんたの使命だ。記者なんだから。ジェシクも、病院の状況も」（1:38 〜 1:40）

　感情をなだめ、かろうじてカメラを手にとったピーターは、床に放置されている遺体や血で染められた国旗をかけた棺、殺された息子の遺体を前にして号泣する女性を撮っていく。大勢の人たちが殺された現場で、記者は撮影を止め、悲しむべきなのか、それとも冷静に撮影を続けるべきなのか。

　後日、ヒンツペーターは韓国で製作された劇場用ドキュメンタリー映画の中のインタビューで、次のように語った（韓国語なので筆者の私訳で紹介する）。

　　「30 メートルほど、そこに置かれている棺桶をすべて撮影した。ある夫婦の泣き声が空間全体に響くまで撮り続けた。彼らの泣き声がまだ耳に残っている。その場面が悲しすぎて、いつ見ても鳥肌が立つ。涙を流しながらその場を出た」

　　「悲しかったけど、撮影を台無しにしてはいけなかった。泣いてばかりいると、撮影に支障が出るから。（犠牲者の数や悲痛な叫び声に）圧倒されたけど、集中しなければならなかった。そうしなかったら、こんなにたくさんの素材を集めることができなかったかもしれない」（『5・18 ヒンツペーター・ストーリー』監督チャン・ヨンジュ、2018 年）

3　今の社会における「情報操作を止める」──記者のジレンマ

　ジャーナリストにとって最も大事なのは「真実を伝えることである」（Philip Patterson, Lee Wilkins, Media Ethics: Issues & Cases, 1998, McGraw-Hill Companies, 20）。冒頭で取り上げたリップマンの引用とあわせて考えると、記者の第一の義務は、多数の事実を収集し、真実に近づくことだといえる。しかし、その過程には相当な努力とリスクがともなう。記者の命が狙われる場合もあり、取材対象まで危険にさらされることも少なくない。光州事件のように、現場の状況が刻々と

変わる場合、取材はさらに難航し、取材対象の安全を確保することさえ困難になる。真実の究明と取材対象の保護という責務の中で、記者は選択を迫られる。取材を優先すべきなのか、取材対象を救うべきなのか。記者のジレンマがここにある。

　この問題に関する場面が映画の中盤に出てくる（1:12あたり）。テスルの家で束の間の楽しい時間を過ごすピーターやマンソプ、ジェシクは突然の銃声に驚く。テスルの知り合いから、放送局の前に人びとが集まっているという話を聞き、彼らは早速現場へ向かう。暗闇の中でピーターは撮影を開始するが、私服警官が彼を見つける。それに気づいたジェシクがピーターとマンソプを連れてその場から逃げるが、逃走中ジェシクが捕まってしまう。警察は「撮影したフィルムとカメラを渡せば、無事に帰してやろう」と交換条件を出す。身動きの取れなくなったマンソプとピーターにジェシクが呼びかける。「聞こえますか。これ以上時間を稼げない。だから早く逃げて。世界に真実を伝えて」（1:18）。

　ジェシクを救うか、フィルムを守るか。この選択肢は記者の取材倫理にまつわる問題で、どちらが正しいのかという答えは誰にとっても簡単ではない。しかし、ピーターがフィルムを渡してしまえば、光州の真実は闇の中に埋もれ、さらに大勢の人が殺されたかもしれない。ジェシクはニュースの力をよく理解し、そのフィルムが光州の真実を伝えるために大きな役割を果たすであろうことを信じていた。私服警官が執拗にピーターを追い、フィルムを奪おうとしたのも、それが世の中に出されたら、いままでのニュースが事実ではなく、軍の武力によって市民たちが殺されている、という真実が明らかになることを恐れていたからである。

　本作は架空の人物であるジェシクを通じて、記者のジレンマを考えさせると同時に、危険地域での取材において、記者一人の英雄的な活躍だけではなく、マンソプやジェシクのような平凡な人びとの助力が欠かせないことを強調している。

4　広げ、深めて考える
──映画もオルタナティブ・メディアもジャーナリズムを担う

　独裁政権の言論弾圧という暗いテーマに触れつつ、大衆娯楽映画としての面白さをも兼ね備えた『タクシー運転手』だが、製作過程は順調ではなかった。150億ウォンという莫大な製作費用をまかなうため、製作側は公共機関が運用するフ

ァンドに応募したが、選考から落ちてしまう。当時の朴槿恵政権は政府に批判的
な文化・芸術人9473人の名前を記した「ブラックリスト」を作成し、彼らの活
動に制約を課した。その中に主演俳優のソン・ガンホも含まれていた。

　文化・芸術人への圧力や表現の自由が政府に侵害されていることについて、チ
ャン監督は次のように述べている。「映画を準備していたときにしょげ込んでい
た」が、「やるべき話、やりたい話をしなければならないと思った」（釜山日報
2017年6月20日）。不義に屈しない市民一人ひとりの勇気が民主化運動につなが
ったように、「ブラックリスト」が効力をもっていた時期にスタッフや俳優らが
勇気を振り絞った結果、『タクシー運転手』が生まれた。この映画を通じて、光
州事件について初めて知ることができたという声も少なくない。メディアとして
の映画の力、映画だからこそ果たせる機能や役割に関連づけて、ジャーナリズム
のあり方を考えるのも可能であろう。

　2022年、国境なき記者団が発表した世界報道自由度ランキングによると、韓
国の報道自由度は43位である（日本は71位）。この順位は、韓国における言論の
自由と独立がいまだに守られていないことを端的に示す。レガシー・メディア
（新聞や雑誌、ラジオ、テレビなど古くから存在するメディア）が情報伝達の機能を
独占した時代が終わり、情報の送り手と受け手の力関係が変質した韓国では、
YouTubeやポッドキャストを基盤にした「オルタナティブ・メディア」の存在
感が増している。その背景には2000年代の保守政権下で行われた情報統制があ
る。当時、主要な新聞社や放送局は建設会社や自動車メーカーが所有しており、
政府はそれらの企業に有利な政策をつくっていた。根強い政財界の癒着に、報道
業界も関わっていた。資本からの自立がなければ、言論の自由と自立は守れない。

　近ごろ、いくつかのオルタナティブ・メディアが、特定の組織に頼らず、独自
のニュース制作構造を構築する試みを行っている。たとえば、MBCやKBSか
ら解雇された記者たちが設立した「ニュース打破」、保守政権に批判の声を上げ
てきた金於俊の「謙遜はつらい　ニュース工場」などは、企業からの広告や資金
援助を一切受けず、国民からの寄付のみでニュースを制作している。

　より中立的な立場から、国民が知るべきニュースをつくるには、ジャーナリス
トの意志だけでなく、ニュースの消費者による自覚や監視と支持が不可欠だ。イ
ンターネットとスマートフォンの普及にともない、マスメディアによる報道活動

が多様化している現状を、言論の自由やジャーナリズムの独立性につなげてみる
と、より広い議論ができるだろう。

◆もっと知りたい人へ

映像作品：
保守政権による不正、言論弾圧、スパイ捏造事件を追っていくドキュメンタリー
『スパイネーション／自白』（2016 年）、『共犯者たち』（2017 年）、『貯水池ゲーム』（2017
年）
全斗煥政権下で起こった拷問事件を扱った映画
『南営洞1985』（2012 年）、『1987、ある闘いの真実』（2017 年）
戦うジャーナリストが登場する映画
『裏切りの陰謀』（2011 年）、『提報者　ES 細胞捏造事件』（2014 年）
書籍：
『世界』（岩波書店、1980 年 7 月号 204-228 頁、8 月号 1-12 頁。）　光州事件の特集やコ
ラムなどを収録。
全南社会運動協議会編『新版 全記録光州蜂起 80 年 5 月　虐殺と民衆抗争の 10 日間』
（黄皙暎記録・光州事件調査委員会訳、柘植書房新社、2018 年）　韓国の著名な小説家
黄皙暎が、光州事件にまつわる時代的背景や政治的状況、事件の経緯などを詳細に記し、
生存者たちの証言を初めて収録。1985 年、光州事件を美化したということで禁書とな
ったが、2017 年に再刊行された。
ウェブサイト：
5・18 民主化運動記念館　https://www.518archives.go.kr/jpn/
『5・18 民主化運動』光州広域市 5·18 記念文化センター史料編纂委員　http://www.518.
org/upload/board/0040/20120730115615.pdf
『名も残すことなく（第一部）「私たちが光州だった」』光州 MBC 5.18 光州事件 40 周年
特集ドキュメンタリー　https://www.youtube.com/watch?v=Y2_xmjAPLjU
『名も残すことなく（第二部）「その後も長きに渡り」』光州 MBC 5.18 光州事件 40 周年
特集ドキュメンタリー　https://www.youtube.com/watch?v=bWx5uMzGZ_o

11 プロパガンダとジャーナリズム

映画化もされたファンタジー小説『ハリー・ポッター』は、邪悪な魔法使いであるヴォルデモート卿が強大な力を失ったところから始まります。ところが、物語が進む中でヴォルデモート卿は復活を遂げてしまいます。主人公のハリーはその復活の場に居合わせたことで、その事実を魔法界に伝えようとする役回りを演じることになります。

しかし、多くの人びとはそれを信じようとしません。魔法界の政府にあたる魔法省は、ヴォルデモート復活という情報が安定を脅かすものと考え、抑え込もうとします。さらには魔法界の主要メディア『日刊予言者新聞』も、ハリーを中傷し、彼の証言の信憑性を失わせようとします。登場人物の一人であるジャーナリストは、同紙について次のように語ります。

「確かにファッジ［魔法省大臣のこと：引用者］は『予言者』に圧力をかけてる。でも結局は同じ。彼らはハリーがよく見えるような話を記事にしたりはしない。そんなの誰も読みたがらないしね。世の中のムードにあってないわけ。（中略）みんな、例のあの人［ヴォルデモート卿のこと：引用者］が復活したなんて信じたくないだけなのよ」［引用に際して訳を改めた］

それに対し、ハリーの友人は「それじゃ、『日刊予言者新聞』は、みんなが聞きたがっていることを言うために存在しているっていうの？」と怒ります。しかしこのジャーナリストは、「『予言者』は売るために存在しているのよ、バカな子」と返すだけです。

このやりとりではジャーナリズムに対する二つの圧力が語られています。政府からの圧力と市場からの圧力です。一方には政府に都合の悪い情報を抑え込もうとする動きがあり、他方には嫌なことから目を背けたいという人びとの願望があるわけです。これら二つの圧力が常に同じ働きをするわけではありませんが、この場合にはヴォルデモート卿が復活したのを認めたくないという点で一致しています。

▼プロパガンダとニーズの共謀

現実に目を向けても、似たような話はいくつも見つかります。1939年11月、ソ連が隣国フィンランドに侵攻を開始し、いわゆる「（第一次）冬戦争」が始まりました。この戦争は大きな注目を集め、米国ではフィンランドを応援する機運が高まります。大国ソ連からの侵略に小国フィンランドが勇敢に立ち向かうという構図が多くの人びとの共感を呼んだのです。

実際、フィンランド軍は物量に勝るソ連軍に対して勇敢に戦いました。その様子は米国でも大々的に報道され、フィンランド軍の英雄的活躍が強調される一方、ソ連軍が大損害を被っている様子が伝えられました。しかし、翌年3月、戦争はフィンランドにとって過酷な条約が締結されることで終わりを迎えました。

その終戦の報を聞いた米国人の多くは驚いたといいます。というのも、米国メディアではフィンランド側が勝利しているかのような報道が続いていたからです。ではなぜ、そのようなことが起こったのでしょうか。

一つはフィンランド政府によるプロパガンダ（政治宣伝）です。自軍の損害に関する情報は抑えられ、ソ連側の被害は大々的に発表されました。戦争において自国の被害が控えめに、敵国の被害が大げさに発表されるのはよくあることです。戦局が有利に展開しているとのニュースは、自国内の士気を高める一方、敵国内の士気を低下させ、国際世論を味方につけるのにも役立つことが多いからです。

もう一つは人びとのニーズです。フィンランドに派遣されている米国メディアの特派員は、「フィンランド当局の発表によれば」と注釈をつけて情報を本国に流していました。しかしそれが米国で新聞記事になるときには、大きな見出しによって「事実」として報道されたのです。無論、売り上げにつながるからです。

このように政府（冬戦争の場合には米国政府というよりフィンランド政府ですが）のプロパガンダと人びとのニーズが同じ方向を向いたと

き、社会全体で人びとが信じる「現実」と、外の世界で実際に起こっている出来事とのズレが大きくなりやすいのです。

▼「現実危機」におけるプロパガンダ

しかし、近年では「現実」について、全く異なる問題も指摘されるようになっています。

2021年1月に米国で起こった議会議事堂襲撃事件を覚えている人は多いでしょう。「不正選挙によりトランプ大統領の勝利が盗まれた」と信じた群衆が、連邦議会を襲撃した事件です。

この事件の直後、ニューヨーク・タイムズは「現実危機」に関する記事を配信しました。ある人にとってはトランプ大統領が選挙で敗北したのが「現実」なのに対し、別の人にとっては勝利を盗まれたのが「現実」になってしまっている、というのです。つまり、政治的な立場が異なる人びとのあいだでは、どのような政策を実施すべきか以前に、何が現実なのかについてすら合意ができなくなっているということです。社会全体が一つの現実観によって覆い尽くされるのも問題ですが、議論の土台となる現実観が全く共有されないのも問題です。

そのような現実危機の一因とされるのがメディアの多様化です。インターネット上を飛び交う膨大な情報の中から、私たちは自分たちにとって関心がある情報や好ましい情報を選びとる傾向にあります。情報を提供する側でもユーザー一人ひとりの関心にあわせて情報を表示させるしくみを使用しています。加えて、米国のようにケーブルテレビの発達している国では、非常に多くの放送局が存在し、政治的な党派性を明確にする局が人気を博しています。多様なニーズに応じることが可能なメディア環境により、党派ごとに全く異なる「現実」が日々生み出されているというのです。

何が現実で、何がそうでないのかが不明確な状況では、真偽不明の情報を大量に流すというプロパガンダの手法が用いられることもあります。客観的な現実があるという発想そのものを破壊してしまうのです。そうなれば、現実とフィクションの境界も曖昧になり、それに疲れた人びとが混乱を収束させてくれそうな強い指導者を求める可能性もでてきます。民主主義の形骸化ともいいうる状況です。

そうした指導者の下では、政権にとって都合のよい「現実」のみが意味をもちます。客観性や一貫性などおかまいなしに、自身にとって都合のよい「事実」をまくしたて、多くの人びとがそれに酔いしれるようになるのです。

▼プロパガンダとジャーナリズム

しかし、政権にとって都合のよい「事実」だけが流通するようになるというのは、社会全体にとって大きなリスクをはらむ事態です。

戦時中の日本における「大本営発表」は、不正確な情報発信の代名詞になっています。しかし、開戦当初、日本軍が快進撃を続けていたときには、発表内容はおおむね正確でした。ところが、戦局が悪化するにつれ味方の損害を過小に、敵の損害を過大に伝えるようになりました。

不愉快な現実から顔を背けたところで、すぐに大きな損害がもたらされるとは限りません。しかし、『ハリー・ポッター』の世界において魔法省は、ヴォルデモート卿の復活を認めなかったことで後手に回り、結果として被害をより大きくしてしまいます。戦時中の日本では、不正確な情報により軍の首脳部ですら事態を把握できなくなり、巨大な惨劇をもたらすことになりました。いずれの場合にも、主要なジャーナリズム組織はプロパガンダ装置へと堕してしまい、事実の伝達、論評、解説という本来の機能を十分に果たすことができませんでした。

現実からは乖離した一面的な「事実」が流布される事態と、客観的な現実という考え方それ自体を破壊する真偽不明の情報が流布される事態。それぞれにおいてジャーナリズムがなしうることは何か、それができないとすればなぜかを考えていく必要があるのです。

参考文献

辻田真佐憲『大本営発表　改竄・隠蔽・捏造の太平洋戦争』(幻冬舎新書、2016年)

ピーター・ポメランツェフ『嘘と拡散の世紀　「われわれ」と「彼ら」の情報戦争』(築地誠子・竹田円訳、原書房、2020年)

Lavine, H. and Wechsler, J. (1940) War Propaganda and the United States, Yale University Press.

J. K. ローリング『ハリー・ポッターと不死鳥の騎士団』(松岡佑子訳、静山社、2004年)

（津田正太郎）

未来への教訓

「空気が読めない」。かつて、この言葉が新語・流行語として登場したときは、会話の流れを理解できず、突拍子もない発言をし、場を盛り下げてしまう困り者、程度の軽い若者表現だった。だが、全体の雰囲気を壊すまいと皆が同調し、雪だるま式に巨大化し、間違った方向に暴走しはじめたら、どうだろう。しかも、ジャーナリズムを含め、国全体が。過去に実際に起きたことだ。もう起こらない。誰がそういえるだろう。

（水野剛也）

キーワード　keywords
世論、戦争、センセーショナリズム、ナショナリズム、言論統制、自主規制

考えてみよう　discussion

1. **本作の時代に、少数ながら「空気」に逆らおうとしたジャーナリストとして、どのような人物がいただろうか？**

   彼らは何を伝え、それによってどのような境遇に置かれただろうか。

2. **逆に、時代の潮流に乗ったジャーナリストたちは、自分たちの仕事ぶりをどう考えていただろうか？**

   彼らは、「空気」に逆らおうとしたジャーナリストたちを、どう見ていただろうか。

3. **「熱狂」から覚めたあと、日本のジャーナリストたちは何を考え、どう振る舞っただろうか？**

   彼らは自分たちの「戦争責任」をどう考え、また、教訓をどう活かそうとしただろうか。

4. **戦後、日本のジャーナリズムが世論を主導、あるいは世論に流され、センセーショナルになりすぎた事例はあるだろうか？　あるとすれば、本作の時代とどのように比較できるだろうか？**

   ジャーナリズムは、部数、視聴率、広告主（スポンサー）などとどのように付き合うべきだろうか。

5. **現代の日本、あるいは他国で、主要な報道機関が「自主規制」して伝えていない／伝えにくい事柄はあるだろうか？　あるとすれば、どのような媒体・題材・場面でそう感じるだろうか？**

   むしろ、「自主規制」がより望まれる報道事例はあるだろうか。

 movie

日本人はなぜ戦争へと向かったのか
第3回　"熱狂"はこうして作られた

放送：2011年2月27日午後9時00分〜9時49分 NHK 総合
プロデューサー（制作統括）：角英夫
アニメーション制作：白組
演出：松村亮一
DVD発売元：NHK エンタープライズ

●**あらすじ**　本作は、日本が太平洋戦争に突入（1941年）してから70年経ったのを機に、2011年の年頭から NHK が放送した大型企画シリーズ「NHK スペシャル　日本人はなぜ戦争へと向かったのか」の一部（第3回）である。

　シリーズ全体を貫くのは、タイトルがそう明言しているように、なぜ、日本という国とその国民は無謀な戦争に突きすすんでしまったのか、という疑問だ。

　このシンプルだが重要な問いかけに、NHK はそれまでなぜ取り組めなかったのか。その理由は、戦争の原因やその責任などをめぐり、戦争に対する肯定派・否定派が建設的な議論をせずに長く対立し、「事実の究明をタブー視するような空気さえ」あったからだという（NHK 取材班編著『NHK スペシャル　日本人はなぜ戦争へと向かったのか［上］』）。

　しかし、国内外で事実に基づく研究が積みかさねられ、また、当時の多くの関係者の証言や史料が新たに公開されるといった進展に背中を押され、2年余りをかけて制作することができた。

　柱となるテーマは、「外交」「陸軍」「メディア」「指導者」の四つで、シリーズの第3回である本作は「メディア」に着目している。過去を振り返る歴史的な内容であるが、「戦争を再び繰り返さない」（同上）という、現在、そして未来を意識した狙いも込められている。

●**主な登場人物**

松平定知　キャスター・語り
武野武治　ジャーナリスト・元『朝日新聞』記者
佐藤卓己　京都大学教授。メディア史・大衆文化論
有山輝雄　東京経済大学教授。メディア史・ジャーナリズム論
竹山昭子　昭和女子大学名誉教授。放送史

付属解説書　本作 DVD についている18ページの解説書には、3名による寄稿が掲載されている。角英夫（プロデューサー）は、全体の趣旨説明をしている。制作にあたっての問題意識、経緯、当初の4回にわたる放送後、視聴者からの大きな反響を受け追加した番外編を含めて全5回分を DVD 化したこと、などである。
日本近現代史が専門の戸部良一と加藤陽子は、歴史の専門家として、シリーズ全体の特徴や感想を記している。番組を肯定するばかりでなく、時に批判的に論じている点に研究者らしさがあらわれている。

レクチャー　*analysis & research*

1　何が起こっていたのか

　本書が紹介している他の多くの作品とは異なり、本作はもっぱら、ジャーナリズムの失敗例を批判的に取り上げている。

　しかし、基本的にジャーナリズムの意義や役割を前向きに捉えようとする本書でも、本作を検討する意味は十分にある。

　というのも、過ちから得た苦い教訓が、戦後に再出発した日本のジャーナリズムの土台となり、今日までの数多くの優れた報道業績につながっている、と考えられるからだ。失敗は成功のもとだ。

　よく知られる例として、敗戦から数か月後の 1945 年 11 月、朝日新聞が 1 面に掲載した宣言「国民とともに立たん」がある。

　宣言はまず、こう率直に報道機関としての責任を認め、謝罪している。「開戦より戦時中を通じ、幾多の制約があつたとはいへ、真実の報道、厳正なる批判の重責を十分に果たし得ず（中略）今日の窮境に陥らしめた罪を天下に謝せん（後略）」。

　続けて、再起をこう誓っている。今後は「常に国民とともに立ち、その声を声とするであらう。（中略）朝日新聞はあくまで国民の機関たることをここに宣言するものである」。

　この文章は、戦後の民主主義社会を支えるという同紙の基本的姿勢として、現在にいたるまで、折に触れて繰り返し紙面で伝えられている。

　また、後述するように少数ながら声をあげた記者もおり、彼らは一種のロールモデル（手本・模範）として現代でも高く評価されている。学ぶべき点は多い。

▶熱狂をあおり、巻き込まれたジャーナリズム

　本作の最も核心的な主張を一言でまとめると、次のようになる。

　満州事変（1931 年）から太平洋戦争開戦（1941 年）にむかう中で、日本は「作られた熱狂」に包まれ、それに加担したのが、軍に追随した新聞・ラジオといったマスメディアだった。タイトルにも「"熱狂"はこうして作られた」とある。

　軍と協力し、戦争を含めた日本の対外政策を熱心に支持する世論を形成し、政府もメディア自身もその世論に巻き込まれていった、というのだ。

　象徴的な例が、真珠湾攻撃による開戦を伝える、1941 年 12 月 8 日の日本放送協会（現在の NHK）のラジオ速報だ。

　　「臨時ニュースを申し上げます。
　　臨時ニュースを申し上げます。
　　大本営陸海軍部 12 月 8 日午後
　　6 時発表。帝国陸海軍は今 8 日
　　未明、西太平洋においてアメリ
　　カ・イギリス軍と戦闘状態に入
　　れり（後略）」（0:02、0:45）

　これが、いわゆる「大本営発表」（コラム 11「プロパガンダとジャーナリズム」も参照）である。政府などが発表した情報を、マスメディアが疑問をもたずそのまま伝えるという意味で、現代でも批判的な意味でし

「ミッドウェー海戦」の報道（東京日日新聞昭和 17 年6 月 11 日）。「米の航空母艦二隻撃沈」とあるが実際は 1 隻。日本新聞博物館に実物が展示されている。

ばしば使われる。この放送の録音を冒頭と終盤で二度にわたり流していることからも、政府のいいなりになるジャーナリズムの危険性を本作が強く問題視していることがわかる。

　こうした報道が、メディアにとって経営面でも好都合だったことは無視できない。たとえば、朝日新聞、毎日新聞、読売新聞をあわせた発行部数は、1931 年には約 400 万部であったが、同年の満州事変から急激に増加し、1937 年の日中戦争勃発時には 700 万部近く、日米開戦の 1941 年には 800 万部を大きく上回り、その後も伸びている。

　新聞が人びとの求める情報を届け、好転しているように見える戦況にわく読者を、メディアがさらに喜ばせてあおる。そんな連鎖が起きていた。過度にセンセーショナルであったり、事実に基づかない報道も多かった。

　当時、朝日新聞の記者だった武野武治は、こう端的に語っている。

　　「どこの新聞も、戦争になると発行部数が増えますよ。息子がみんな、夫が

戦場に行くから、戦争がどうなっているのか（を知ろうと）、新しい読者が増える。（中略）勝った、勝ったといって、実際そういう紙面を作ったんだから。そして、それに乗って民衆は勝った、勝ったと思ったんじゃないですか。そして、何か将来もっといいことになるだろうと思った」（0:06）

▶「軍・ジャーナリズム・民衆」のトライアングル

　本作は、このように冒頭でまず結末を示してから、満州事変（1931年）にさかのぼり、熱狂が高まっていく過程を追っていく。

　具体的には、満州国建国（1932年）、リットン報告書を受けた国際連盟による対日勧告（1933年）、日本の国際連盟脱退（1933年）、日中戦争（1937年）、日独伊三国同盟（1940年）、などである。

　いずれの場面でも、「軍・メディア・民衆というトライアングル」（0:21）により世論が熱せられ、冷静に立ち止まったり、あと戻りすることが難しくなっていった。

　本作では取り上げていないが、漫画などの視覚メディアも戦意高揚に無視できない役割を果たしている。ある研究者は、「漫画は、当時の視覚メディアの中で最も頻繁に敵を描いたメディアであり、一般大衆の抱く敵及び国際情勢の具体的イメージの形成に影響したところも大きい」と論じている（井上祐子「戦時下の漫画　新体制期以降の漫画と漫画家団体」『立命館大学人文科学研究所紀要』第81号、2002年12月）。

　娯楽でさえも、いや、娯楽だからこそ、「熱狂」にさらなる油を注いだといえる。別の研究者は、こう指摘している。「まんがは結局は戦争という『現実』を書き得ず、何か愉快で楽しいものに転化する役割を果たす。（中略）そこに、まんがという形式の本質的な政治性がある」（大塚英志『大東亜共栄圏のクールジャパン　「協働」する文化工作』集英社新書、2022年）。

▶声をあげたジャーナリストもいたが

　少数だが、政府に苦言を呈するジャーナリストがいた事実にも、本作は触れている。信濃毎日新聞（長野県）の主筆・桐生悠々はその一人で、「関東防空大演習を嗤ふ」（1933年）という論説を書き、非科学的な軍を批判していた。

戦前・戦時期の略年表

1931 年 9 月	柳条湖事件、満州事変が勃発
1932 年 3 月	日本が満州国の建国を宣言
1933 年 2 月	リットン報告書を受け、国際連盟が満州からの撤退を日本に勧告
1933 年 3 月	日本が国際連盟を脱退
1936 年 2 月	2・26 事件
1937 年 7 月	盧溝橋事件、日中戦争が勃発
1938 年 5 月	国家総動員法が施行
1940 年 9 月	日独伊三国軍事同盟を締結
1940 年 10 月	大政翼賛会が発足
1941 年 4 月	日ソ中立条約を締結
1941 年 8 月	米国が日本への石油輸出を停止
1941 年 11 月	米国が日本へハル・ノートを提出
1941 年 12 月	日本軍がハワイの真珠湾を爆撃し、太平洋戦争が勃発

　だが、ほどなく、社は論説について全面的に謝罪、桐生は退職を余儀なくされてしまう。軍を代弁する政治団体が不買運動を呼びかけるなど、圧力を受けたことによる、経営上の判断だった。当時の部数は 2 万にすぎなかった。

　本作の終わり近く、国家のゆく末にジャーナリズムが果たす役割の重大さについて、キャスターの松平定知はこうまとめている。「戦争を迎える時代のメディアのありようを見てきて思うことは、メディアがおかしくなれば、国家はすぐにおかしくなる、ということです」（0:44）。

2　ジャーナリズム論からの作品解説

　本作はジャーナリズムに関する論点を数多く含んでいるが、しいて中心的な二つをあげるとすれば、①政府（軍）、②世論（市民・空気）、との関係だろう。

　実のところ「軍・メディア・民衆というトライアングル」（0:21）と本作も指摘しているように、三者は相互に密接に絡みあっており、切り離して考えることはできない。

　しかし、そのことを理解したうえで、以下ではわかりやすく整理するため、あえて別々に若干の解説をする。

▶政府（軍）との関係

　ジャーナリズムと軍を含む政府は、切っても切れない関係にある。お互いに必要とし、利用しあいながら、しかし束縛されながら、時に対立もする、抜きさしならぬ間柄だ。

　まず、ジャーナリズムにとって政府は、隠れて権力を乱用していないか監視すべき対象であると同時に、なくてはならぬ貴重な情報源でもある。国を間違った方向に進めないか、不正や怠慢などに厳しく目を光らせる一方で、日々の報道を可能にする膨大なニュースの発信源でもある。チェックするにしろ、情報を得るにしろ、ある程度は近づく必要がある。

　もちろん、政府にも思惑があり、ジャーナリズムをコントロールし、利用し、しばしば統制しようとする。都合の良い情報は広く伝えてもらおうとするが、同時に、都合の悪い情報は隠したり、注意をそらそうとしたりする。そのために、さまざまな手段を使って報道に介入しようともする。

　したがって、ジャーナリズムは大きな権力をもつ政府に対し、近すぎず、かといって遠すぎない、絶妙な距離をとる必要がある。英語圏では、その適度な、つかず離れずの間合いを「アームズ・レングス」（"Arm's length"）と表現することがある。「腕１本分」というわけだ。

　米国のジャーナリズム界で最も権威があるとされるピュリツァー賞の受賞者であるティム・ワイナーは、こう語っている。

　　「動物園で取材したからといって象と一緒に寝ますか。踏みつぶされてしまう。ジャーナリストは権力の中に入ったらおしまいだ」（「ひと　CIAの暗部をえぐるジャーナリスト」朝日新聞2009年1月9日付）

　よく観察できる位置にいながらも、接近しすぎて、強大な力に取り込まれないよう、細心の注意をはらう必要がある。

　しかし、ただでさえ容易でない両者の関係は、平和な時代よりも、戦争など非常時にこそ、なおいっそう難しくなる。紛争や戦争の成否には、多くの市民の命が、そして国全体の利益、つまり本作で武野がいう「国益」（0:14）がかかってくるからだ。

　そして、ジャーナリズム自体も国の一部であるため、ナショナリズム（愛郷精神）や統制への恐れなどから、政府との適切な距離を測りにくくなる。この問題

を、元共同通信社・編集主幹の原寿雄は、「国益」に加えて「政府益」「国籍」という言葉を使って、こう説明している。

> 「メディアが戦争を防げなかった背景には、国益というものがある。国益はね、しばしば中身が政府益になってしまいがちなんだ。（中略）ジャーナリズムには国籍がある。なかなか国籍は超えられない。（中略）国籍というものが、ジャーナリストの目を曇らす」（毎日新聞 2008 年 4 月 4 日付夕刊）

この点で、本作には実に興味深いシーンがある。満州事変の拡大に慎重だった東京朝日新聞の編集局長・緒方竹虎が、料理屋で陸軍の幹部から内部の事情を聞く場面（0:12 ～ 0:14）だ。「アームズ・レングス」を保てていただろうか。

▶世論（市民・空気）との関係

ジャーナリズムと世論（市民・空気）もまた、切っても切れない関係にある。

まず、民主主義社会において、主権者である市民の「知る権利」を満たし、健全な民意の形成に貢献することは、報道機関にとって最重要の責務の一つである。知るべきあらゆる情報や考え方が迅速に届けられてこそ、人びとは建設的な議論をし、適切な判断を下すことができる。

たとえば、NHK と日本民間放送連盟が共同で定める「放送倫理基本綱領」（1996 年）は、次のように表明している。「放送は、民主主義の精神にのっとり、（中略）国民の知る権利に応えて、言論・表現の自由を守る」。

新聞界も同様である。日本新聞協会が定める「新聞倫理綱領」（2000 年）にはこうある。「国民の『知る権利』は民主主義社会をささえる普遍の原理である。（中略）新聞はそれにもっともふさわしい担い手であり続けたい」。

しかし、ジャーナリズムといっても、圧倒的多数は営利企業であり、一定の利益をあげなければならない。もちろん、これ自体は、決して間違ったことではない。将来にわたり、安定して質の高い報道を続けるために、必要不可欠なことだ。資金に余裕がなければ、ジャーナリズムとしての責任を十分に果たすことはできない。

朝日新聞から信濃毎日新聞の主筆となった中馬清福は、こう断言している。

> 「新聞は慈善事業ではない。確かな収入源が失われると、新聞の基本である独立性、自立性が危うくなる心配がある。しかも、言論の責任を担う立場か

ら、例えば大災害のときなど、採算を無視した取材と報道に邁進しなければ
ならない」(「地方報道はどうあるべきか」『Journalism』2010 年 4 月号)

だが、一歩間違うと、世論のご機嫌とりのようになってしまう危険性がある。
読者、視聴者、広告主(スポンサー)が喜びそうな情報を優先し、目障り、耳障
りなニュースはあと回し、伝えようとすらしなくなりかねない。あるいは、たと
え報道する価値が高くても、時間・労力・経費がかかる、負担の大きい取材を避
けるようになるかもしれない。

実際、インターネットが台頭した結果、クリック・アクセス数ばかりを重視す
るようになったという指摘がしばしばなされている。朝日新聞の近藤康太郎記者
は、こう書いている。「新聞記者の仕事が、デジタル配信主流になっている。な
にかといえば PV(どれだけ見られたか)だの CV(どれだけ有料会員にできたか)
だのが求められる」(「多事奏論」朝日新聞 2023 年 2 月 4 日付)。ユーザーの時間を
奪いあうネット上の競争に追い立てられ、とにかく注目を集めること、それ自体
が目的化することへの警鐘である。

本作も、商業主義的なメディアの弊害をいくつかの箇所で指摘している。たと
えば、日本政治外交史の井上寿一・学習院大学教授はこうコメントしている。
「新聞は、間違いなく、満州事変という、いわば一つのイベントによって販売部
数を拡大し、スクープ合戦、速報合戦をして、大衆の新聞として売り上げ部数を
伸ばすと。それが、満州事変の拡大を煽る」(0:09)。

政府(軍)と同じく、世論(国民・空気)ともまた、ジャーナリズムは一定の
距離をとらなければならないのである。

▶多用するアニメーションの効果

内容の本筋からはやや離れるが、歴史ドキュメンタリーでは比較的に珍しく、
本作はアニメーションを多用している。従来よく見られた再現ドラマは使ってい
ない。角プロデューサーはこの狙いを、「若い世代の人にこそ見てもらいたい」
と説明している(付属解説書)。

アニメに加え、当時最新の CG(コンピュータ・グラフィックス)や、現代の風
景と当時の映像フィルムの合成といった演出も特徴的である。

本章冒頭の「考えてみよう」ではあげなかったが、こうした編集上の工夫がど

のような効果をもたらし、どの程度成功（失敗）しているのかといったことも、議論の題材となりうる。歴史ドキュメンタリーは過去の出来事をできるだけ忠実に再現しようとするが、通常、時代をさかのぼるほど、残された映像や画像は少なくなっていく。どうしても「絵」が必要なテレビにとって、悩みの種なのである。

　参考までに、解説を寄せている日本近現代史の戸部良一は、自身は世代的に「アニメはやや軽薄でちゃちな印象を受けるのだが、今回は、再現ドラマよりもかえってリアリティがあると受け取られたようである」と感想を述べている（付属解説書）。他方、そもそも歴史をテレビ化することについて、「映像は、活字とは比較にならないほどの迫力を持っている」と長所を認める一方、「映像による歴史の再構成は、ときとしてセンチメンタリズムに陥る危険性がある」と短所も指摘している。

　全体的に本書は、映像ならではの利点を教育に活かす方針で書かれているが、動きや音のない印刷物にも独自の特長があることを忘れるべきではない。もちろん、本章以外にも同じことがいえる。

3　今の社会における「未来への教訓」
──安倍政権やパンデミック時の「空気」

　本作の時代に日本で起きていたことは、決して単発的で特異な過去の現象とは言いきれない。

　21世紀に入った現代にいたるまで、国内外を問わず、「トライアングル」が循環的に増幅し、自由に報道・表現しにくい「空気」が支配することは実際に多く起きている。

　このDVDが発売された際（2011年）にも、番組制作者は過去と現在とのつながりを意識している。角プロデューサーは、当初のシリーズ4回を放送した直後に東日本大震災、および東京電力福島第一原発事故が発生したことに触れ、「横並びになるマスメディアの論調」などが、かつての状況と「不気味な相似」を見せている、と指摘している（付属解説書）。具体的にどこがどう似ているのかまでは説明していないので、調べ、議論してみるのもいいだろう。

▶安倍晋三政権時の放送界

　政府との関係では、一例として、大震災・原発事故後に民主党から政権を奪い返した自民党の安倍晋三首相時代に、特に免許事業である放送界で物申しにくい「空気」が広がったといわれている。安倍政権は、本書刊行時点で憲政史上、最長の約7年8か月間（2012年12月26日〜2020年9月16日）にもわたっている。2016年までテレビ朝日で報道番組に携わっていた鎮目博道は、「当時の地上波のテレビ局は自民党に対して忖度し、安保法制をめぐる報道も萎縮していたと感じています」と振り返っている（「耕論　放送と政治の関係　報道の萎縮　論評は堂々と」朝日新聞2023年3月17日付）。

　その余波は政権終了後も根強く残り、首相が交代しても、報道現場の息苦しさはなかなか消えなかったようだ。2023年3月の時点でも、同じくテレビ朝日のある報道局員は、「政府与党に批判的な報道がしにくい空気が、現在までじわじわと広がってきた」と述べている（「『批判報道しにくい空気に』『政治介入、調査を』」朝日新聞2023年3月9日付）。

　こうなったおもな要因は、放送の政治的内容に対して、法的に規制する権限をもつ政府与党が批判的な姿勢を繰り返し示したことだ。たとえば、2014年11月、TBSの番組に出演していた安倍首相は「全然（平均的な声が）反映されていませんが、これおかしいじゃないですか」と強く抗議している。街頭インタビューがアベノミクス（安倍政権の包括的な経済政策の俗称）批判派に偏っている、という趣旨だった。その直後にも、自民党が在京テレビキー局に衆議院総選挙の報道における「公平中立」を文書で要請、アベノミクスを扱ったテレビ朝日の番組に対しても、再び文書で「公平中立」を求めている。

　さらに安倍政権は、「政治的に公平であること」を求める放送法第4条の解釈にも踏み込んでいる。それまでの政府の見解は、1950年の法制定以来、政治的に公平かは一つひとつの番組ではなく放送局全体のバランスで判断される、というものだった。ところが2015年5月、「一つの番組のみでも、極端な場合は政治的公平を確保しているとは認められない」という解釈を総務大臣が国会答弁で示した。そして2016年2月には、政治的公平性を欠く放送を繰り返した場合には電波の使用停止を命じる場合もありうる、と総務大臣が発言し、各種メディアや専門家などから言論・表現への介入、萎縮を招く、といった批判が相次いでいた。

▶新型コロナウイルス感染症と社会の息苦しさ

　最後に、日常生活により直結した話題に目を向けると、2020年代初期の新型コロナウイルス感染症（COVID-19）をめぐる社会的な混乱にも、本作の時代との共通性を見出せそうだ。感染した人、体調を崩した人、咳き込む人、おしゃべりする人、娯楽に興じる人、移動する人、マスクをしない（できない）人、などを許さぬ雰囲気が支配していなかっただろうか。

　窮屈な「空気」をつくるのは、政府やジャーナリズムだけでなく、市民一人ひとりでもあるのだ。やや長いが、民俗学者で北九州市平和のまちミュージアム館長、重信幸彦の言葉を引用しておく。

> 「（戦時中の日本国内の美談を調べて）見えてくるのは、同じ方向を向くよう自らを拘束し、また自らも作り出す側になる「空気」です。その空気の中で、追い詰められた人々が、自発的に戦争に参加する道を選択していきました。私たちは「メディアにあおられた」「軍国教育にだまされた」と、「られた」と受け止めがちです。しかし、否定できない無敵の善意や共感が生み出す空気の中で、人々は自発的に同じ態度を取り、空気を再生産していった。動員は、外から縛られるものだけではないのです。
>
> 　今、私たちは「もうそんなことは起こらない」と言い切れるでしょうか。コロナ禍では、医療従事者に子どもたちが拍手をしたり、「自粛警察」が現れたりしました。（中略）共感や同情にブレーキをかけることは、とても難しい」（「耕論　戦時の動員　どう考える　善意・共感が生み出す空気」朝日新聞2023年3月4日付）

4　広げ、深めて考える──「空気」に逆らった人びと

　本作は約50分という時間の制約から、取材した情報を厳選・凝縮して編集されており、広げて調べる余地はかなり多い。

　もう一歩詳しく知るうえで最も役に立つのは、本作の書籍版である（NHK取材班編著『NHKスペシャル　日本人はなぜ戦争へと向かったのか（上・下）』NHK出版、2011年）。その後、文庫版も出版されている（新潮文庫、2015年）。大きな反響を受けて追加放送された番外編を除く、シリーズの第1〜4回までの内容をまとめている。番組では一部しか流されなかった研究者などへのインタビューも採

録している。

　「考えてみよう」でもあげたように、少数ながら存在した、「空気」に逆らおうとした記者たちも、魅力的な発展テーマである。鎌田慧『反骨のジャーナリスト』（岩波新書、2002年）は、本作にも登場する信濃毎日新聞の主筆・桐生悠々をはじめ、「強権に迎合する時代の風潮にペンに依拠して抵抗しつづけたひとたち」を10人、選りすぐっている。おもに本作と同時代に活動したジャーナリストとしては、ナチス・ドイツを批判した鈴木東民とすでに紹介した武野武治を取り上げている。

　武野は本作でもインタビューに答えているように、戦後も長く報道・評論活動を続けているため、関連する資料も多い。朝日新聞の記者として戦争に協力した責任を痛感し、記者全員の辞職を主張したが受け入れられず、敗戦の日に退社した人物である。その後、故郷の秋田県で地域紙『たいまつ』を創刊し、30年にわたって発行しつづけた。ジャーナリズムについても積極的に発言してきた。

　方向はやや異なるが、日本における「空気」「世間」「世論」のありように着目してみるのも、議論の幅を広げるうえで有力かもしれない。「出る杭は打たれる」「長い物には巻かれろ」「寄らば大樹の陰」「和を以て貴しとなす」「阿諛追従」「唯々諾々」「付和雷同」など、日本語には、捉えにくいが、誰もが経験的に実感できる全体的・集団的な同調圧力をあらわす言葉が少なくない。戦争のような大きな問題から、個人的なごく身近な体験まで、ジャーナリズムにも関連づけて、討論できるだろう。

◆もっと知りたい人へ

映画：

熊井啓監督『日本の黒い夏　冤罪』（2001年、日本、119分）

ジョージ・クルーニー監督『グッドナイト＆グッドラック』（2005年、米国、93分）

文献：

阿部謹也『「世間」とは何か』（講談社現代新書、1995年）

阿部謹也編著『世間学への招待』（青弓社、2002年）

井上祐子「戦時下の漫画　新体制以降の漫画と漫画家団体」『立命館大学人文科学研究所紀要』第81号（2002年12月）

NHK取材班編著『NHKスペシャル　日本人はなぜ戦争へと向かったのか（上・下）』（NHK出版、2011年。文庫版は新潮文庫、2015年）

大塚英志『大東亜共栄圏のクールジャパン　「協働」する文化工作』（集英社新書、2022年）

鎌田慧『反骨のジャーナリスト』（岩波新書、2002年）

佐藤卓己『輿論と世論　日本的民意の系譜学』（新潮選書、2008年）

むのたけじ、聞き手・黒岩比佐子『戦争絶滅へ、人間復活へ　九三歳・ジャーナリストの発言』（岩波新書、2008年）

むのたけじ『たいまつ十六年』（岩波現代文庫、2010年。初版は企画通信社、1963年）

山田健太・たまむらさちこ『「くうき」が僕らを呑みこむ前に　脱サイレント・マジョリティー』（理論社、2023年）

山本七平『「空気」の研究』（文春文庫、2018年。初版は文藝春秋、1977年）

ウェブサイト：

NHK・日本民間放送連盟「放送倫理基本綱領」（1996年）NHKホームページ（https://www.nhk.or.jp/pr/keiei/rinri/sankou.htm/　2023年2月19日取得）、日本民間放送連盟ホームページ（https://j-ba.or.jp/category/broadcasting/jba101014/　2023年2月19日取得）

日本新聞協会「新聞倫理綱領」（2000年）日本新聞協会ホームページ（https://www.pressnet.or.jp/outline/ethics/　2023年2月19日取得）

12　歴史が語る、100 年地続きの今

現在の日本のジャーナリズムの基本的な枠組みは、1905 年から 1920 年までの約 15 年間に形成された新聞産業によって作られました。つまり、今から約百年前の 20 世紀の初め、日露戦争後の明治末期から第一次世界大戦を経て大正時代が終わるころまでのあいだです。

こう言うと驚かれる方もいるかもしれません。もちろん日本の新聞の始まりは、1860 年代の幕末から明治初期で、東京や大阪だけでなく、各地に地方紙も数多く誕生しました。しかし、これらの新聞は基本的に政治と経済を中心とした内容で、所得が高く多額の税を納め、選挙権がある知識人男性がおもに買って読むものでした。

そうした新聞が大きく変化するのが日露戦争（1904-1905）後です。大学や高等師範学校など高等教育を受けた者が全人口の 1% にも満たない超エリートだった時代ですが、女学校を含め中等教育を受ける人びとが男女ともに増え、また普通選挙運動により有権者が徐々に拡大し、読書する人びとが増えました。

そのために発行部数を伸ばし利益を得ようとする新聞は、より一般向けの大衆的な内容を豊富に掲載するようになったのです。その中心は、連載小説をはじめとする文芸の読み物、そして当時「三面記事」と呼ばれた、殺人、火事、強盗、事故、災害などの事件を扱う記事です。

こうした社会的な事件を扱う部署として、このころ、新聞社で政治部、経済部とは別に社会部が誕生します。この社会部の記者は警察署を回って事件を取材することを基本としました。現在にいたるまで新聞社や放送局の新人記者は、最初に配属先の警察への「サツ回り」で取材の基本を学ぶのを常としています。そのような慣習は、この時期に始まったと考えられます。

また、現在でも日本のジャーナリズムの特徴であり批判もされている記者クラブも、その最初は明治 22 年の国会開設時の国会記者倶楽部ですが、外務省の霞倶楽部、海軍省の黒潮会など各省庁、国鉄等の各所で発足し定着したのは日露戦争後です。これらは記者が個人的に加盟する方式で自主的な組織だったのですが、日中戦争開始後に国家の統制を受けて、各記者クラブへの加盟が会社単位に変更され、政府の情報を広報する機関に変質しました。

敗戦後、占領軍総司令部（GHQ/SCAP）はこれを解体しようとしましたが、日本新聞協会は「親睦社交を目的とする」もので取材機関ではないと述べて介入を逃れ、実際には報道協定などを記者クラブを通して結びながら、カモフラージュして活動を続けました。

1980 年代以降、外国人記者から閉鎖的だと批判を受け、記者クラブは改革を迫られました。そこで記者クラブを廃止する自治体も現れましたが、全体的にはあまり変化しませんでした。そして日本新聞協会は 2002 年には記者クラブは「取材・報道のための自主的な組織」であると明言し、依然日本のジャーナリズムの基本的な要素として存続しています。

現在、日本の新聞で見られる「地方版」あるいは「地域面」というのもこの時期に登場します。これは都市部で発刊された新聞が、地方に進出する際に、各地域のニュースを多く盛り込んでその地域の読者を取り込もうと作られました。

もともと新聞は紙に印刷された出版物ですから、夜中の 1 時ごろに編集を終えて工場で印刷した後、翌朝 6 時前に読者に届けるまで、印刷物を運ぶための時間がかかります。鉄道や車、最後は配達人によって輸送されるので、どうしても配達の範囲が 3 ～ 4 時間以内に限定されます。つまり新聞は基本的に地域的な読者の範囲をもつ、ローカル紙なのです。

ですから、明治中ごろまで東京で発行された新聞は東京市内の住民に読まれていたローカル紙で、大阪で創刊された『朝日新聞』も大阪市の人びとが読む地方紙でした。これは欧米の新聞も同じで、『ニューヨーク・タイムズ』は米国を代表する新聞ではありますが、もともとはニューヨークの市民が読む新聞であり、ローカ

ル紙でした。

　しかし、鉄道網が発達し輸送時間が短縮されると、その沿線の近隣府県の住民に読んでもらうために、大手紙は「地方版」を作成するようになります。『大阪朝日新聞』と『大阪毎日新聞』は「京都付録」「兵庫付録」などを1900年ごろから競って発行しはじめ、やがて岐阜、愛知、三重、福井、富山、石川の各県向けの地方版を制作するようになりました。東京発行の新聞でも同様です。

　大都市の情報が欲しい地方の読者にとっては、地方版のある新聞は、地方ニュースも大都市のニュースも両方手に入る便利なものとして受け入れられ広がりました。これにより大都市を拠点とする新聞は読者範囲を拡大しました。なかでも大阪創業の二大紙『大阪朝日』と『大阪毎日』は、大阪と東京にそれぞれ本社を置き、日本全国で読まれる全国紙となり、さらには朝鮮、台湾まで販路を拡大したのでした。

　このような「全国紙」は、世界的には珍しい存在です。たとえば、米国では各都市で発行されるローカル紙が新聞の基本で、全米読者を対象とした新聞は『USAトゥデイ』ぐらいしかなく、それも20万部程で小規模です（電子版は別ですが）。中国の『人民日報』は中国全国で読まれるという点では似ていますが、共産党機関紙であり、発行部数は約200万部です。昭和期に急成長して全国紙となった『読売新聞』は、1998年ごろには1000万部の発行部数を挙げ、現在（2023年）でも600万部程の部数があるのに比べれば格段の差があります。

　こうした日本特有の全国紙は、1924（大正13）年に『大阪朝日』『大阪毎日』がともに100万部突破を宣言したときに具体的に姿を現したといえるでしょう。この「大毎・大朝」と呼ばれた二大紙は幅広い読者層を得るために、各種の人気投票や懸賞などで紙面を大衆化したのみならず、女性読者のための社会見学ツアーを組織したり、さまざまなイベントを催して読者を引きつける工夫をしました。それを担当する事業部という部署も生まれました。

　なかでも最も有名なのは、「春のセンバツ、夏の甲子園」と呼びならわされている高校野球大会でしょう。その始まりは、『大朝』が1915

年に始めた全国中等学校優勝野球大会で、これに対抗するように1924年『大毎』主催で「選抜中等学校野球大会」が始められました。

　このほかにも、マラソンなどスポーツの大会主催や後援、博覧会、講演会や音楽会、美術展の開催、ニュース映画の製作や巡回上映、海水浴場の開発、さらには無料診療所の開設や奨学金制度などの社会事業にもその活動は広がりました。

　またこの二大紙は『週刊朝日』『サンデー毎日』という週刊誌をともに1922年に創刊、雑誌や書籍を出版する出版局が新聞社内に設けられました。驚くべきことに、この二大紙は、日本航空などの民間航空会社の創業以前に、飛行機を所有し航空輸送業務も始めました。こうした単なる新聞発行にとどまらない新聞社のあり方は、「日本型新聞」と呼ばれるように世界に類をみないものです。

　この全国紙の成立は地方紙にとって打撃でしたが、1930年代後半から国家政策により多数あった地方紙の整理統合が進められ、各都道府県に一つの地方紙という、現在にいたる「一県一紙」と呼ばれる体制が作られました。この地方紙と全国紙の二層構造が、日本のジャーナリズムのシステムを形作っています。戦後に成立したラジオおよびテレビの民間放送の系列も、こうした新聞業界の構造を基盤としているのです。

　現在、この時期に定着した朝夕刊発行と新聞販売店による宅配制度が、ネットで配信される電子版の発行によって変わりつつあります。紙の新聞は今後なくなるかもしれませんが、ニュースを供給する組織としての新聞社は、人が現実を目で見、耳で聞き、取材して記事を書く限り、ネット時代にもかたちを変えつつ、ジャーナリズムの基幹として存続しつづけるでしょう。それはまた民主主義社会の基盤でもあるのです。

　　　　　　　　　　　　　　　　（土屋礼子）

現場からのメッセージ

ジャーナリストの仕事の意味

大門小百合

「報道は何のためにあるのか？」

　いきなりそんな質問を受けたのは、NHKでアルバイトをしているときでした。質問をしたのは、社会部のデスクです。当時私は大学生で、報道の仕事というものがどのようなものかわかっておらず、テレビ局の仕事は「なんだか面白そう」という理由で働き始めたばかりでした。返答に悩んでいると、そのデスクは私に「それは人の命を守るためだよ」と、言ったのです。

　当時の私にはこの答えはピンときませんでした。でも、いまならその言葉の意味がわかります。

　記者は、医者や災害現場で活動する消防隊や自衛隊のように、物理的に人命救助ができるわけではありません。でも、さまざまな現場で記者が当事者や専門家の声をひろうことで、いままで知られていなかった事実や人びとの抱える問題が世の中に伝わる。そのことにより、被災した地域に援助物資が届くようになったり、社会の弱者を支援するような法律につながったり、社会にポジティブな変化が生まれ、「人の命を守る」ということにつながるのではないでしょうか。

　実際に報道の世界に足を踏み入れていない皆さんには、記者の仕事やそのやりがいを想像することは難しいかもしれません。しかし、本書で取り上げられているジャーナリズムをテーマとしたさまざまな映画には、記者たちの努力と葛藤と闘いが描かれています。映画を見ることで、ジャーナリストの仕事というものを少しは想像できるのではないでしょうか。もし、ジャーナリズムが世の中に存在しなかったとしたらどんな社会になるのか、映画を見ながら想像してみてください。

　不正や特権の乱用を暴く、というような大きな話でなくても、人間の営みを記録する小さな物語もたくさんあります。少しでも人びとが生きやすい社会にする

ために報道ができることはたくさんあり、記者はとてもやりがいのある仕事です。そんな中で、私がジャーナリズムの役割について感じたことをここでは紹介したいと思います。

▶大事なのは So what?（だからどうした？）

　私が大学を卒業し、入社したのはジャパンタイムズという大手新聞社とは少し毛色の違う日本を拠点とする英字新聞社でした。

　入社後すぐに言われたことは、「昨日、成田に降り立った外国人にもわかるような記事を書け」ということ。英字新聞の読者は、英語圏の人とは限らないため、私は誰に向かってニュースを伝えようとしているのか、読者は誰なのかということを常に自問自答していた気がします。読者はアラブの国の人やインドの人かもしれない、スウェーデンやイランの人かもしれないのです。現在は世界中の人がジャパンタイムズの記事にネットでアクセスして読むことができるので、さらに読者の定義が難しくなりました。また、読者の日本に対する知識もバラバラであるため、ニュースの背景、意味などを含めたていねいな記事を心がけるようになりました。

　同僚には欧米出身者だけではなく、オーストラリア、ニュージーランド、フィリピン、ポーランドなど、実にさまざまなバックグラウンドの記者や編集者がいたため、多様な視点からの学びも多い職場でした。「日本ではなぜこれが大事なの？」という疑問に答えるために、「So what?（だからどうした？）」をなるべくきちんと書きなさいとも言われました。

▶災害時に必要な情報を届ける

　そんな新聞社で私が報道することの重要性を一番感じたのは、2011 年に起きた東日本大震災でした。当時、テレビやネットの地震関連の情報は英語では発信されておらず、ほとんどすべてが日本語でした。また、政府や自治体の発表も日本語で行われていました。地震の被害はどの程度なのか、余震が続いている状況でこのままいまいる場所にとどまっていてよいのか、津波はまたやってくるのかなど、そのとき日本にいた外国人は、そんな不安でいっぱいだったに違いありません。彼らは日本語を母国語としないために、災害情報が得られない状況だった

からです。

　そこで、私たちは、取材や記事を書く合間に NHK などのメディアや自治体からの地震情報を英語に翻訳し、ツイッター上で発信するようにしました。すると、さまざまな国の見知らぬ人びとから、「Are you OK?（大丈夫ですか）」「Gambare Japan!（がんばれ日本！）」というメッセージが送られてきたのです。世界中の人たちが日本に注目していることを思い知らされた瞬間でした。

　また、BBC や CNN、インドの放送局などの海外メディアから、日本の状況についての問い合わせや、出演依頼の電話がかかってきていました。自分たちも取材し新聞を発行しなければならない大変なときでしたが、これほどまでに日本の情報が必要とされているときはないと判断し、すでに報道部長だった私は、部員にできる範囲で対応するようにとお願いしたのです。

　そして「いま、やるべきことは何か？」を考えたとき、真っ先に思い浮かんだのが 1995 年に起きた阪神・淡路大震災のことでした。あのとき、先輩記者たちは、瓦礫で覆われた現場に自転車や徒歩で乗り込み、市庁舎に泊まり込みながら被災地の取材を続けました。また、被害にあった神戸にはたくさんの外国人が住んでいたこともあり、どこに行けば避難所があるのか、食料や水は手に入るのか、シャワーやお風呂を使える場所はどこかなど、被災者のための生活情報を毎晩遅くまでかかって更新し、紙面に載せていたのです。

　そこで東日本大震災が起きた直後、被災者の安否確認状況や彼らのための生活情報、大使館の移転先や、電話やメールでホットラインを開設した国の大使館情報などをリスト化して紙面に載せ、放射能についての疑問に答えるような記事も掲載しました。

　ただ、外国人の被災状況については、外務省、各国大使館、宮城県や福島県などの自治体や、被災県の県警察などに記者が連絡したのですが、当初は相当混乱していたためか確定した数字や情報は得られなかったのです。

　ある自治体には「日本人の安否すら確認できていないのに、外国人についての状況把握なんて無理だ」とはっきり言われてしまったこともありました。日々、避難所では避難民の出入りがあり、どの避難所に何人の外国人がいるかという把握はできなかったということは理解できましたが、外国人がこの国において弱者であることを痛感させられました。国籍にかかわらず、被災者の状況をどのよう

に把握するのかは政府、自治体の課題だといまでも思っています。

▶「記者の安全を守れるのか？」

　実は、このとき、報道部長としてのいくつかの葛藤もありました。

　震災直後の被災地に記者を送ろうとしたとき、福島第一原発で事故が起こったのです。そのとき、放射能汚染が広がるという危険と一体どう向き合ったらよいのかと、頭の中が真っ白になりました。ジャパンタイムズは、大きな新聞社や通信社と違い東北に支局をもっていなかったので、現地に頼れる情報源や拠点もありません。そんな中「記者の安全を確保できるのか？」という疑問が頭をよぎり、現地の状況を必死で調べ、知り合いに連絡を取り、必要な物資をそろえるように記者たちに指示をしていたのですが、しびれをきらしたある記者からは、「海外からやってきた記者が続々と現地に入っているのに、うちはなんでまだ記者を送らないのか？」と怒りの電話が私にかかってきました。部員の中にもイライラが募っていたのです。

　ところが、ようやく宿も必要な物資も確保し、比較的安全なルートも確認し、社内調整も済み、複数の記者たちを被災地に送り出した当日、今度は別の記者から「なぜ記者を送ったのか？　記者の身に何かあったらどう責任をとるつもりなのか？」と厳しい口調で抗議を受けたのです。

　もちろん、ていねいに準備をしたうえで記者たちを現地に向かわせたつもりですが、そのおかげで、他社よりも現地に記者を送るのが遅れたのも事実です。しかし、被災現場の取材で、100パーセントの安全を確約せよと言われてもできません。取材を終え、その記者たちが無事に東京に戻ってきたときには、本当にほっとしたのを覚えています。

▶海外の報道とのギャップ

　また、海外の報道と日本の報道のギャップにも悩まされました。当時、福島に関する海外の報道はかなり過熱していて、なかには誤報や危険を誇張したような報道もありました。たとえば、2011年3月16日の英国紙ザ・テレグラフには「Just 48 hours to avoid another Chernobyl（もう一つのチェルノブイリを回避するのに48時間しかない）」や、米国のCNNでは「There is a mass exodus from

Tokyo（東京からの大規模脱出が起こっている）」など、少しセンセーショナルとも思えるような見出しがあったのです。まるで日本にはもう住めない、日本は終わりだと言われているような感じさえ受けました。

また、放射能に関して海外のメディアは、専門家が予測した最悪の場合のシナリオを報道するということも多かったと思います。一方、日本のメディアは、政府や事故を起こした東京電力に取材をしながら、確認できたことを書いていました。政府の「大丈夫だからパニックにならないように」というような発言も報道し、むやみに最悪の事態を連想させるような報道はありませんでした。

ただそのような報道の違いのせいで、「海外のメディアは危険を報じているのに、日本のメディアは、本当のことを報じていないのではないか」という疑念が海外の記者たちから沸き上がったことも事実です。政府高官や東京電力の発言を詳細に英語で報じていたジャパンタイムズも、そんなふうに見られていたのかもしれません。そこで、私たちは、毎日の政府や東京電力での会見に加え、放射能について確認されていることや欧米などで報道されている仮説についても報道するようにしましたし、できるだけ海外の識者にも日本の専門家にも取材をすることを心がけました。

それにしてもなぜ、このようなギャップが生まれたのでしょうか。一つの要因として、事故の起きた場所と読者のいる場所の「距離」の違いというものがあったと思います。

誰も事故のあった原子炉に近づくことはできません。そこで、海外の記者はチェルノブイリ原発の事故との比較で仮説を立て、最悪のシナリオを専門家に聞いていました。ただ、彼らにとって福島の事故は、自国で起きた話ではないのです。日本人が最悪のシナリオを聞いてパニックになるのとは、次元の違う話だったと思います。

もう一つ、「距離」について感じさせられた出来事があります。それは、私が数か月後に、児童108人中74人が津波で流され行方不明になるか死亡するという悲惨な目にあった石巻にある大川小学校の遺族の方にお会いしたときのことです。

私が大川小学校を訪れたとき、すでに何か月も経っているにもかかわらず、泥に埋まってしまったわが子を捜すために、親たちが毎日学校に通ってきていまし

た。

　そこで、私が出会ったのは、小学校 6 年生のお嬢さんを津波で亡くされた女性でした。彼女にお話を聞かせてくださいとお願いした私に対し、「どちらの新聞社の方ですか？」と逆に質問され、とても警戒している様子でした。

　私がジャパンタイムズの記者であることを告げると、「地元の新聞社にはもうあまり話したくないんです。でも、このことを世界の人びとにもっと知ってもらいたい、伝えつづけなければという気持ちもあるんです」と言って話をしてくださいました。

　地元で記事が出るといろいろと面倒なことがあるのかもしれません。でも伝えつづけなければ風化してしまうという気持ちもあったと思います。メディアの性質によってもその役割が違うのかもしれないと感じた出来事でした。

▶歴史を記録する

　ジャーナリズムには、近現代史の記録者としての役割もあると思っています。

　震災から数年間、海外からジャパンタイムズのサイトで一番検索されたワードは「Fukushima」でした。

　英語で当時の福島原発の状況が書かれたものを探そうとしても、日々どんなことが起こり、政府がそれらをどこまで把握し、対策を講じていたのかなどがわかる資料は、ほとんどありません。ジャパンタイムズは、英字新聞という性格上、原発に関するニュースを毎日英語で報じていました。海外の多くの人が「Fukushima」と検索してウェブサイトにたどりついたのは、それらの記事が取材に裏打ちされた新聞社の情報だったからかもしれません。

　そして、その日々の報道の蓄積が、気がつくと膨大な福島に関する英語のデータベースと化していたのです。震災から 10 年以上たった現在でも、記者たちが記録した歴史は多くの識者の方に活用されているはずです。

東日本大震災後に刊行した書籍

　また、震災直後、そして１年後、それらの記事やデータから震災を振り返る本も作りました。過去にも阪神・淡路大震災、オウム真理教事件のときなど、大きな災害や事件が起こった後、記事をまとめてこのような冊子を作ってきました。

　朝日新聞や読売新聞などの大手新聞社や地方紙などでも、同じように日々の記事やデータをアーカイブとして記録しているはずです。ジャーナリストたちによるこのような情報の蓄積は、きっと後世の人たちのために役立つものだと思っています。

▶戦争報道の落とし穴

　「人の命を守る」「人々の生活を守る」というジャーナリストの大切な役割の中で、最も大変な仕事は戦争について報道することかもしれません。私自身は戦地での報道を経験したわけではありませんが、戦争報道の落とし穴を痛感したことがあります。それは、米国で 2001 年に 9・11 が起こり、続いて 2003 年にイラク戦争が起こったときでした。

　イラク戦争で生まれた言葉の中に「埋め込まれた記者（embedded journalist）」というものがありました。これは、アフガニスタンの戦争でアルカイダやタリバンがマスコミを巧みに利用したことを反省して、記者をアメリカ軍の部隊に同行させ、米軍と記者を一体化させようとした米国の従軍記者制度のことです。

　イラク戦争を取材したフランス在住の友人で米国人フォトジャーナリストであるピーター・ターンリーが、この従軍記者制度に対抗して「自分は単独記者（unilateral journalist）だった」というメールを当時、私に送ってきました。彼は戦争取材でイラクに１か月ほど滞在したのですが、単独記者として大変な苦労をしていたのです。

　クウェート国境を通り、イラクに入ろうとすると従軍記者以外は通さないと止められたといいます。無事に入国できたとしても、公に認められていない存在の単独記者にとって、スーパーマーケットもガソリンスタンドもない砂漠での食料や燃料調達は至難の業。何週間分もの食料や燃料を車に積み込み、イラク人の襲撃にあったとしても誰の助けも得られないような困難な状況での取材が続いたそうです。

　従軍取材では、たしかに戦争の一面を伝えることはできます。しかし、記者た

ちが単独で取材することが許されるなら、ピーターのように、立ち止まってイラクで砲撃におびえる人びとの声を聞き、子どもたちの姿をカメラで捉えようとしたに違いありません。

以前、米軍とともに従軍したことがあるという別の米国人記者とも話す機会がありましたが、「我々は記者である前に米国国民であるという事実からは抜けられない」と、彼が語っていたのをいまでも覚えています。

友人でドイツ人のステファニー・フリードフ記者が当時私に送ってきたメールも、戦争報道と国益というものについて考えさせられるものでした。

「国際司法裁判所や世界人権宣言など、世界には共通のルールや認識はあるが、はたして世界に共通する視点から報道するという世界的報道というのは可能なのだろうか」。ステファニーのこの言葉は、戦争や国益が絡むとき、どうしたら記者はその国の国民であるという事実よりも、記者であるという事実を優先させることができるのか、という大きな疑問を投げかけている気がします。

2022年に始まったロシアとウクライナの戦争は、ジャーナリズムにさまざまな難しい問題を突きつけています。フェイクニュースによる混乱や扇動をどうしたら避けられるのか？　ロシアは悪でウクライナは善という立場ではたして報道するべきなのか？　そして、政府や軍に制限され、自由な報道ができない国々が増えている現代の世界で、ジャーナリストはどう事実を伝えていくべきなのか。

答えはすぐには見つからないかもしれませんが、ジャーナリストとして、それらの問いについて考えつづけることはとても大切なことだと思っています。

▶ジャーナリストの仕事の意味

ここまでは、私が記者として、そして編集者としてジャーナリズムについて感じたことを書きました。

現在私は、独立し、複数のメディアの編集を手伝いながら、さまざまな人にインタビューしたり、海外のニュースを日本人の読者に紹介したりしながら、日本語と英語の両方で記事を書いています。また大学や高校でジャーナリズムについても教えています。

最近インタビューをして印象深かった人の中に、映画『SHE SAID/ シー・セッド　その名を暴け』の主人公のモデルとなったニューヨーク・タイムズのミー

ガン・トゥーイー記者がいます。トゥーイー記者と彼女の同僚である、ジョディ・カンター記者は、2017年、入念な調査報道のうえ、ハリウッドの著名なプロデューサーであるハーヴェイ・ワインスタインの数十年におよぶセクハラ事件の数々を告発する記事を書きました。その記事は、米国内のみならず、性被害を受けた女性たちが声を上げる＃MeToo運動を世界で巻き起こすきっかけとなりました。映画にも描かれていますが、そんな二人の記者たちの取材の過程や苦悩は、『その名を暴け　#MeTooに火をつけたジャーナリストたちの闘い』（古屋美登里訳、新潮文庫、2022年）にも詳細に記されています。

　なぜ、大変な時間をかけ、嫌がらせや脅しを受けたりしながらも、調査報道を続けるのかという私の質問にトゥーイー記者はこう答えています。

　　「目に見えない問題を解決することはできません。私たちはジャーナリストとして、事実を掘り起こし、問題を明らかにすることが役割であると心から感じています。もちろん、この問題は一晩で解決できるようなものではないこともわかっています。しかし、問題がはっきりと見えてくれば、変化への道筋も見えてくるという希望ももっています」

　現在起きている社会問題を報道することで解決への糸口を探る、災害時の緊急情報を必要な人びとに届ける、気候変動、核の問題や戦争など未来の危険を防ぐための発信など、ジャーナリズムには、大きな社会的役割があると思っています。

　分野を問わずジャーナリストは、取材を通じて点と点をつなぎ線にすることで、見えない問題を可視化し、解決への一歩にするために、記事を書いたり、映像で訴えたりしています。もちろんその過程でつまずいたり、悩んだりもします。でも、私の出会った記者たちは、みんな一つの思いをもって仕事をしているように見えるのです。

　この世界が少しでも人々にとって住みやすく、安全なものになるようにと。

13　紛争・戦争取材の現場から

綿井健陽

「なぜそんな危険なところへ行くのですか？」
「危ない目にあったことはありますか？」
「いわゆる自己責任論はどう思いますか？」
　紛争・戦争取材に携わってきたジャーナリストやカメラマンならば、一度ならぬ何度も聞かれてきた言葉だろう。特に、日本人ジャーナリストの拘束や殺害事件が起こると必ずと言っていいほど、こうした同じような質問をいわば「聞かされてきた」。何だか自分が知らない人たちのあいだからも、常にそう聞かれているような、あちこちからの合唱のようにも感じ取れる問いかけだ。
　しかも、その問いかけには続きがあって、「別に行かなくてもいいじゃないですか……」というような言葉で、最初から結論づけられているように思えるときもある。たしかに自分自身でも、時折そんな気持ちが芽生えてくることは否定できない。だが、そうした弱気を打ち消すように、カメラを手に現場に向かうという繰り返しを20年以上やってきた。スリランカ民族紛争、東ティモール独立紛争、アフガニスタン戦争、レバノン戦争、イラク戦争……。
　「世界で何が起きているのか？　それを自分自身の眼で見てみたい」
　1990年代後半から、そんな単純な動機で始めた「ジャーナリスト」という生き方だが、世界各地の現場を訪ねると、驚くほど勇敢な同業者に出会ってさまざまなことを教わった。
　イラク戦争開戦以降、UAE（アラブ首長国連邦）の衛星放送「アル・アラビーヤ」テレビのスタッフとバグダッドの街でたびたびすれ違った。同テレビ・バグダッド支局はフセイン政権崩壊以降、50人以上のスタッフのうち、ほとんどはイラク人だ。2003年のイラク戦争開戦以来の20年で、米軍や武装組織の銃撃等で同テレビの記者・カメラマンら13人が殺害された。危険な状況の日々の中、イラク報道を現場で続けている。
　同局のイラク人女性リポーター（2004年当時）、ハディール・アルルバイは、ジャーナリストの取材活動をこう表現した。
　「ジャーナリストの仕事は、常に火の輪の中に入っていくようなものだ。勇気がなければ、火の輪もくぐれないし、その先にある真実もつかめない。真実を伝えるのが我々の仕事だ。いかなる場所であっても、どんな取材対象でも、ジャーナリストの仕事は常に危険が伴う。私たちは、直接火の中に入っていくことはできない。ときに、その火から一時的に離れることもある。ジャーナリストは危険を競っているのではない。だがジャーナリストは、あらゆる方法を尽くして真実をつかもうとする。私たちは誰のために働いているのか。それは真実のためです」
　この言葉を聞いたとき、私は自分が何のためにこの仕事をしているのか、ジャーナリズムが社会のためになぜ必要なのか、その意義を見出せたような気がしたものだ。
　「フリーランス」を辞書で引くと、「中世の傭兵」が語源だ。自らの槍（ランス）1本で、さまざまな領主とそれぞれ契約をして戦った人たちをフリーランサーと呼んだ。現代のジャーナリストは、ハディールの言うように、自らのカメラ、ペン、マイクだけが武器であって、彼女の言う「私たちは誰のために働いているのか」という問いかけに答えられれば、フリーランスもマスメディアも、その"武器"に違いはない。
　『ジャーナリストはなぜ「戦場」に行くのか』（集英社新書）という書籍を共著で出版した。2015年にシリアで起きたフリージャーナリスト・後藤健二の人質・殺害事件が起きた翌年（2016年）のことだ。紛争・戦争取材経験が長いジャーナリスト・新聞記者・カメラマン・テレビプロデューサーら10人の執筆者によって、書籍のサブタイトルにも入れたが、「取材現場からの自己検証」を試みた。同時期に、『それでもなぜ戦場に行くのですか』というタイトルのドキュメンタリー番組制作にも、リポーターのような立場で携わった（NHK・BS1スペシャル／2016年放送）。知り合いのフリージャーナリストたちにカメラとマイクを向けて、紛

争・戦争取材の理由を問いかけた。

　これらの出版と放送の後、今城力夫から電話やメールで感想が届いた。今城は1960年代から70年代のベトナム戦争当時にUPI通信のカメラマンとして活躍した。ピュリツァー賞を受賞した故・沢田教一と所属通信社の同僚だった。戦争報道の歴史に詳しい今城から、こう言われたのだった。

　「あの書籍も番組も非常に興味深かったです。しかし、タイトルが納得いきません。それは愚問です。戦場取材は行って当然だと思います。むしろ、『なぜ戦場に行かないのか』の理由を、日本の報道関係者に尋ねたら、それはそれでまた興味深い内容になったのではないでしょうか？」

　たしかにそうだった。「なぜ戦場に行くのか」ではなく、「なぜ戦場に行かないのか」。その問いの立て方が、逆だったことに気づかされた。

　2015年にはジャーナリストの安田純平がシリアで武装組織に拘束されて、3年半後にようやく解放された。今度は『自己検証・危険地報道』（集英社新書）という書籍を共著で出版した（2019年）。安田が拘束されて以降、解放されるまでのあいだの日本政府やジャーナリストたちの対応の是非を有志で話し合った。

　その中で、フランス人のフィリップ・メスメール記者と、スペイン「EFE通信社」のアントニオ・エルモシン記者にインタビュー取材をした。当時シリアでは、フランス人ジャーナリスト4人が拘束されたが、10か月後に解放されている。また、3人のスペイン人ジャーナリストもシリアで拘束されたが、同じく10か月後に解放された。同じシリアでジャーナリストの拘束・人質事件が起きたフランスやスペインと日本では、政府の対応やメディアの扱いや市民の反応で、いったい何が異なるのか。

　メスメール記者は、同書籍の中で以下のように答えている。

　「日本では、政治や社会の問題を議論したり、政府のやり方を国民が批判したりするような動きが弱く、日本のメディアが言論の自由のために戦うという姿勢が弱いと感じます。フランスでは国民が政治や社会問題を日常の場で議論したり、自分の意見を主張したりすることが常に求められ、それは学校の中でも同じです。そして、メディアやジャーナリズムは国民に判断の材料を提供するもの、という役割が認知されている。（中略）民主主義を実行する上で欠かせないものであり、人権を守る盾である、といった理解があるわけです。一般の人たちに情報を与えるメディアの仕事というのは、ある意味、公共の仕事であるという見られ方もされています」

　それぞれの国の記者に話を聞く中で、共通していた認識がある。「ベーシック・デューティー（基本的な義務）」という言葉だった。「ジャーナリストが紛争・戦争地域の現場取材に向かうのは、ジャーナリストの仕事として基本的な義務」という認識だ。日本で聞かれる「なぜ紛争・戦争取材をするのか」という理由づけや、「危険な地域に取材に行く必要性」を論じる以前に、彼らはジャーナリストやメディアの職業的義務として紛争・戦争取材を捉えていた。

　私自身も、以前は同じように考えていた。日本で殺人事件が起きたときに、警察や救急が現場に駆けつけて、捜査や救助活動をする。それとは別に、メディアの側は事件や事故の経緯、加害者側の動機、被害者側の人となりを取材して、原因や背景を報じる。そうした行為は、報道・ジャーナリズムの世界では「当然のこと」と思ってきた。

　だが、今の日本社会ではその理由をていねいに説明しなければならないようだ。メディアへの批判や反発は、そもそも想像以上に大きい。「報道の使命」「知る権利」「事実のリアリティ」「権力監視」といったような言葉では、市民はなかなか納得してくれない。普段のメディア不信も重なって、報道やジャーナリズムは、政治家や一般企業以上に、「その取材・報道をする説明責任」が求められているように思える。

　フランスでは過去に人質・拘束事件が起きた際に、興味深い反応が起きていたことがあった。2009年にフランス人ジャーナリスト二人（フランス公共放送「France3」のテレビ記者とカメラマン）が、アフガニスタンでイスラム過激派組織「タリバン」に拘束された。1年半後に無事解放されたが、拘束中にはフランス国内で思わぬ経緯があった。当時のサルコジ大統領

は、拘束された二人のジャーナリストの行動を「スクープ目当ての無謀な行為」と非難した。また、当時のフランス軍参謀総長は、「彼らの救出のために、これまで1000万ユーロを支出している」「こうした数字を挙げたのは、各人それぞれに責任を呼びかけるためだ」と発言した（2010年1月17日、2月21日）。

これらは日本でいえば、「自己責任論」非難に近い発言だが、これに対して、フランス市民やメディアから大きな反発が起きている。二人の救出を呼びかける集会やコンサート等もたびたび開かれ、市役所には二人の大きな顔写真の幕が掲げられた。記者たちの労働組合はもちろんのこと、彼らが所属する放送局のレミー・フリムラン会長（当時。2016年死去）も自らの言葉で、「民主主義の国における私たちの使命は、世界で何が起きているかを視聴者が理解できるように報じることである。そのために、現場に取材に行かなければならない。そして、リスクも取らなければならない」と反論した。

一般的に、「日本では自己責任論が起きるが、海外では起きていない」という言説がある。しかし、こうした経緯を見ると、フランスでは政府や政治の側から「自己責任論」非難がたとえ起きたとしても、メディアや市民はそれに対して自ら反論と行動を起こしていた。ここが、日本と大きく異なる点だ。拘束・人質事件が起きた場合、「自国民の無事解放と生還が最も重要なこと」という考え方が、フランスやスペインでは社会共有されている。政府の身代金支払いの有無や是非を問うことよりも、あらゆるルートや交渉を通じて、自国民救出に向けて政府やメディアは最大限の対応や協力もすることが当然だという認識だった。これらは、日本とフランス・スペインのあいだでの、メディアと市民と政府の関係性の違いも影響している考え方であろう。

2022年3月、ロシア軍が侵攻して2週間が経過したころ、私はウクライナ取材に向かった。当初は「行かないでもいいか……」「今回の取材は厳しいかな……」と、「戦場に行かない理由」の方を弱気に探していた。

だが、あるベテランの新聞社カメラマンの言葉を不意に思い出した。2020年に沢田教一没後50年のドキュメンタリー映画上映とシンポジウムが行われた。当時、新聞やテレビ出身の人たちが集まる同窓会のような場所を指して、彼はこう言い放った。「いつまでベトナム戦争の話をしているんだ。いま起きている戦争を伝えなきゃダメじゃないか」。私は、「ホントそうですよね」と同意しつつ、いま何を取材しているのか、伝えているのか、自分自身に問われたような気がした。

その2年後、ウクライナで戦争が始まった。とすれば、いまウクライナで戦争が起きているのだから、それはいまウクライナに取材に行かねばならない。映像と写真は、後からでは撮れない人・モノ・現場がある。後からでは間にあわない、いま伝えなければならない報道がある。

テレビのウクライナ報道を見て常に思うが、実際の戦争はパネルの地図や矢印の上で起きているのではない。地図や矢印の上で人間が死んでいるのではない。遺体、肉片、血、内蔵、銃声、轟音、恐怖……。戦争は、徹底的に人間の心身に関わることだ。ならば、自分の心身も最大限その場に寄せて、自らの五感で体感しなければ、他の人に伝えられない。オンライン、ZOOM、リモート、防犯カメラ映像、衛星写真、スマホで自撮り依頼、兵士の頭に小型カメラ……。いまや常態化したそんな取材は、自分はやりたくない。そんな絶対安全圏から伝える映像や写真は、自分の戦争報道ではない。

《「死なずに、伝える」それが私たちの仕事です。》《誰かが行かなければ、世界を見る「眼」が奪われる。》

『ジャーナリストはなぜ「戦場」へ行くのか』の書籍の帯に書かれた言葉を、いつまでも、いつの時代でも、私は思い返すだろう。日本では戦争取材は、多くの人からは理解されない仕事かもしれない。批判は甘んじて受けるしかない。しかし、紛争や戦争の犠牲になった市民たちからは、いつも逆にこう問われているような気がする。

「ジャーナリストはなぜ戦場に行かないのですか？　そこで何が起きているのか、私たちの死は何だったか、日本人は知らないでいいのですか？」

付録　ジャーナリズムのしくみをもっと知ろう

付録では、本書が扱っているジャーナリズムについての概説と、自分でさらに調べたいときに利用できる信頼できる情報源を提供します。

〔1〕ジャーナリズムの下部構造を観察する

建物の構造も内装も実にすばらしい。しかも、建物のある高台の地盤が堅牢で、地震にも津波にも耐えられる。地盤にこのような良い条件があれば、建物の価値や機能はずっと高くなる。

同じことがジャーナリズムにもいえる。本書は映画を通して、報道記者や映像ディレクターたちの仕事に取り組む姿を知り、そこからジャーナリズムの役割を考えてきた。これはジャーナリズムの上部構造、いわば建物の部分だ。この建物がもつ力は、目に見えにくいが地盤の堅牢さに大きく左右される。そこでここでは、ジャーナリズムの下部構造について、おもに言論の自由と公共の利益という二つの観点から簡潔にみてみよう。

国境を越えて共有される基盤

今日でも、言論の自由を認めない社会にはジャーナリズムがない。たとえば、軍事政権下や紛争地で非人道的な為政者の行いを取材したり、一党支配の国で為政者の政策推進とは異なる情報を伝えるジャーナリストたちは、身柄を拘束されたり、命を狙われたりする。そういった社会にあるのは統制された情報だけだ。しかし言論の自由を認める国も、実際には千差万別だ。政府がもっている公情報の開示原則があるかどうか、その原則がどの程度機能しているのか、政府活動に透明性があるかどうかなどが、下部構造の堅牢さを判断する指針となる。

日本の場合は、特定秘密保護法のあり方をめぐり、国際基準からの懸念がたびたび寄せ

られ、国連からも聞き取り調査が入っている。国際 NGO「国境なき記者団」が 2023 年 5 月に発表した「報道の自由度ランキング」では世界 180 か国中日本は 68 位。G7 では最下位である。為政者に説明責任を果たさせるジャーナリズムの役割が十分ではないと評価された。東日本大震災前の 2011 年は 22 位だったことを、あわせて考える必要がある。

米国に本拠のある NGO「ジャーナリスト保護委員会（CPJ）」によると、2022 年の 1 年間に世界中で職務中に殺害されたジャーナリストは、わかっているだけで 67 人。ウクライナで取材中に戦闘に巻き込まれた記者たちのほか、中南米のメキシコで 13 人、ハイチで 7 人。その多くが、政治汚職や犯罪の報道などに携わっている。取材先で身柄を拘束されているジャーナリストも 363 人と急増した。毎日のように記者が世界のどこかで拘束されている計算だ。各地の NPO が世界的なネットワークを作り、ジャーナリストの保護や救出に協力している（コラム 13 参照）。

日本でも平時に国内で、記者が支局で射殺されたことがある。1987 年 5 月 3 日、憲法記念日の夜に朝日新聞阪神支局襲撃事件が起こった。支局に散弾銃を持った男が侵入し、居あわせた小尻智博記者（当時 29 歳）が亡くなり、重症を負った記者もいた。当時、朝日新聞東京本社や名古屋社員寮も何者かに襲われ、一連の出来事は言論に対するテロといわれた。犯行声明があったものの犯人は捕まらず、時効を迎えた。

現在、国外のみならず、国内でも政治家や

隣人への殺傷を含む暴力が散発している。ネット上での言葉の暴力が、現実社会の暴力に移行するヘイトクライムも発生した。記者に対する匿名のネット上での個人攻撃も強まっており、対応が急がれる。異論があれば対話で解決したい。対話できなければ、暴力で相手を抹殺することになってしまう。難しいことだが、簡単な解決法がないときほど、正しい情報を共有する必要がある。事実を記録し伝える訓練を受けた、専門職としてのジャーナリストの役割は、信用できる情報源としてますます重要になる。

言論の自由とジャーナリズム

言論の自由という権利概念の誕生は、1450年ごろにドイツのグーテンベルクが活版印刷機を発明し、42行聖書の印刷を試みた時期にさかのぼる。周知のように活版印刷機は火薬や羅針盤とともに、ルネサンス期の三大発明の一つである。

書物による思想の共有は、信教の自由、政治参加の自由、学問の自由、意見表明のための言論の自由、職業や居住地や婚姻相手の選択の自由、それら総体としての基本的人権という権利概念へと広がっていった。やがて、支配者層と被支配者層という縦の関係だった封建社会は、平等な人びとの意見をボトムアップで反映させる市民社会へと、そのありようを大きく変えていった。

一方では、こういった社会構造の変質を望まない支配者層による弾圧と情報操作もさまざまに行われた。情報を知らせないことが、もっとも統治に都合が良かったからだった。不都合な書籍の焚書命令、印刷の免許制、印刷物の公表後から公表前へとエスカレートする検閲、条例や法律による言論の取り締まり、為政者に異を唱えつづける人びとの口を物理的に封じる拘禁や極刑にいたる罰則の強化、などである。

16世紀・17世紀を通して、マスメディア

の発行から個人の意見表明までを覆う激しい弾圧を経験することで、逆に言論の自由という考え方が明確になる。権利意識として育ち、やがて法律として明文化されるにいたる。言論の自由は、米国の英国からの独立戦争（1775-1783年）やフランスの市民革命（1789-1795年）といった大勢の人びとの流血と生命を代償として、人類が手にした権利なのである。

この時期を経験した人びとは、政治に参加するには、処罰されることなく政治的な意見を話すための言論の自由の権利保障と、議会内での出来事を取材し判断材料を定期的に正しく提供してくれる記者たちの存在の両方がきわめて重要なことを記憶に刻んだ。

今日、言論の自由を認める民主社会にとってジャーナリズムは、人びとが自ら政治に参加し、問題を解決するための意見交換を可能にする社会装置（メカニズム）、と捉えられている。その理由は、こういった歴史的背景にある。

日本でも明治維新後、衆議院議員選挙が始まるまでのあいだ、民権派に対する明治政府による激しい言論弾圧が繰り広げられた。不幸なことに、その後の議会政治の黎明期は、日清、日露と多数の死者をともなう戦争の遂行と重なった。その後も大陸への拡大政策のもと、長期にわたる戦争状態が続いた。そのため、政府の政策に反対する意見に対する言論統制が常態化した。その枠組みの中で国益を最優先に国民動員の役割を果たすメディア操作のしくみが、日本の報道の下部構造として形成されていった（コラム12も参照）。

ジャーナリズムに世界共通のガイドブックがないようにみえるのは、上部構造の部分である。これは国ごとに、争点や権利の衝突を調整する対話のありようや、自由の捉え方、政治制度が異なるからである。しかし、ジャーナリズムの下部構造は共通している。人びとの判断材料となる事実を、より多角的に、

より正確に、より早く社会で共有する。この目的に奉仕する専門職を、言論の自由の擁護とともに支え生み出す下部構造は、程度の差はあるものの民主社会で共有されている。

参考までに、言論の自由の権利概念をいち早く法律で明文化した、フランス人権宣言（1789年に採択）の内容をみておきたい。この一字一句を生み出すまでの、3世紀にわたる欧州の人びとの経験も含めて、読み解こう。

『フランス人権宣言』

第1条（自由・権利の平等）　人は、自由、かつ、権利において平等なものとして生まれ、生存する。社会的差別は、共同の利益に基づくものでなければ、設けられない。

第4条（自由の定義・権利行使の限界）　自由とは、他人を害しないすべてのことをなしうることにある。したがって、各人の自然的諸権利の行使は、社会の他の構成員にこれらと同一の権利の享受を確保すること以外の限界をもたない。これらの限界は、法律によってでなければ定められない。

第10条（意見の自由）　何人も、その意見の表明が法律によって定められた公の秩序を乱さない限り、たとえ宗教上のものであっても、その意見について不安を持たないようにされなければならない。

第11条（表現の自由）　思想および意見の自由な伝達は、人の最も貴重な権利の一つである。したがって、すべての市民は、法律によって定められた場合にその自由の濫用について責任を負うほかは、自由に、話し、書き、印刷することができる。

公共の利益とジャーナリズム

「情報を伝えることに、これほどの熱量をもって取り組んでいる人がいるのが驚き」

「さすがに今は、このような危険な仕事の仕方はないと思うが、実際はどうだろう」

2023年4月、コロナ禍を抜けつつある大学で、大規模対面授業が始まった。大講堂で660人を超える学生たちにまず、『21世紀の仕事　ジャーナリスト編』（カノックス制作）という映像を見てもらった。大学生の就職活動を支援するために、約25年前に作られた短い映像資料だ。東京都庁を担当する全国紙の女性記者と民放の男性放送記者に密着取材している。

若い新聞記者は、事前にアポをとり、ある小学校に足を運ぶ。誰に会い何を聞くのかを真剣に自問自答しながら取材を続ける。「原稿を書くには、10聞いて1を書け」を指針に、ぎりぎりまで確認して記事を送り出す。放送記者は、オンエア直前まで放送原稿の手直しを重ねる。視聴している学生たちの多くが、それまで自分たちが無意識に思い描いていた記者像とのギャップの大きさに驚く。

映像資料に映し出される取材道具は、ポケベルやワープロ、フロッピーに入った通信ソフトなどで、とても古くみえる。印刷メディアしかなかった100年前から見れば、その後、ラジオや映画、テレビが出現し、衛星放送、インターネット、モバイル機器が常用される世界になった。しかし、記者は技術の変化に対応しながら、いつの時代も人に会い、話を聞き、取材を重ねて事実に近づき、広く社会に伝えてきた。

いまはデータ・ジャーナリズムもあるが、データの発信元にいる人を確認し、データの信憑性や有用性を判断する必要がある。そこはやはり人への確認となる。いかに道具は変わろうとも変わらない。

上述の映像資料は、長崎県雲仙・普賢岳で1991年に発生した大火砕流の現場から始まる。このとき43人の犠牲者が出た。報道関係者は20人、ほかに消防団員12人、警察官2人、市民6人、外国人火山学者3人。殉職は、どの職業でも最大限の注意を払って防ごうとする。それでも世のため人のために社会現象の最先端にいる人びとに、時として大きなリスクが生じることがある。

2011 年の東日本大震災発生直後、福島原子力発電の原子炉を冷却する水を送るために、東京消防庁の消防救助機動部隊から 139 名のレスキュー隊員が出動した。本当に幸いなことに、隊員全員が無事に任務を終えられた。しかし後の講演で佐藤康雄元総隊長は、「隊員の半分は戻れないかもしれないと覚悟していた」と語っている。この講演は、戦争をしない国であれ、公共性の高い仕事に就く人びとのリスクについて、深く考えさせる（TED × Seeds 2011　Yasuo SATO　佐藤康雄 https://www.youtube.com/watch?v=DImGwfOrvd8）。

公共の利益に奉仕する高い専門職としては、コロナ禍の最前線にいた救急隊員や医療従事者、エッセンシャルワーカーも同様だった。私たちの生活はさまざまな場面で、公務員や多くの専門職の人びとに支えられている。報道に携わる専門職も、これらと同様の使命と役割を担っている。ではなぜ、国家資格のない民間企業の社員やフリーランスの報道記者が、公共の利益の奉仕者といえるのだろうか。

上述の映像資料の中で『日本新聞通史』の著者でもある春原昭彦（現・上智大学名誉教授）は、インタビューに応えて次のように述べている。

「ジャーナリズムという仕事は大変に難しい、大事な仕事なんです。ジャーナリズムとは、プロフェッションと言われますけれど、お医者さんが人間の体を治すのと同じように、ジャーナリストは人間の精神、心に情報を与えて、人間の生き方を与えるものなんです。もしこれが間違った情報を与えると、社会がめちゃめちゃになる。大変大事な仕事なんです。そこをよく考えてもらいたいと思っています」。

春原が使ったプロフェッション（専門職能）という言葉は、専門的な用語だ。欧州に由来する伝統的な三大プロフェッションは、医学、法学、神学の従事者である。この人た

ちは、国法を超えて職業倫理を共有している。国益のためでも、私企業の利益のためでもない。公共の利益に奉仕する専門職能として、その職業倫理を遵守する。

法律の象徴として描かれる正義の女神は、相手によって判断を変えないように目隠しをしている。戦場となった自国の医者が敵国兵も介抱したり、宗教家が出自や民族に関係なく教えを広めたりするのも、国法より独自の職業倫理を優先するためだ。ジャーナリズムの担い手の中にも、国際赤十字や国境なき医師団のように、国境なき記者団を結成して仕事をしている人たちがいる。前述の「報道の自由度ランキング」は、この団体の調査で出されている。

新しいニュース・リテラシー

今日、流通している情報は多種多様で厖大だ。娯楽にニュースの味つけをしたインフォテイメントや、ニュースの装いでセンセーショナリズムを売るコンテンツ、本人が気づかないうちにアルゴリズムによって分析され個人ごとの指向性にあわせて送られている偏った話題ものなど、日々新しいスタイルで送り出される。米国では現実に、当時最大の政治権力をもつ政治家が、職責に忠実な報道記者の仕事を「フェイクニュース」と一方的に恫喝しつづける数年間があった。情報の利用者は、厖大な量の情報を吸収するのに忙しい。

21 世紀初頭からユネスコ主導によるニュース・リテラシー教育と総称される研究開発が進みはじめた。IT 化の中で人びとの言論の自由を保護するためのデジタル・シチズンシップ教育の推進、ファクトチェックの体制作り、情報汚染から身を守るためにゴミ情報にそもそも時間を使わない情報リテラシー教育法の開発など。こうした取り組みに対する熱意の度合いも、実はジャーナリズムの下部構造に直接関わってくる。ジャーナリズムの原則の確認、上部構造と下部構造の点検・評

価・改善も、続ける必要がある。

　表現の自由は、単純に唯一無二の無条件の自由として認識されてはいない。さまざまな自由や権利とのバランスの中で、理念を現実社会に反映させるためには権利の実現を補強する条例を作ることなども検討する余地がある。

　米国で最も言論の自由に理解があるといわれるオリヴァー・ウェンデル・ホームズ・ジュニア判事は「人でいっぱいの劇場で、火事だと叫ぶ自由を含まない」という説明をしている。表現の自由をめぐるもう一つの有名な格言は、「君のいうことを徹頭徹尾嫌悪する。しかし、それを言う君の権利を死ぬまで擁護する」というものだ（発話者はフランスの哲学者ヴォルテールほか諸説あり）。

　刻々と変わりゆくこれからの社会に向けて、私たちは、どのようなジャーナリズムの下部構造を作り、民主社会を支えていけばいいだろうか。ともに考えつづけたい。

（別府三奈子）

〔2〕 自習の道具箱

　ここでは日本で報道された内容（コンテンツ）や、世界のジャーナリズム動向などを調べたいときにお勧めの、おもな情報源をまとめて紹介する。固有名詞ですぐネット検索できるので、URL は原則省略している。

　調べものをするときに、サーチエンジンに単語を入れて検索する人も多いかもしれない。しかし、より専門性の高い情報が必要なときは、信頼できる専門の情報源に直接アクセスすることをお勧めする。より深く、より精度の高い調査となるだろう。試してみてほしい（記述内容は 2023 年 5 月 10 日現在の公式サイトからの情報を抜粋・要約した）。

(1) 行ってみよう
ニュースパーク（日本新聞博物館）
新聞の歴史と情報の現在や、ジャーナリズムが果たしてきた役割を伝える体験型博物館。常設展示と企画展示のほか、全国各地の新聞が収納された新聞閲覧室などが利用できる。入口に展示された「マリノニ型輪転機」も必見。2000 年 10 月開館。運営母体：一般社団法人日本新聞協会。

NHK アーカイブス
これまでに放送されたテレビ・ラジオ番組を、未来に向けた資産として保存すると同時に、現在のニュース・番組制作のために活用している。番組公開ライブラリーではドラマ・バラエティ・ドキュメンタリーなど幅広いジャンルの番組を無料で視聴できる。2003 年 2 月開館。運営母体：NHK。

放送ライブラリー
放送法に基づく日本唯一の放送番組専門のアーカイブ施設。過去のテレビ・ラジオ番組、CM など約 3 万本を無料で公開。映像を中心とした体験型の常設展示のほか、放送に関するさまざまなイベントを随時開催。2000 年 10 月開館。運営母体：公益財団法人放送番組センター。

東京都写真美術館
映像の黎明期を伝えるものから現代作家による作品まで、3 万 7000 点におよぶ写真を体系的に所蔵した専門美術館。専属学芸員による展示企画や地域における教育普及活動なども実施している。1995 年 1 月開館。運営母体：公益財団法人東京都歴史文化財団。

大宅壮一文庫
日本で初めての雑誌図書館。評論家の大宅壮一の雑誌コレクションを引き継いで、明治時代以降約 130 年余りの雑誌を所蔵している。雑誌記事の検索データベースも作成。1971 年 5 月開館。運営母体：公益財団法人大宅壮

一文庫。

国立国会図書館（新聞資料室）

法定納本制度に基づいて日本国内のすべての出版物を収集・保存する唯一の図書館。新聞資料室では国内外の主要な新聞を原紙、収縮版、マイクロフィルムなどで保管・公開している。1948 年 6 月開館。運営母体：国会。

都道府県立図書館

地域の新聞のバックナンバーが保管されていることが多い。運営母体：各都道府県。

(2) 調べてみよう

日本新聞協会・公式ＨＰ
日本民間放送連盟・公式ＨＰ
NHK（日本放送協会）・公式ＨＰ
BPO（放送倫理・番組向上機構）・公式HP
地元の新聞社やテレビ局のHP
各新聞社が提供している新聞データベース
朝日新聞「朝日新聞クロスサーチ（旧・聞蔵Ⅱ）」、読売新聞「ヨミダス歴史館」、毎日新聞「毎索」など。大学生は所属大学の図書館に入っていることもある。
『図説　日本のメディア［新版］　伝統メディアはネットでどう変わるか』　藤竹暁・竹下俊郎編著、2018 年、NHK 出版。
『現代日本人の意識構造［第九版］』　NHK放送文化研究所編、2020 年、NHK 出版。
『情報メディア白書』　電通メディアイノベーションラボ編、各年、ダイヤモンド社。
『デジタルコンテンツ白書』　経済産業省商務情報政策局監修・一般財団法人デジタルコンテンツ協会編、各年、一般財団法人デジタルコンテンツ協会。

(3) 報道／ジャーナリズムを扱う専門雑誌

『新聞研究』　日本新聞協会（月刊）。新聞報道を中心に、ジャーナリズムなどに関するさまざまな問題を取り上げる。
『放送研究と調査』　NHK 放送文化研究所（月刊）。放送・メディアに関する最新の動向

や、調査・研究の成果を伝える専門誌。
『GALAC』　NPO 法人放送批評懇談会（月刊）。放送されるコンテンツにとことんこだわり、メディアを調査。月ごとの「ギャラクシー賞」の推奨状況も掲載。
『月刊マスコミ市民』　NPO 法人マスコミ市民フォーラム（月刊）。マス・メディアのもつメカニズムやジャーナリズムのあり方について問題提起を行う。
『放送レポート』　メディア総合研究所（隔月）。放送の現場と視聴者・研究者をつなぐための問題提起などを行う。
『放送メディア研究』　NHK 放送文化研究所（年刊）。現代における放送メディアの位置づけを他分野的な論考から取り上げる（※刊行はやや不定期）。
『Journalism』　朝日新聞出版（月刊）。ジャーナリストや研究者が、新聞・放送・ネット・出版をめぐる問題を論じる（2023 年 3月号をもって休刊）。
『民放』　日本民間放送連盟（月刊→ 2017 年より隔月）。テレビとラジオを中心に、放送に関するさまざまな問題を取り上げる（2021年 3月号にて発行終了）。
『調査情報』　TBS メディア総合研究所（隔月）。国内外の放送文化の潮流や番組批評、放送技術の動向を取り上げる（2020 年 11-12月号にて休刊）。

(4) 学びの場

J-Forum（報道実務家フォーラム）

記者、編集者、ディレクターなどの報道実務家が学び、話し合う場。取材技法を高め知識を広げたり、情報、報道の自由と記者の権利について理解を深めたりする内容をテーマとする。2010 年発足。運営母体：特定非営利活動法人報道実務家フォーラム。

デジタル・ジャーナリスト育成機構（D-JEDI）

テクノロジーの進化によって個人がメディアとなり、情報発信できる現代において、報道

に直接携わる人を中心に「開かれたデジタル・ジャーナリズム」を学ぶ場所を提供する。2022年7月発足。運営母体：一般社団法人デジタル・ジャーナリスト育成機構。

日本ジャーナリスト教育センター（JCEJ）

ジャーナリストが組織や媒体の枠を超えて、「個」として切磋琢磨しあう場づくりを行う。組織や媒体、立場の違いを超えて、表現や自分自身に正面から向き合う。2012年発足。運営母体：一般社団法人日本ジャーナリスト教育センター。

大学オンライン講座（国際版）Coursera.org

オンライン教育プログラム提供プラットフォームのCourseraは、世界各地の多様な教育プログラムを提供する。無料の大学プログラム、数万人規模の受講生がいるプログラムなども多数ある。2週間程度から、より本格的な学位取得プログラムまであり、自分のペースで受講しやすい。受講期間中は添削や講師とのチャットを通じた質疑応答などを利用できる。コース内容も科学の最先端から芸術、経営など、目的にあわせたラインナップがある。ジャーナリズム関係も豊富で使いやすい。たとえば「オランダ・アムステルダム大学：メディア倫理とガバナンス」「米国ニューヨーク州立大学ストーニーブルック校：ニュース・リテラシー」「米国ミシガン州立大学：ジャーナリストになる（ニュース取材）」など、プログラムは日々更新される。

（5）おもだった日本のジャーナリズム賞など

新聞協会賞

出来事を初めて明らかにした報道、世の中を動かすきっかけとなった報道、時には歴史教科書の記述を変えるきっかけとなった報道の担い手に授与される。年1回。1957年創設。対象：全国の新聞記者。運営母体：一般社団法人日本新聞協会。

日本民間放送連盟賞

質の高い番組の制作・放送の促進、CM制作や技術開発の質的向上、放送による社会貢献の発展に寄与した番組や活動に授与される。年1回。1953年創設。対象：全国のテレビ・ラジオの番組や活動。運営母体：一般社団法人日本民間放送連盟。

石橋湛山記念 早稲田ジャーナリズム大賞

社会文化と公共の利益に貢献したジャーナリスト個人の活動を発掘し、顕彰することにより、社会的使命・責任を自覚した言論人の育成と、自由かつ開かれた言論環境の形成への寄与を目的とする。年1回。2001年創設。対象：不特定多数に公開された作品。運営母体：早稲田大学。

ボーン・上田記念国際記者賞

目覚ましい実績を出した記者らに与えられるアメリカのピュリツァー賞をモデルとして、報道を通じて国際理解の促進に顕著な貢献のあった記者個人を表彰する。年1回。1950年創設。対象：全国の記者。運営母体：公益財団法人新聞通信調査会。

ギャラクシー賞「報道活動部門」

放送が本来もつ社会的意義を見直し、報道活動活性化のきっかけを作るために創設され、地域の放送ジャーナリズムを含むすべての放送活動（関係者・放送局・団体）を選考の対象とする。年1回。2003年創設。対象：テレビの番組や活動。運営母体：NPO法人放送批評懇談会。

「地方の時代」映像祭

中央集権型の近代社会を「地域」や「地方」の視点から見直すという理念を、映像作品として具体化した作品を表彰する。年1回。1980年創設。対象：全国の放送局・自治体・市民による映像作品。運営母体：日本放送協会、日本民間放送連盟、日本ケーブルテレビ連盟など。

JCJ賞

新聞・放送・出版などにおける優れたジャー

ナリズムの仕事を顕彰するもので、報道、番組、著作などから選考される。贈賞式は、太平洋戦争敗戦の日である8月15日の前後に開催される。年1回。1958年創設。対象：全国の報道・出版活動。運営母体：日本ジャーナリスト会議。

放送文化基金賞
「視聴者に感銘を与え、放送文化の発展と向上に寄与した優れた放送番組・配信コンテンツ」「放送文化、放送技術の分野での顕著な業績をあげた個人・グループ」を表彰する。年1回。1975年創設。対象：全国の放送番組、放送分野に関わる個人・団体。運営母体：公益財団法人放送文化基金。

調査報道大賞
市民が民主主義を担うために欠かせない、優れた調査報道を表彰する。直近の報道に限らず、時を経て評価された報道も対象とする。年1回。2021年創設。対象：2020年4月以降に行われた／成果が再評価された調査報道。運営母体：特定非営利活動法人報道実務家フォーラム。

ヤング・ポートフォリオ
世界の若手写真家による優れた作品を、ミュージアムのコレクションとして購入・展示することにより、支援する活動。年1回。1995年創設。対象：35歳以下の写真家の作品。運営母体：清里フォトアートミュージアム。

（松下峻也）

おわりに——専門知と実践知の対話から

　2000 年代生まれの大学生にとって、自分の意思で、あるいは友達どうしで最初に見た映画といえば、『シン・ゴジラ』（2016 年、庵野秀明脚本・総監督、東宝）がその一つに挙がるのではないでしょうか？

　映画の冒頭、東京湾で海底火山が噴火したような水蒸気が噴き上がり、アクアラインのトンネルが壊れます。これを最初に伝えているのが「たかが浸水でこの騒ぎw」「地震？？」という SNS のつぶやきです。首相官邸での閣僚会議を中断させたのは「海面から超巨大な尻尾を確認」というテレビの生中継でした。

　建物やインフラを破壊し、放射能をまき散らして首都東京に向かうゴジラ。長谷川博己演じる内閣官房副長官・矢口蘭堂が、省庁の垣根を超えて結集した政官界のメンバーと、ゴジラの息の根を止める作戦を考えます。実にスリリングでかっこいい。しかしこの映画、どこまでいっても、速報以外のジャーナリズムはまったく出てこないのです。新聞紙面はただの一度も出ません。政権側が対処すべきやっかいごととして「記者会見」が描かれるものの、国民への周知は防災無線や短いニュース音声だけ。東京中心の防衛をいぶかる若い記者と、訳知り顔でさとすベテラン記者が一瞬映りますが、登場人物として役名のある記者は、政権に頼まれて調べ物をするフリージャーナリスト早船達也ただ一人です。

　これがいまの学生が見ている現実なのだろうと思います。デバイスだけの問題ではありません。『シン・ゴジラ』では、危機への対処を決めるのは国家であり、有能で志のある政治家と官僚がいたから日本は運良く救ってもらえました。防災無線より存在感の薄い報道が、かろうじて政府広報の役割を果たします。政府の判断を検証することも、巻き込まれた犠牲者の横顔を伝えることもありません。

　私は通信社で記者・デスクなどを務めた後、2013 年から採用担当として、2018 年から大学の兼任講師として多くの学生と接する機会を得ました。中学高校のころから、報道の仕事をネガティブに見ている人が増えたように感じています。そうなった理由は、報道の側にも問題があったでしょう。ですが報道を嫌う人も、実際の記者の行動や思いを知る機会はあまりないのです。

　実際に大学の授業で現役の記者に話をしてもらうと、学生はよくこの仕事を理解してくれます。社会の中での役割や、それを果たす難しさ、何かを伝えることで誰かが動くときのやりがい。遺族取材というだけで顔をそむけていた人も、京都アニメーション放火殺人事件を長期にわたり取材した話を聞き、「自分の考えていた『遺族』像は固定的だと思った」「亡くなった人の作品を紹介して、その人を記録する姿勢は素晴らしいと思った」などの感想を寄せてくれました。

　記者を題材にした映画を見てほしい、と思ったのは、こうした学生たちの柔軟な心や吸収力を信じたからです。ジャーナリズム史が専門の法政大学の別府三奈子さん、映画を題材に学生どうしが討論する授業を重ねてきた明治大学の水野剛也さんと、ジャーナリズム映画の本を作りたいというアイデアで一致しました。

　とはいえ、研究者と報道従事者では、関心も面白がり方も違います。日航ジャンボ機墜落事故を描いた『クライマーズ・ハイ』は、報道従事者にとってはNHKドラマ版が圧倒的によく、映画版は違和感が大きい。研究者の二人からは「なぜですか」と問われました。別府さんの家に1985年の事故当時を知る上毛新聞社元取締役の武藤洋一さんを招き、ドラマと映画を見比べながら「この遺族の言葉がよい」「デスクはこんなことは言わない」と4人で議論を重ねました。

　実践知の側は、毎日の出来事に追われがちです。専門知の立場から「報道は人びとの『知る権利』に資する」「報道がなければ民主主義は成り立たない」と明示していただき、あらためて一丁目一番地に戻ることができました。

　『シン・ゴジラ』は、2011年の東京電力福島第一原発事故を想起させる映画です。事故当時、内閣や電力会社の発表だけだったでしょうか。実際には多くの記者たちが、政府の判断を検証し、企業に質問を重ね、識者の見解を集め、人びとの暮らしがいかに破壊されたか、そこで働く人びともどんなに苦しんだかを、調べて報じました。映画で、矢口副長官が生き残ったのは幸いでしたが、もし多国籍軍の核攻撃を受け入れる政治家だけが残っていたら、日本はどうなったでしょう。そんな「主権ガチャ」を黙って受け入れはしない、自分たちの社会は、正しい情報を得て自分たちで判断して決めていきたいという人びとに資するために、報道の側として働きたいと私は思います。

　最後に、多様な執筆陣をそろえ、引っ張ってくださった、映画で言うなら"別府組"監督の別府三奈子さんにあらためて敬意を表します。
（飯田裕美子）

　前世紀末、アメリカ留学時に授業で見た映画です。現在でも購入・レンタル可能です。

　『市民ケーン』Citizen Kane（米国、1941 年製作、119 分）

　『大統領の陰謀』All the President's Men（米国、1976 年製作、132 分）

　『スクープ　悪意の不在』Absence of Malice（米国、1981 年製作、116 分）

　『ニュースキャスター』Broadcast News（米国、1987 年製作、132 分）

　タイトルはもちろん、シーンのいくつかさえ、いまでも鮮明に覚えています。教員や学友と語りあったことも。それほどまでに、映像は記憶に残り、血肉ともなる。教材として有効であることは、間違いありません。ただし、何事も使いよう。

　なのに、質の高い作品を選りすぐり、適切な解説を加え、具体的な活用法まで指南してくれる便利なテキストが、これまでなかった。そこで、別府さんの号令を受け、私たちが決起したわけです。

　その手はじめとして編まれた本書では、ジャーナリズムの意義や役割を前向きに捉えることを基本方針としています。本書で学んだら、次は中・上級者として、ジャーナリズムの「負」の側面にも光をあてた作品に挑戦してはいかがでしょう。よく言いますね。欠点を含めて受け入れるのが本当の愛だと。

　とりあえず、冒頭であげた作品からどうぞ。　　　　　　　　　　　　（水野剛也）

　ジャーナリズム研究（新聞学）という学際領域に出会って 40 年になります。今回、たくさんの映画を見直し、1 世紀半にわたる多くの文献を読み返しました。豊富な実務経験からの叡智、社会学理論、倫理・哲学的な思索、法学的な論理的思考、数量調査からの見立てなど。アプローチは違うのですが、先人たちの目標は、自由に語り合える社会を作ろう、困っている人を放り出さずに問題を自分たちの手で解決しようという点で一致するようです。川の支流があわさり、ジャーナリズムの改善という大きな川が流れているように見えます。

　日本ではこの数年、報道に関する産学共同の研究の場が減り、教育の主眼が情報社会から情報技術にシフトしたことで、この川の流れが細くなっているようです。報道の現場では変わらずに、無名の報道職たちの努力が続けられているのに、その姿が以前にも増して見えづらくなっています。こういった状況を懸念する人

たちが集まって、本書ができました。

　共編者の水野剛也さんは、恩師武市英雄先生のもとでの同窓です。同じく共編者の飯田裕美子さんとは、十数年前にシンポジウムの壇上で同席したご縁から、大学での授業をめぐり何年も協力と助言を仰いできました。報道職への思いが深く揺るがないお二人との対話が、本書刊行の推進力となりました。共著者との出会いはさまざまで、旧知の職場の同僚や同業者のほか、日本メディア学会ジャーナリズム研究・教育部会の仕事を通じて知り合った優秀な研究者やベテラン報道人もいます。

　映像を扱う教育法の開拓では、小林直毅さん主催の水俣事件報道研究会、大石泰彦さんたちのヒューマン・ライツ教育研究会、公益財団法人放送番組センターと早稲田大学ジャーナリズム教育研究所の共同研究など、多くの場と人の交流に負うところが大きいです。多数の著者がいる本書の編集作業と刊行では、大ベテランの鈴木クニエさんに大変お世話になりました。心より御礼申し上げます。

　これから、本書で学んでくださる皆さんにもぜひ加わっていただき、世界を潤す川の流れを絶やさぬよう、手入れを続けていければ幸いです。　　　（別府三奈子）

索　引

映画で学ぶジャーナリズム
社会を支える報道のしくみ

2023 年 8 月 15 日　第 1 版第 1 刷発行

　　　　　　　　　　別　府　三奈子
　編著者　　　　　　飯　田　裕美子
　　　　　　　　　　水　野　剛　也

　　発行者　　　井　村　寿　人

　発行所　株式会社　勁　草　書　房

112-0005 東京都文京区水道2-1-1　振替　00150-2-175253
（編集）電話 03-3815-5277／FAX 03-3814-6968
（営業）電話 03-3814-6861／FAX 03-3814-6854
本文組版 プログレス・平文社・中永製本

山田健太

ジャーナリズムの倫理 A5判 2,750円

山田健太

法とジャーナリズム〈第4版〉 A5判 3,300円

畑仲哲雄

ジャーナリズムの道徳的ジレンマ A5判 2,530円

カリン・ウォール＝ヨルゲンセン／三谷文栄・山腰修三訳

メディアと感情の政治学 四六判 3,850円

山口 仁

メディアがつくる現実、メディアをめぐる現実 A5判 4,950円
ジャーナリズムと社会問題の構築

樋口陽一

六訂 憲法入門 四六判 1,980円

ウォルター・リップマン／小林正弥監訳

リップマン 公共哲学 四六判 2,970円

────────────────────────── 勁草書房刊

＊表示価格は2023年8月現在。消費税10%が含まれております。